Radtouren für Langschläfer
Berlin

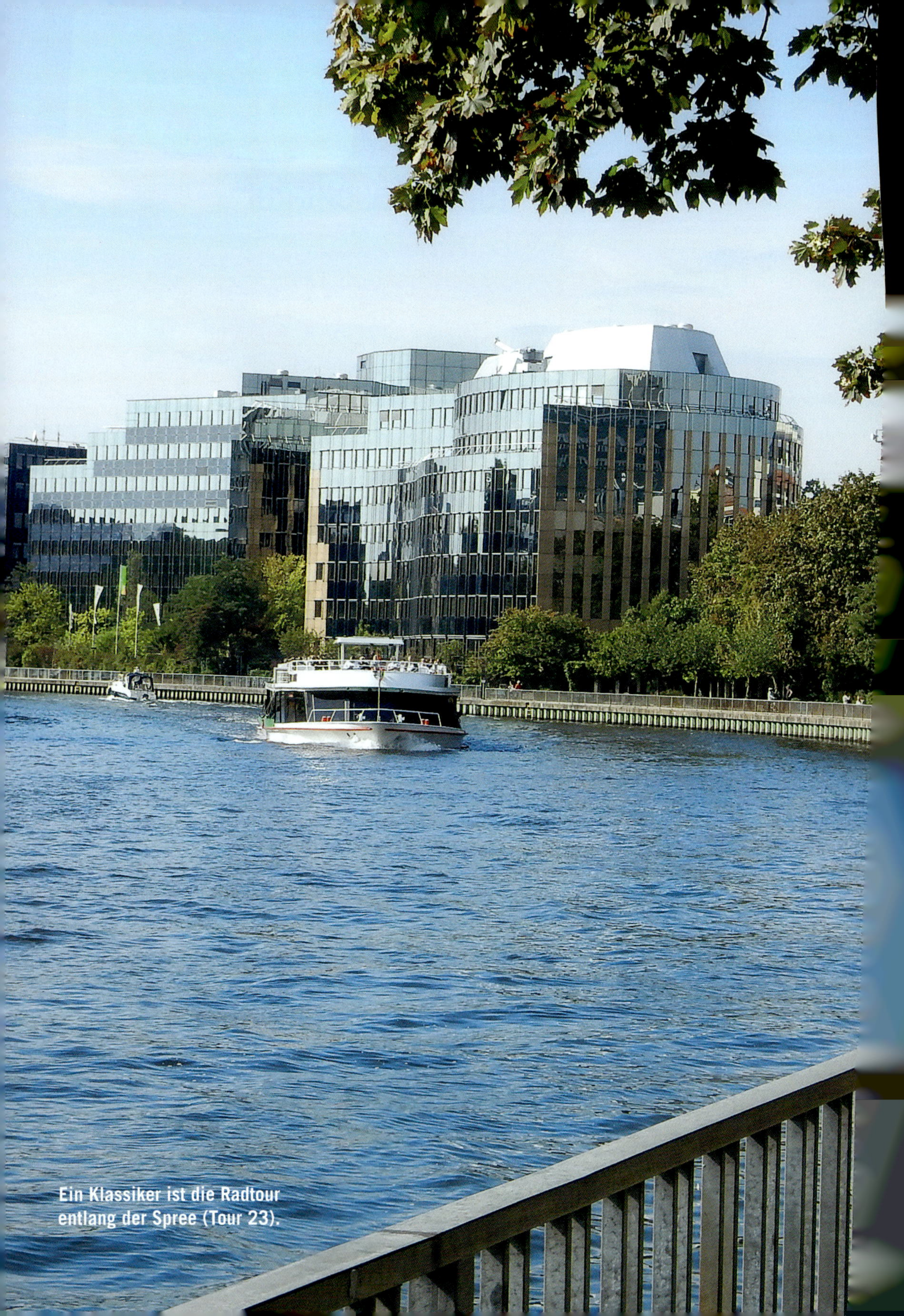

Ein Klassiker ist die Radtour entlang der Spree (Tour 23).

Christine Volpert

Radtouren für Langschläfer

BERLIN

Die 35 schönsten Halbtagestouren mit Kultur, Baden und Einkehr

BRUCKMANN

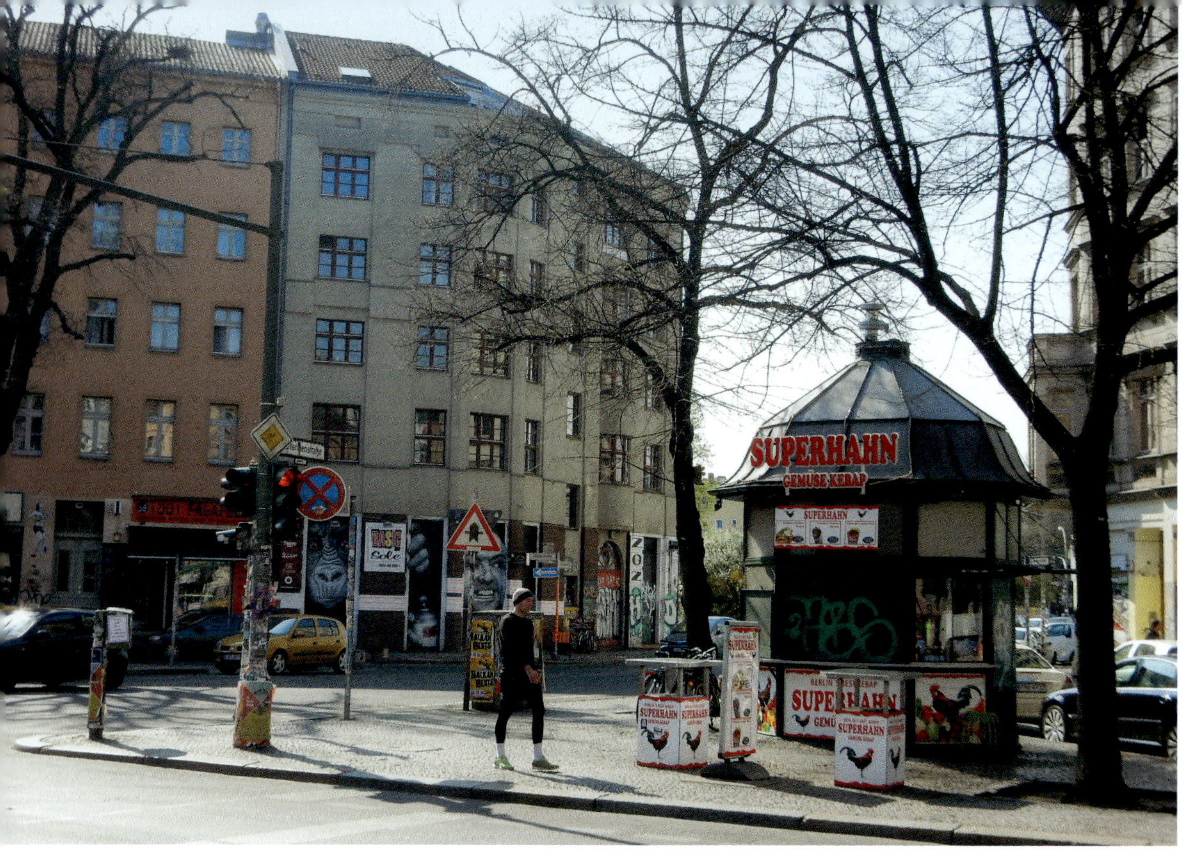

Szeneviertel Kreuzberg (Tour 4)

Inhalt

Vorwort 8

Wissenswertes 9

KIEZE

1 Durch Berlins Mitte — 12 km — 16
Viele Highlights in einer Tour

2 Prenzlauer Berg — 17 km — 20
Altbau-Charme und Szeneviertel

3 Wedding — 18 km — 24
Früher Arbeiterviertel, heute Multi-Kulti

4 Kreuzberg — 13 km — 28
Der Bezirk von morgen

5 Moabit — 15 km — 30
Die wohl höchste Dönerdichte Berlins

6	Neukölln Seit 250 Jahren Schmelztiegel der Kulturen	●	20 km	**32**
7	Friedrichshain Hier trifft sich Berlins Kreativszene	●	24 km	**36**
8	Schöneberg Radtour für Architekturfans	●	19 km	**40**

STADTNATUR

9	Tiergarten Die grüne Lunge Berlins	●	15 km	**46**
10	Weißensee Kleingarten-Idylle und Natur pur	●	23 km	**50**
11	Durch den Grunewald Wasserbüffel mitten in der Stadt	●	15 km	**54**
12	Zum Plötzensee Badesachen und Sonnenhut nicht vergessen!	●	12 km	**56**
13	Berliner Mauerweg Vom Ostbahnhof zur Wollankstraße	●	16 km	**60**

Das Ufer der Panke sieht immer wieder anders aus (Tour 30).

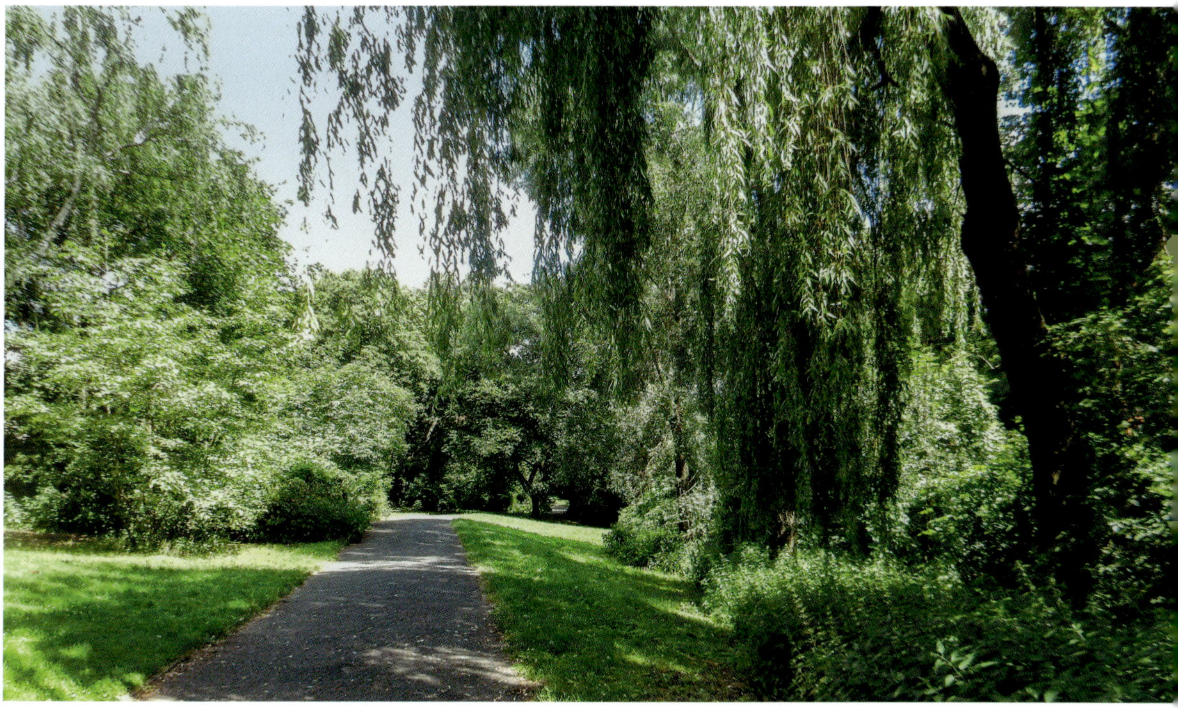

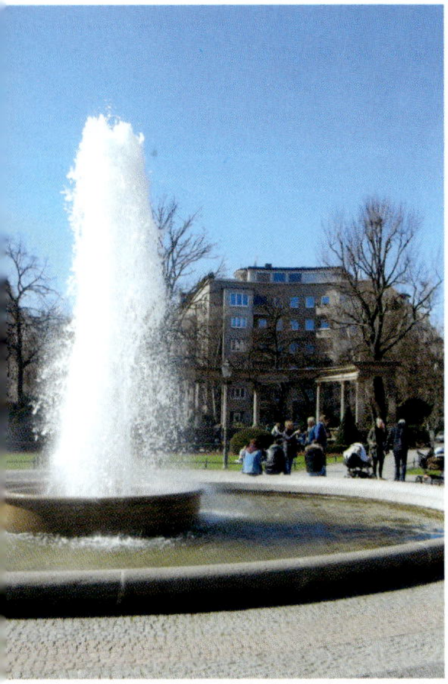

Der wohl schönste Platz Berlins: der Viktoria-Luise-Platz (Tour 8)

14 Pankow ● 26 km 64
Einmal quer durch den Norden Berlins

15 Durch den Südwesten ● 22 km 68
Vom Teltowkanal zum Griebnitzsee

16 Von Park zu Park ● 10 km 70
Viel Natur mitten in der Stadt

17 Friedrichsfelde, Karlshorst, Schöneweide ● 18 km 74
Grüner wird's nicht

18 Zu den Gärten der Welt ● 17 km 78
Landschaftskunst aus fünf Kontinenten

VILLEN UND GRÜNDERZEITBAUTEN

19 Charlottenburg ● 23 km 84
Großbürgerliche Altbauten, prachtvolle Villen

20 Steglitz ● 25 km 88
Von der Schloßstraße zur Stadtgrenze

21 Tempelhof ● 25 km 92
Berliner Flugzeuggeschichte

22 Wilmersdorf ● 20 km 96
Grüne und beschauliche Eleganz

AM WASSER

23 Berliner Brücken ● 19 km 102
Mehr als in Venedig

24 Landwehrkanal ● 19 km 106
Einmal quer durch die Stadt

25 Von Treptow bis Köpenick ● 14 km 108
Immer entlang der Spree

26 Um den Müggelsee ● 25 km 112
Venedig mitten in Berlin

27 An der Spree nach Spandau ● 16 km 116
Immer nah am Wasser

28 Um den Tegeler See ● 16 km 120
Badespaß und Naturfreude

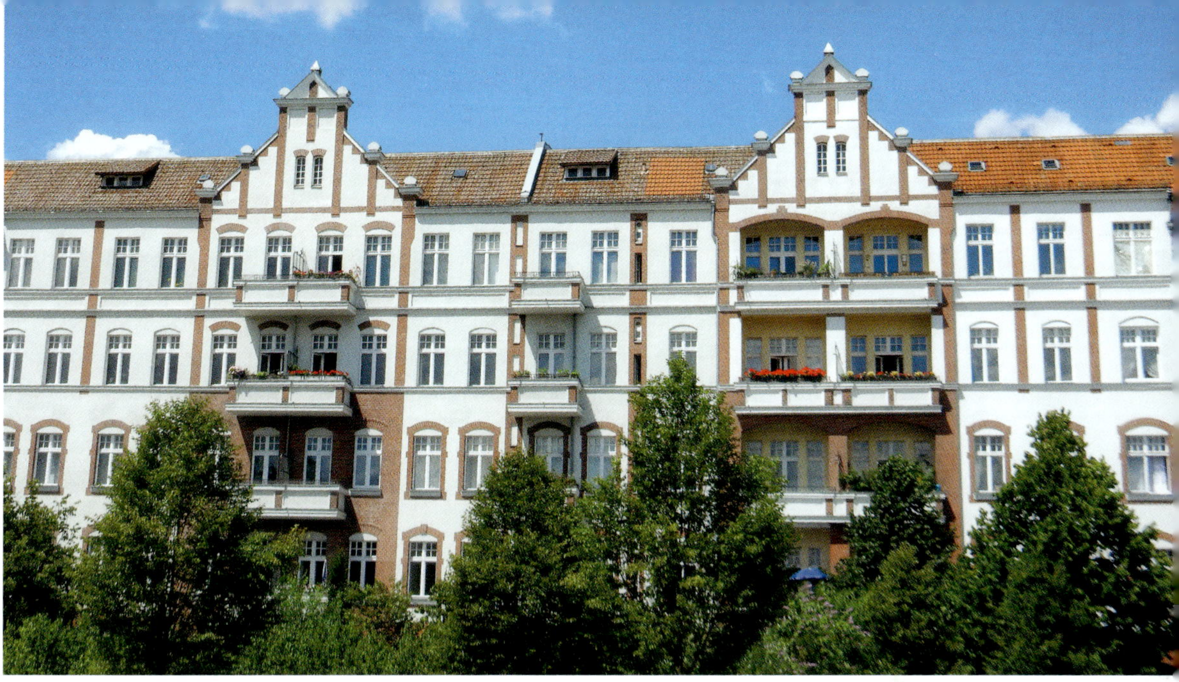

29	Von Spandau nach Potsdam Immer entlang der Havel	●	26 km	**124**
30	Pankeradweg Der Ursprung von Berlin	●	16 km	**128**

AUF ABWEGEN

31	Marzahn Dorfanger und Plattenbauten	●	23 km	**134**
32	Von Potsdam zum Wannsee Eleganz und Wasserfreuden	●	23 km	**138**
33	An der Wuhle Von der Quelle zur Mündung	●	21 km	**142**
34	Durch Potsdam Sightseeing mit dem Fahrrad	●	16 km	**146**
35	Lindenberger Korridor Grüne Hauptwege in Berlin	●	17 km	**150**

Bruckmanns Tourenfinder **154**

Nachwort **156**

Register **157**

Impressum **160**

Altbauten im Wedding (Tour 3)

East Side Gallery (Tour 7)

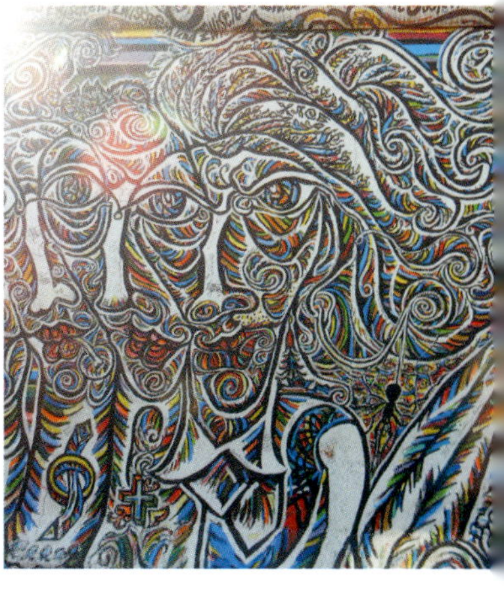

Vorwort

Was gibt es Schöneres, als den Sonntagmorgen mit einem leckeren Brunch zu beginnen oder einfach lange im Bett zu bleiben? – Kein Grund jedoch, nicht noch sportlich aktiv zu werden. In diesem Buch finden Sie gemütliche Halbtages-Radrouten durch Berlin. Sie sind auf eine Dauer von 1–3 Stunden angelegt und eignen sich somit perfekt, um sie nach einem ausgedehnten Frühstück am Wochenende abzuradeln.

Als Urberlinerin habe ich schon einige Bezirke und Kieze meiner Heimatstadt mit dem Fahrrad erkundet. Dabei gefallen die kürzeren Strecken mir persönlich am besten. So bleibt noch ausreichend Zeit, einige Gegenden genauer zu erkunden, die Wahrzeichen oder Museen der Stadt zu besuchen oder einfach in einem netten Café eine Pause einzulegen.

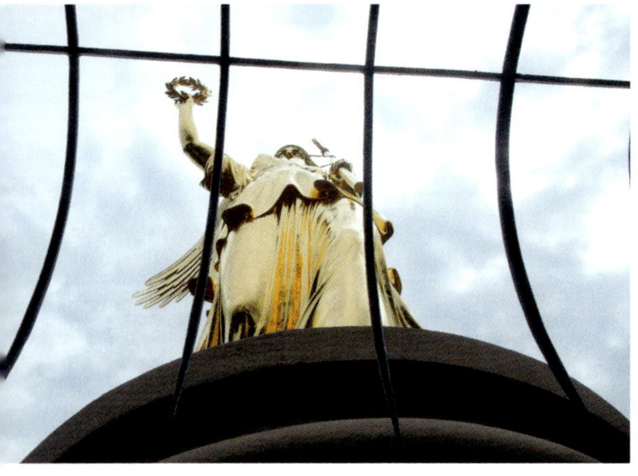

Der mühsame Aufstieg auf die Siegessäule lohnt sich (Tour 9).

Die hier aufgeführten Radtouren bieten für jeden Geschmack etwas. Von Architektur-Highlights über Stadtnatur bis hin zu Bademöglichkeiten ist alles dabei.

Neben der schönen Aussicht hat Radfahren in Berlin noch viele Vorteile. Die Stadt ist sehr flach, sodass für die Touren nicht allzu viel sportlicher Ehrgeiz erforderlich ist. Dazu gibt es zahlreiche Restaurants und Cafés entlang der Routen, Sie brauchen also keinen Proviant und Getränke in rauen Mengen mitzunehmen. Ein Picknick auf dem Tempelhofer Feld oder am Müggelsee ist aber dennoch eine tolle Idee. Und sollte man doch mal einen Platten oder eine Panne haben, finden sich in der Stadt häufig andere Radler mit Luftpumpe, und der nächste Fahrradladen ist meistens auch nicht weit.

Zusätzlich zu den Tourenbeschreibungen finden Sie auch immer Tipps zur Einkehr oder zu Sehenswürdigkeiten entlang der Route.

Ich hoffe, dass Sie bei Ihren Radtouren für Langschläfer in Berlin genauso viel Spaß haben werden wie ich.

Dazu wünsche ich Ihnen allzeit genügend Luft auf dem Reifen und viel Freude beim Nachradeln!

Christine Volpert

Wissenswertes

Berlin zeigt sich in den verschiedenen Bezirken immer wieder anders. Vom mondänen Charlottenburg über das hippe Kreuzberg bis zum grünen Tempelhof gibt es immer wieder Neues zu entdecken. Und die Stadt entwickelt sich immer wieder weiter. Daher ist es auch für einen Berliner sehr spannend, die eigene Heimatstadt immer mal wieder aus den Augen eines Touristen zu betrachten. Die Stadt ist ständig im Wandel: Wo gestern noch eine Brache war, wird heute gebaut. Oder wo gestern noch Kräne standen, steht heute ein neues Gebäude. Dazu trägt die Kreativ-Szene erheblich zum Stadtbild bei. Ehemalige Bunker werden zu Galerien, Brachflächen werden begrünt oder Parkhausdächer zu Open-Air-Bars.

Berlin ist zwar eine Großstadt, dafür aber unglaublich grün. Es gibt 2500 öffentliche Parks und innerstädtische Waldgebiete, wie die Königsheide oder den Grunewald. Um diese Vielfalt zu erkunden, ist das Fahrrad das ideale Fortbewegungsmittel. Man kann in seinem eigenen Tempo so viel

Regionen

Kieze: Vom hippen Friedrichshain über Glitzer-Mitte bis nach Moabit könnte Berlin in den einzelnen Kiezen nicht unterschiedlicher sein.
Stadtnatur: Die Stadt ist so unglaublich grün. Das zeigt sich vor allem in den vielen Parks und Grünanlagen. Picknickdecke nicht vergessen!
Villen und Gründerzeitbauten: Architektur-Liebhaber kommen hier voll auf ihre Kosten. Es fällt schwer, sich auf diesen Touren nicht in die Stadt zu verlieben.
Am Wasser: Vom beschaulichen Tegeler See über das historische Spandau bis zum mondänen Potsdam können Sie auf verschiedenen Radtouren die Gewässer Berlins erkunden.
Auf Abwegen: Begeben Sie sich ein bisschen aus der Innenstadt heraus und lernen Sie Berlin von einer anderen Seite kennen.

Berlins Altbauten

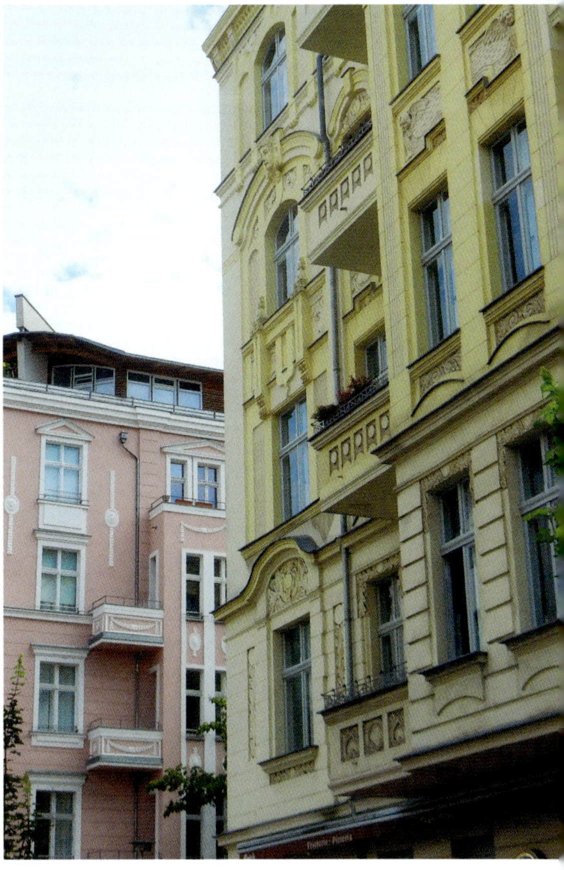

sehen und anhalten, wo es einem gefällt. Man ist flexibel und spart sich die teilweise langwierige Parkplatzsuche.

Berlin hat sich in den letzten Jahren hin zu einer fahrradfreundlicheren Stadt entwickelt. Sicherlich gibt es hier und da Verbesserungsmöglichkeiten, aber verglichen mit anderen Städten in Deutschland steht Berlin sehr gut da. Es gibt 1377 km Radwege, 167 km Schutzstreifen und 91 km Radfahrstreifen auf den Berliner Straßen. Zudem sorgen 17 Fahrradstraßen, auf denen Radfahrer Vorrang haben, für Entlastung.

Dennoch sollten Radler im dichten Straßenverkehr stets mit Vorsicht unterwegs sein. Rücksicht ist in diesem Fall besser als Rechthaben. Auch an touristischen Orten wie dem Potsdamer Platz ist Vorsicht geboten, da viele Berlin-Besucher verträumt auf dem Radweg stehen.

Alle Radtouren in diesem Buch sind bewusst kurz gehalten, sodass sie mit durchschnittlicher Kondition in nur wenigen Stunden zu bewältigen sind. Viele davon eignen sich auch für Familien mit Kindern. Die Touren sind in unterschiedliche Kategorien unterteilt. Dabei ist für jeden etwas dabei,

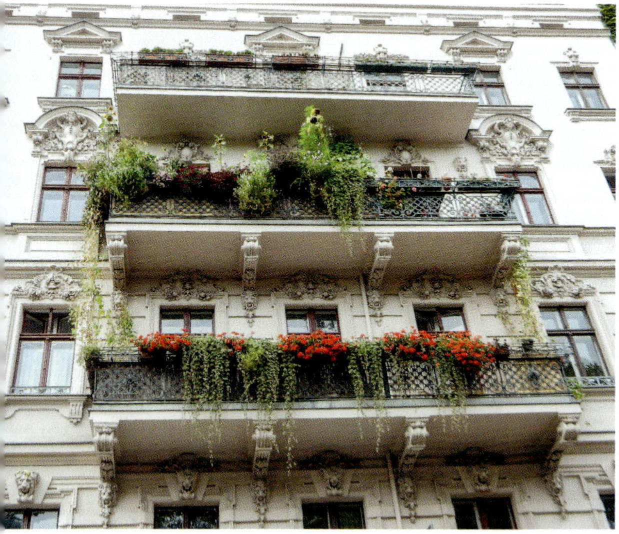

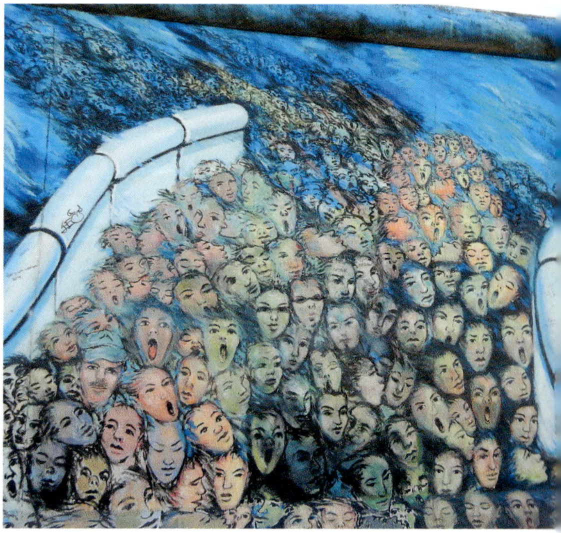

Altbauten-Charme an jeder Ecke

Rechts: An der East Side Gallery lohnt es sich, vom Fahrrad zu steigen (Tour 7).

ob eine entspannte Familientour mit Baden am Müggelsee, das Entdecken von Architektur-Highlights in Wilmersdorf oder eine grüne Radtour von Park zu Park.

Die hier vorgestellten Touren beginnen und enden an einem Bahnhof, sodass eine reibungslose An- und Abreise gewährleistet ist. Einige sind auch als Rundtouren angelegt. Neben der guten Erreichbarkeit und der Wegbeschaffenheit habe ich auch darauf geachtet, dass die Strecken sehr schöne Aussichten bieten und zu interessanten Orten führen, wie z. B. dem Tempelhofer Feld, Schloss Schönhausen, Rixdorf oder dem Weißen See. Zudem bieten die Touren eine gute Mischung aus Stadt und Natur.

Bei populären Touren wie dem Müggelsee oder entlang des Landwehrkanals sollten Sie sich gerade an warmen Sommerwochenenden auf viele Ausflügler und andere Radfahrer einstellen. Das ist aber auch ein gutes Zeichen dafür, dass Sie auf den Touren eben sehr beeindruckende Aussichten genießen können.

Ausrüstung

Ich fahre sowohl in Berlin als auch im Umland mit meinem normalen Citybike. Durch die flachen Gebiete und gut ausgebauten Wege ist kein Mountain- oder Trekkingrad vonnöten, kann aber selbstverständlich auch genutzt werden. Ein Rennrad eignet sich nur auf den asphaltierten Wegen in der Innenstadt. Ich persönlich trage keinen Fahrradhelm, das kann aber jeder für sich selbst entscheiden. Die Bekleidung ist vom Wetter abhängig; gerade in Berlin kann es schnell umschwenken. Daher empfiehlt es

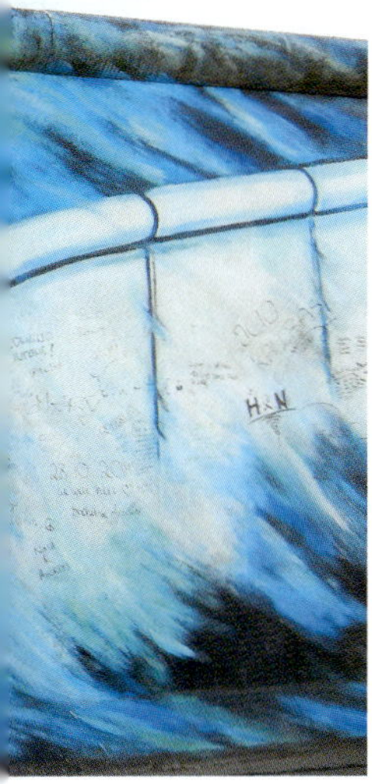

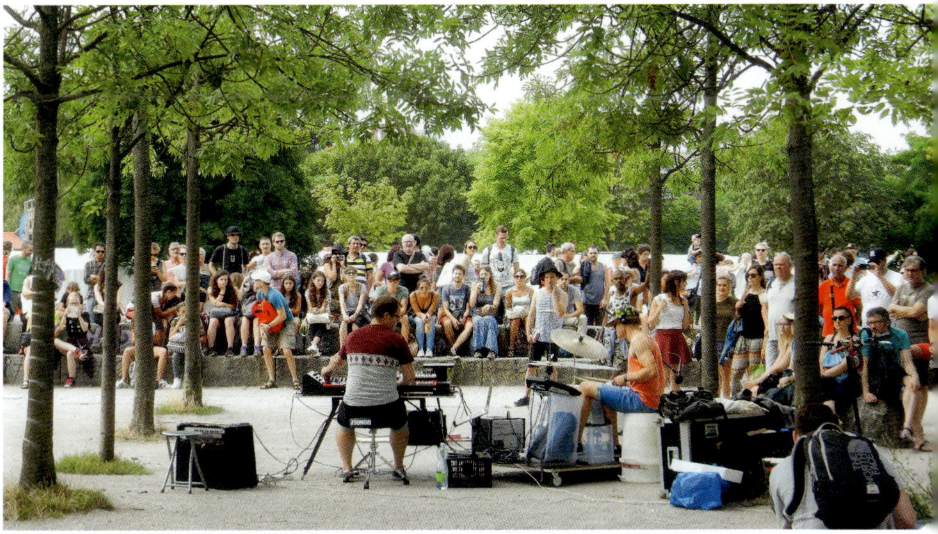

sich immer, eine dünne Regenjacke mitzunehmen, die schützt im Zweifel auch vor übermäßigem Wind. Alternativ kann man einen Regenschauer aufgrund der Citylage auch immer in einem nahe gelegenen Café oder Restaurant aussitzen.

Am Wochenende ist im Mauerpark immer etwas los (Tour 2).

An vielen Seen und Flüssen kann man auf einer Radtour auch baden und schwimmen. Badesachen, Picknickdecke und Handtuch sollten daher in der Fahrradtasche nicht fehlen.

Apropos Fahrradtasche: Auch wenn man keine mehrtägigen Fahrradtouren macht, radle ich persönlich immer gern mit einer Fahrradtasche. Man hat den Rücken frei und kann bequem fahren. Dazu passt in die meisten Taschen doch etwas mehr als in einen kleinen Rucksack.

Cafés und Restaurants gibt es in Berlin natürlich an jeder Ecke, auch Möglichkeiten für Vegetarier und Veganer. Verhungern muss auf einer Radtour in Berlin daher niemand. Nehmen Sie aber dennoch ausreichend Wasser oder zuckerarme Getränke mit.

Auch wenn im Stadtgebiet sehr viele Fahrradläden zu finden sind, die im Falle einer Panne aushelfen können, empfiehlt es sich immer, eine Luftpumpe und ein Pannenspray mitzunehmen. Flickzeug lohnt sich für diejenigen Radler, die eben auch einen Reifen flicken können. Dazu können sich Sonnencreme, Kamera, Sonnenbrille und Radkarten anbieten.

An- und Abreise

Alle Radtouren beginnen und enden an einem Bahnhof, sodass die An- und Abreise bequem mit öffentlichen Verkehrsmitteln erfolgen kann. Das Verkehrsnetz in Berlin ist sehr dicht, sodass man bei Bedarf auch immer einen anderen Bahnhof ansteuern kann, der von zu Hause besser zu erreichen ist. Viele Bahnhöfe sind mit Aufzügen ausgestattet. Bitte beachten Sie, dass Sie für die Mitnahme eines Fahrrades einen Fahrschein des Fahrradtarifs benötigen – ausgenommen Inhaber von Schülertickets, Geschwisterkarten, Tickets für Auszubildende und Semestertickets. Falträder, die komplett zusammengeklappt sind, können unentgeltlich mitgenommen werden.

Vor der Abfahrt ist es ratsam, die aktuellen Fahrpläne zu prüfen, ob eventuelle Beeinträchtigungen vorliegen. Das erspart unschöne Überraschungen wie z.B. Schienenersatzverkehr. Informationen zu Abfahrtszeiten, Fahrpreisen und Ausstattung der Bahnhöfe finden Sie unter www.bvg.de.

Informationen

Trotz intensiver Recherche für die Tourenangaben sollten diese nur als Richtlinien gewertet werden. Abstecher zu Besichtigungen, Einkehrmöglichkeiten oder Badestopps wurden bei den Zeitangaben nicht mitberücksichtigt.

Die Fahrzeiten sind großzügig angegeben für ein gemütliches Radeln durch Berlin. Besichtigungen und Pausen sind dabei natürlich nicht inbegriffen. Während man auf flachen City-Strecken schnell vorankommt, geht es bei Steigungen eben entsprechend langsamer.

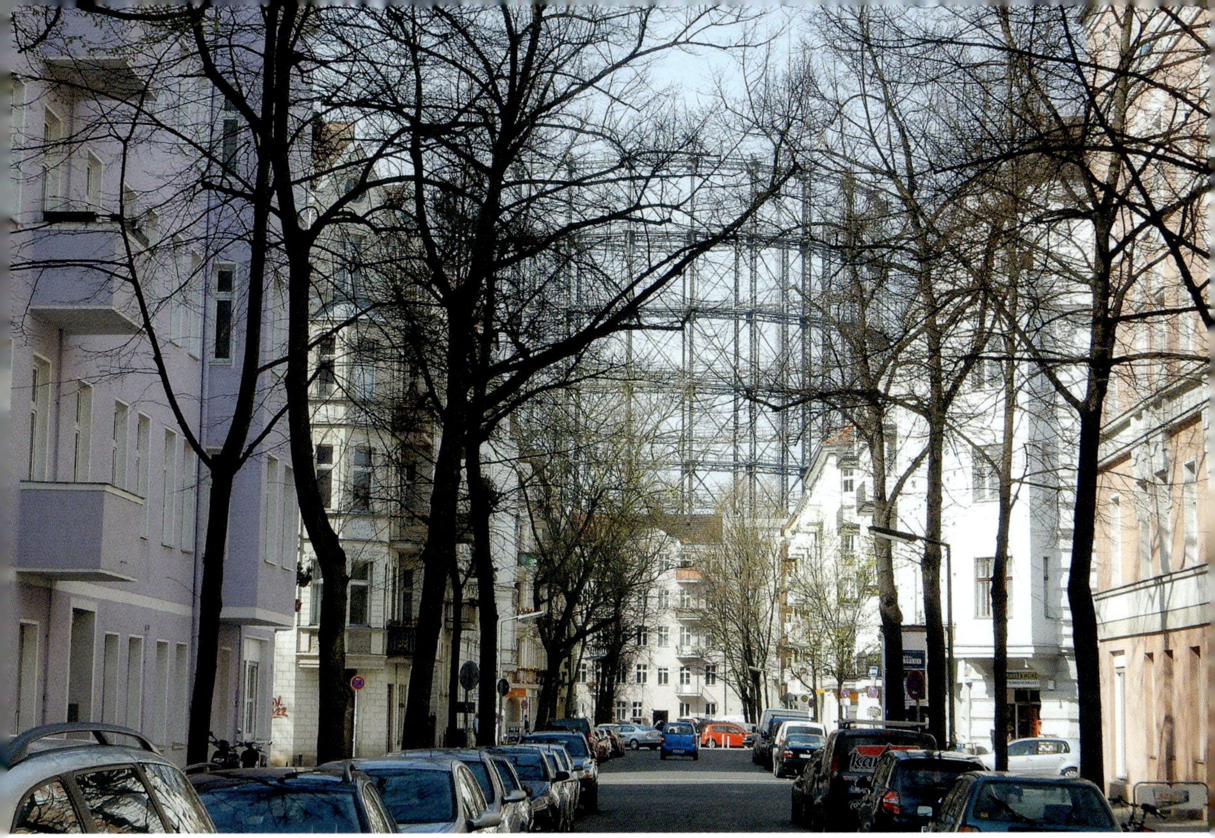

Auf einer Radtour durch Schöneberg hat man immer wieder einen schönen Blick auf den Gasometer (Tour 8).

Wer doch eine längere Radtour fahren möchte, hat die Möglichkeit, einige Touren in diesem Buch miteinander zu kombinieren. Bitte beachten Sie, dass sich Ruhetage von Restaurants oder Öffnungszeiten von Sehenswürdigkeiten ändern können. Genaue Angaben sollten vor der Radtour im Internet recherchiert werden.

Zu dem Kartenmaterial in diesem Buch können Sie sich auch die GPX-Dateien auf Ihr Handy oder Navigationsgerät herunterladen. Zusätzliches Kartenmaterial ist bei jeder Tour angegeben und kann für Radler interessant sein, die die Touren verlängern oder verändern möchten.

Einige der Touren sind auch bestens für Familien mit Kindern geeignet, die sicher Fahrrad fahren können. Diese Strecken sind dann eher kurz gehalten und führen über sehr verkehrsarme Nebenstraßen. Ein Spielplatz findet sich unterwegs auch meistens.

Auf den folgenden Seiten zeige ich Ihnen die schönsten Seiten von Berlin in einer guten Mischung aus touristischen Ecken und weniger bekannten Teilen der Stadt. Neben einigen Sehenswürdigkeiten führen die zusammengestellten Touren auch in fast dörflich anmutende Kieze.

Und nun viel Spaß beim Radeln!

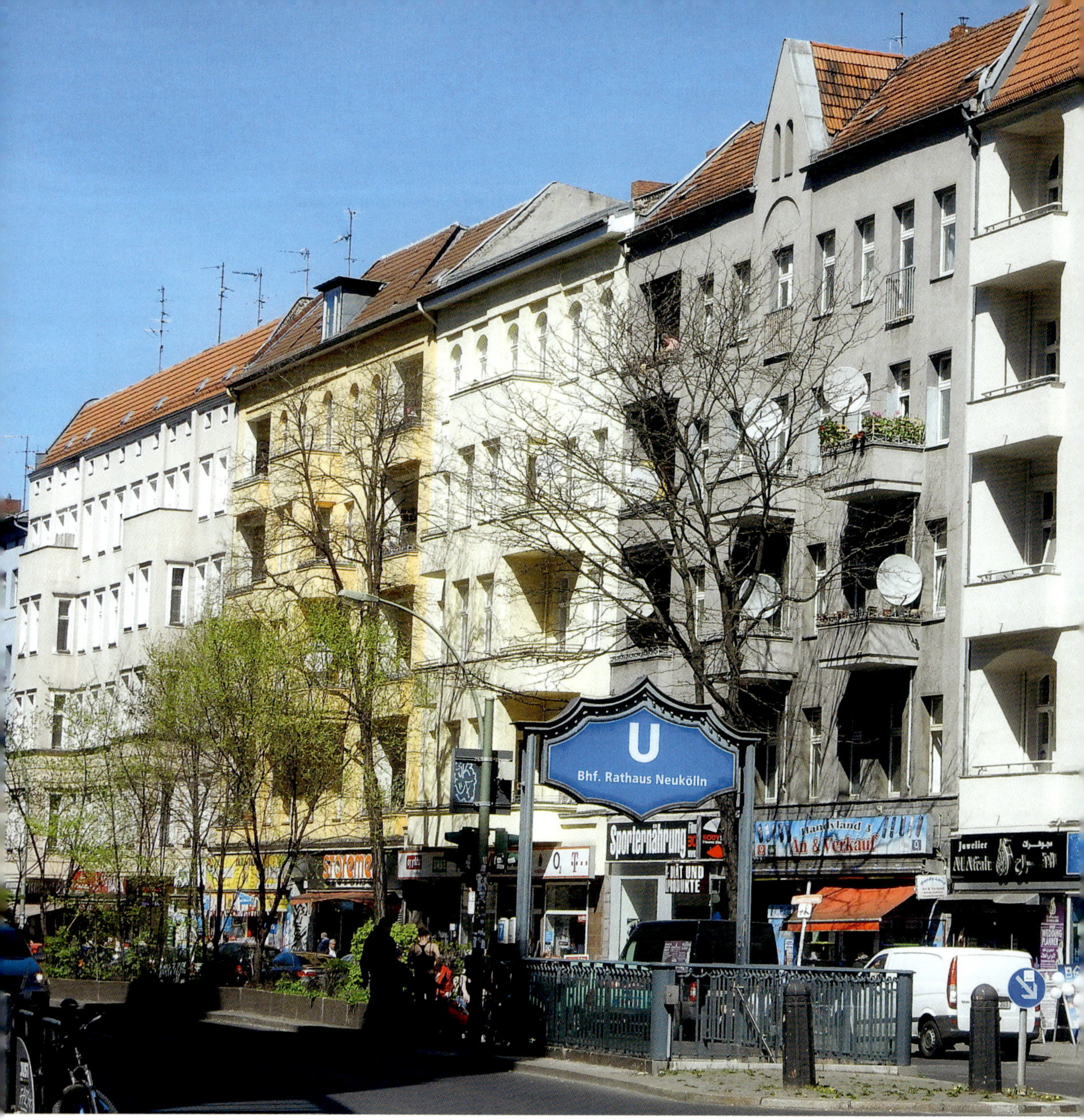
U
Bhf. Rathaus Neukölln
Sporternährung
Handyland 3
An & Verkauf

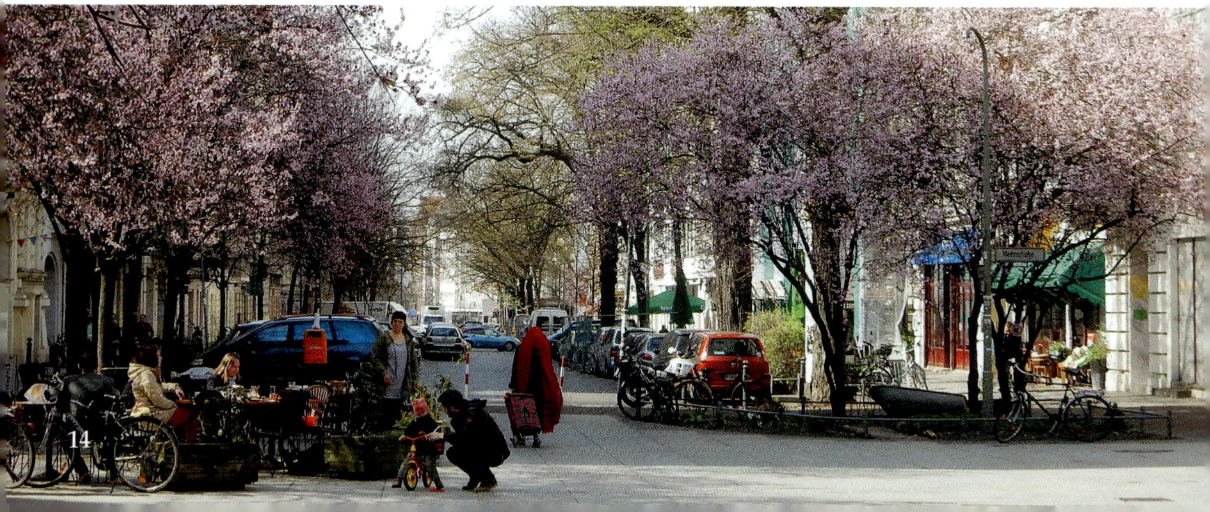

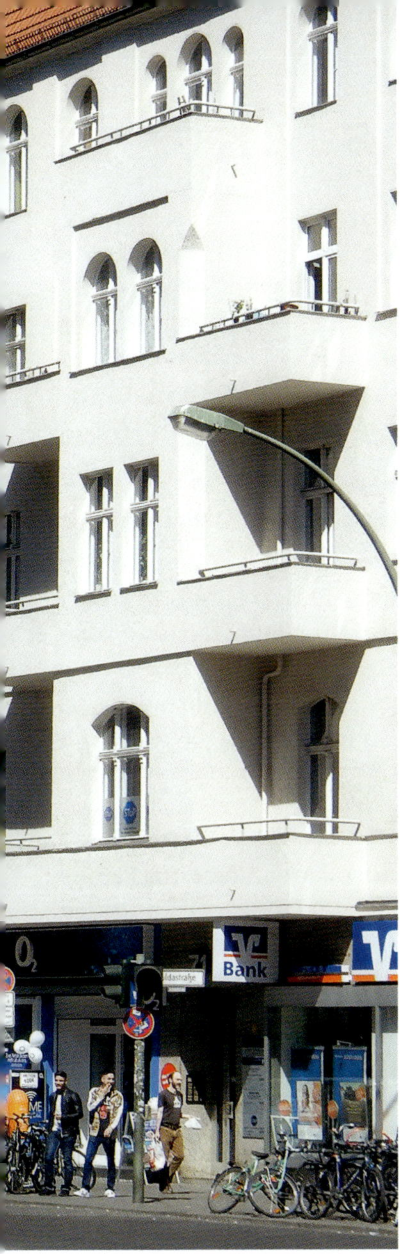

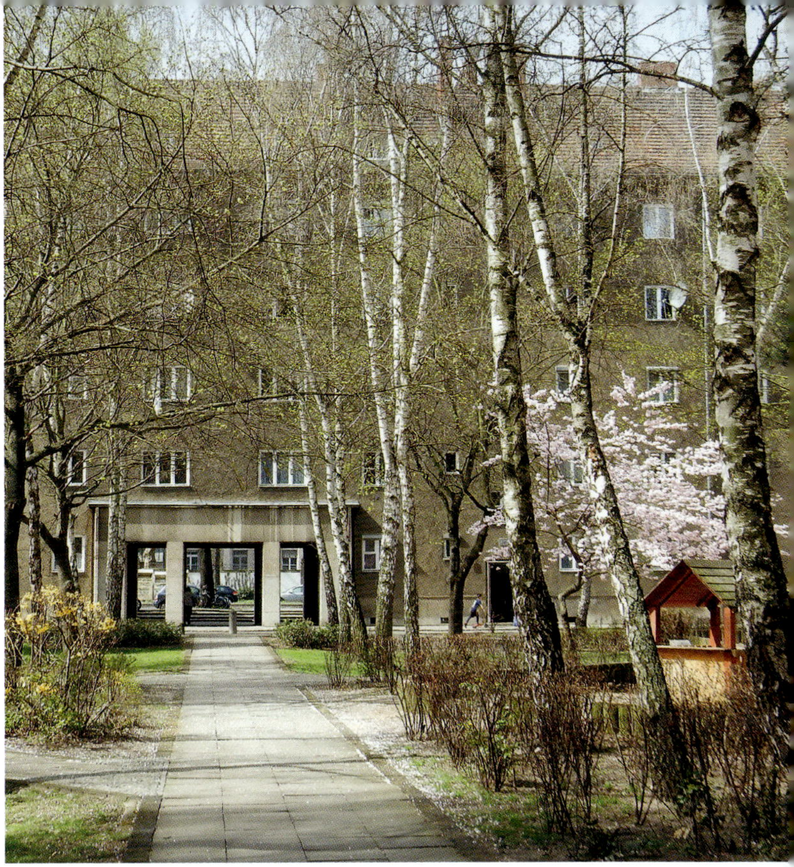

Kieze

Schmelztiegel der Kulturen: die Karl-Marx-Straße (Tour 6) (o. li.). Eine offene Hoftür sollte man in Schöneberg als Einladung sehen (Tour 8) (o. re.). In der Markthalle 9 in Kreuzberg finden regelmäßig Events statt (Tour 4) (u. re). Die Crellestraße ist eine gemütliche Kiezstraße in Schöneberg (Tour 8) (u. li.).

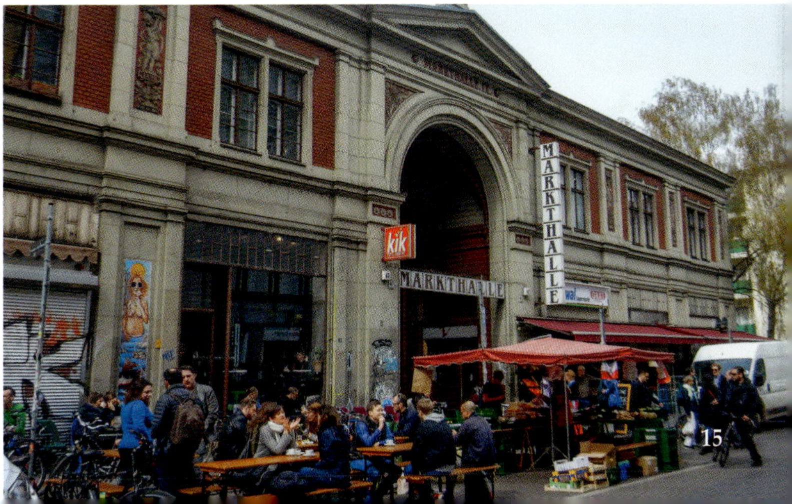

1 Durch Berlins Mitte

Viele Highlights in einer Tour

Leicht | 12 km | ↑63 m ↓60 m | 1 Std.

Tourencharakter
Leichte Radtour durch die Stadt vorbei an zahlreichen Sehenswürdigkeiten, überwiegend an Nebenstraßen entlang. Teilweise gibt es jedoch keine Radstreifen.

Ausgangs-/Endpunkt
S+U-Bahnhof Alexanderplatz
S+U-Bahnhof Potsdamer Platz

GPS
52° 31‘ 18.77“ N
13° 24‘ 48.90“ E

Anfahrt
Bus/Bahn: Anreise S 3, S 5, S 7, S 9, S 75 sowie Regionalverkehr bis S-Bahnhof Alexanderplatz. Rückreise S 1, S 2, S 25, S 26 und Regionalzug ab S-Bahnhof Potsdamer Platz.

Einkehr
Es gibt zahlreiche Möglichkeiten zur Einkehr. Besonders schön ist das Sophieneck mit deutscher Küche sowie die MilchHalle für Kaffee- und Kuchenspezialitäten.

Karte
Pharus-Plan Berlin – Mittlere Ausgabe, 1:16 000

Information
visitBerlin
Tel. 030 25 00 23 33
www.visitberlin.de

Diese Radtour führt entlang vieler Anziehungspunkte wie Hackescher Markt, Nikolaiviertel, Gendarmenmarkt oder Potsdamer Platz. Eine perfekte Tour für Touristen, aber auch für Berliner, die ihre Stadt einmal vom Sattel aus erkunden wollen.

Los geht es auf dem Alexanderplatz. Auf der Alexanderstraße radelt man zur Memhardstraße. An der ersten Kreuzung nach rechts wenden, vorbei an der Volksbühne. An der Linienstraße links einbiegen. Meine persönliche Lieblings-Fahrradstraße. Der architektonische Stilmix passt so wunderbar zu Berlin. An der Ecke zur Kleinen Rosenthaler Straße steht auch noch ein besetztes Haus.

Viele kleine Cafés, Galerien und Läden laden hier zum Flanieren ein. An der Tucholskystraße nach links radeln und dann gleich wieder links. Gleich am Anfang befindet sich rechts der Eingang zu den Heckmann-Höfen. Einer von vielen Höfen um

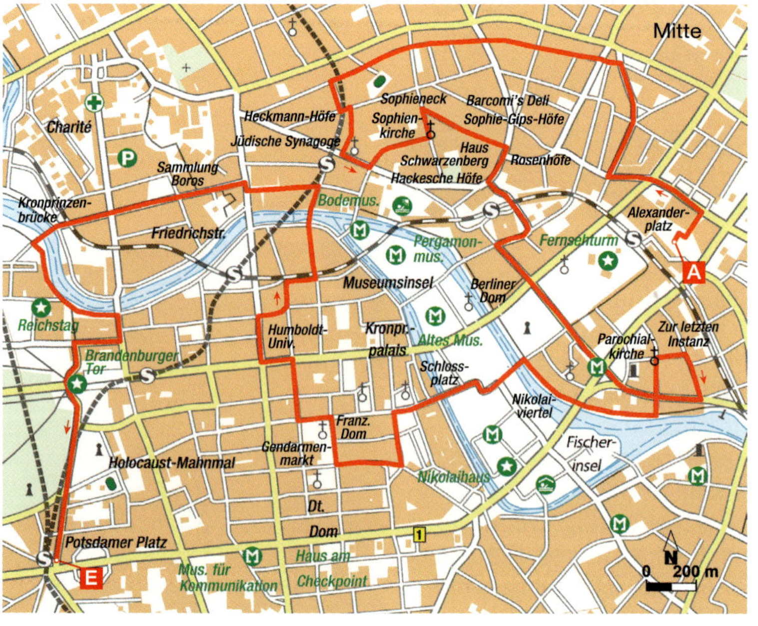

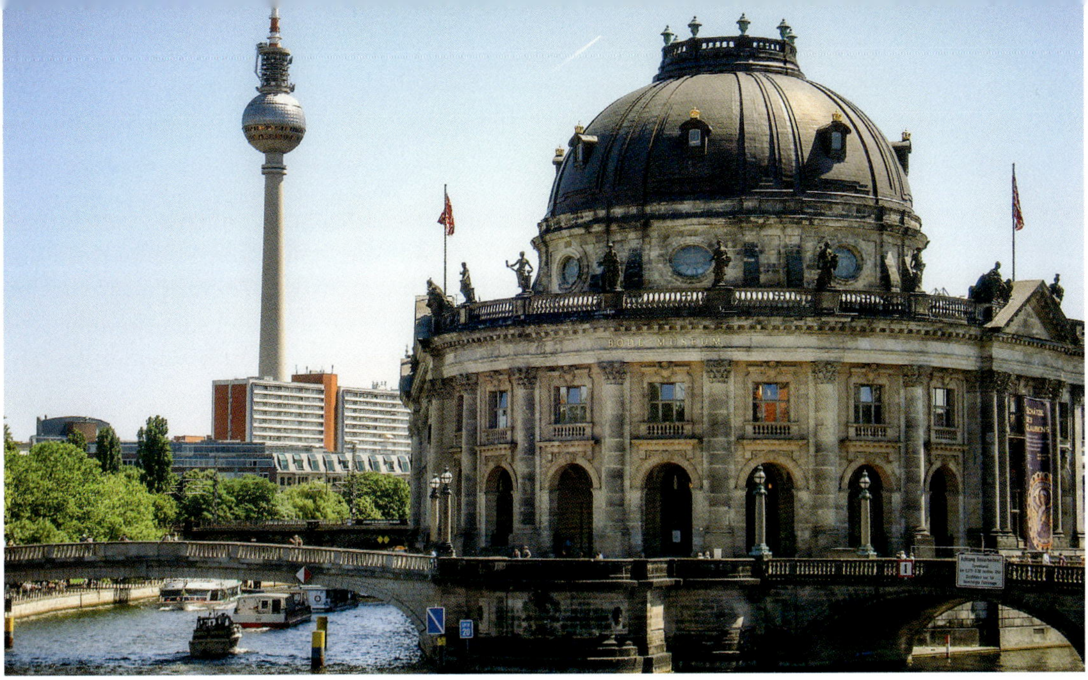

den Hackeschen Markt mit schönen alten Gebäuden und kleinen Läden. Am Ende des Hofes gelangt man auf die Oranienburger Straße. Man wendet sich nach links, vorbei an der schönen jüdischen Synagoge. Wer möchte, kann im angrenzenden Monbijoupark eine Pause einlegen.

Tipp: Die wunderschöne Kuppelhalle des Bode-Museums können Sie ohne Eintritt besichtigen. Das Museumscafé ebenfalls.

Einkehr

Das Sophieneck in der Sophienstraße bietet zünftige deutsche Speisen in uriger Atmosphäre. Die Wände dieses Ortes können Geschichten erzählen: Sie beherbergten eine Dampfwäscherei, eine Bäckerei und sogar ein Leichenhaus. Abends ist eine Reservierung empfohlen.

Sonst geht es weiter in die Krausnickstraße. Am Ende steht die Sophienkirche. Der Innenhof vor der Kirche ist bereits einmalig. Im rechten Haus befinden sich noch Einschusslöcher aus Kriegszeiten. Über die Große Hamburger Straße radelt man rechts weiter auf die Sophienstraße. An der Ecke befindet sich das urige Restaurant Sophieneck mit zünftiger deutscher Küche.

Wenn man so durch die Sophienstraße fährt, kann man kaum glauben, dass man noch in Berlin ist. Etwa in der Mitte der Straße befinden sich die Sophie-Gips-Höfe. Im Sofi gibt es gutes Brot und leckere Kuchenspezialitäten.

An der Rosenthaler Straße geht es dann wieder wuselig zu. Hier nach rechts radeln. Bitte auf die Straßenbahnschienen achten! Auf der rechten Seite gibt es gleich drei weitere Hinterhöfe: Die Rosenhöfe, das Haus Schwarzenberg und die Hackeschen

Höfe. Am besten schließt man sein Fahrrad hier an und erkundet alle Höfe zu Fuß.

An der nächsten Kreuzung nach links schwenken bis zum Litfaß-Platz. Dort links abbiegen auf die Spandauer Straße. Kurz vor dem SoVD-Gebäude führt links ein Kopfsteinpflasterweg ins alte Berlin. Hier stehen noch Reste der alten Stadtmauer und am Ende befinden sich Berlins älteste Gebäude wie das Restaurant Zur letzten Instanz.

Ein schönes Schmuckstück ist die Parochialkirche an der Klosterstraße. Weiter geht es über die Klosterstraße zum Rolandufer. Rechts abbiegen in Richtung Nikolaiviertel.

Am Schlossplatz links schwenken, an der Oberwallstraße erneut nach links bis zum Hausvogteiplatz, dort nach rechts. Man radelt zum wunderschönen Gendarmenmarkt. Rechts abbiegen, dann links und wieder rechts auf die Charlottenstraße. Hinter Unter den Linden wird diese Straße eine Einbahnstraße, daher macht die Tour hier einen kleinen Schlenker über die Friedrichstraße. Hinter Dussmann rechts einbiegen und dann wieder links auf die Planckstraße. Hinter der Bahntrasse rechts

Links und mitte: Das Haus Schwarzenberg ist absolut einen Besuch wert.

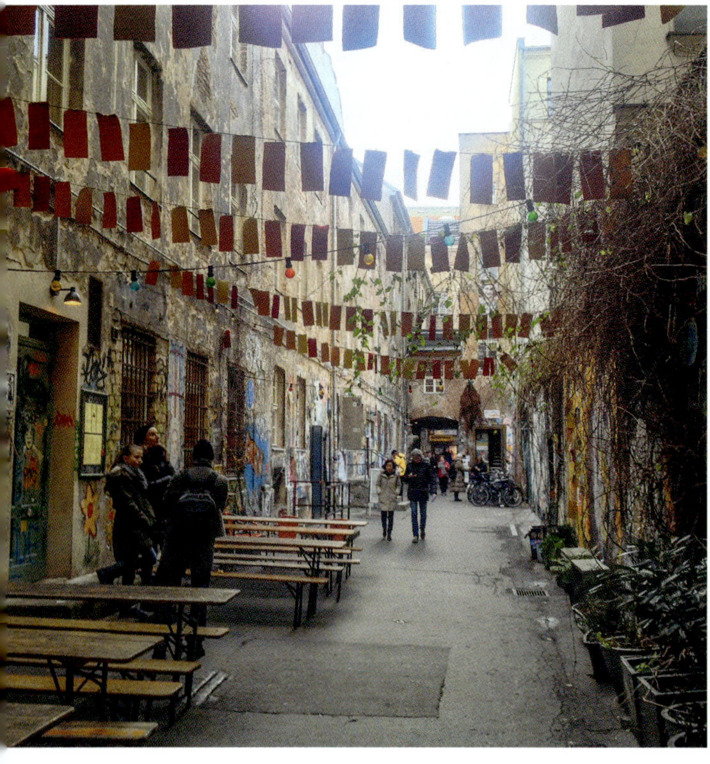

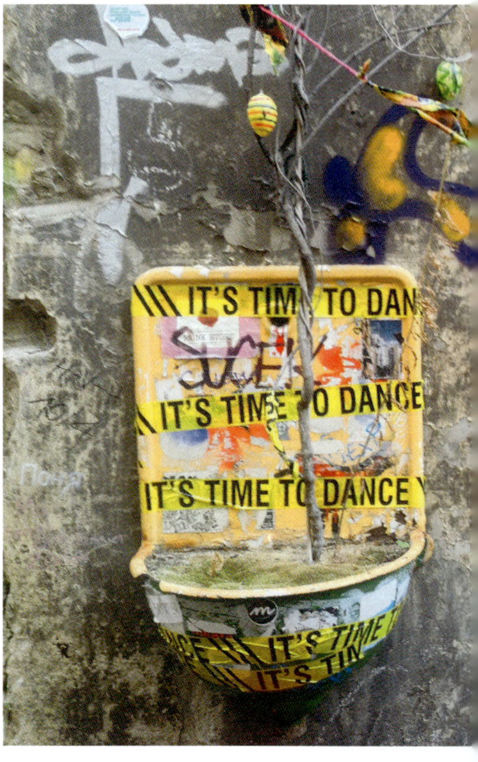

auf einen Fußweg radeln. Dahinter links auf die Geschwister-Scholl-Straße einbiegen.

Auf der Ebertbrücke hat man einen tollen Blick auf das Bode-Museum. An der Ziegelstraße nach links radeln und mit einem Schlenker vorbei am Friedrichstadt-Palast und weiter auf die Reinhardtstraße. Ein Stück die Straße runter befindet sich rechter Hand einer der letzten Hochbunker der Stadt, der heute das Museum Sammlung Boros beherbergt.

Auf der Kronprinzenbrücke wird man mit einem gigantischen Ausblick auf den Bundestag sowie den Hauptbahnhof belohnt. Die Tour führt weiter nach links entlang des Spreeufers. An der Wilhelmstraße nach rechts wenden und die nächste wieder rechts. Der Straße folgen, vorbei am Brandenburger Tor und dem Holocaust-Mahnmal. Die Radtour endet am Potsdamer Platz.

Berliner Hinterhöfe

Die Geschichte der Hinterhöfe begann Ende des 19. Jahrhunderts, als sich Berlin zu einer Millionenstadt entwickelte. Im herrschaftlichen Vorderhaus wohnte das Bürgertum, in den Hinterhöfen die einfachen Arbeiter. Ganz besonders die Gegend um den Hackeschen Markt bietet einige aufwendig gestaltete Höfe, die auf dieser Radtour besucht werden können. Viele beherbergen schöne Restaurants, Cafés, Galerien oder Läden.

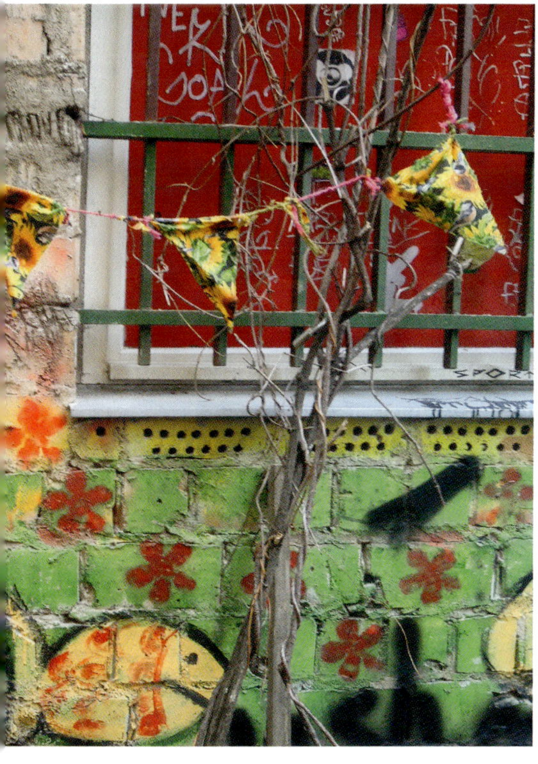

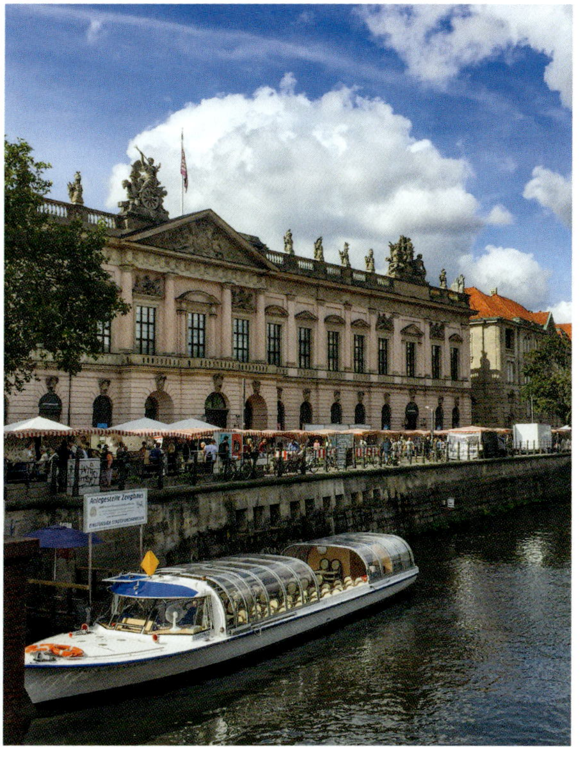

Unten: Sonntags findet neben dem Deutschen Historischen Museum immer ein Antik- und Künstlermarkt statt.

2 Prenzlauer Berg

Altbau-Charme und Szeneviertel

Leicht | 17 km | ↑47 m ↓48 m | 1.15 Std.

Tourencharakter
Leichte Radtour durch die Kieze von Prenzlauer Berg. Die Tour führt meist durch ruhige Nebenstraßen oder Parks.

Ausgangs-/Endpunkt
S+U-Bahnhof Alexanderplatz

GPS
52° 31‘ 18.78“ N
13° 24‘ 59.67“ E

Anfahrt
Bus/Bahn: S3, S5, S7, S9, S75 sowie Regionalzug bis S-Bahnhof Alexanderplatz.

Einkehr
Die Tour führt u.a. durch den Helmholtz- und Kollwitzkiez mit zahlreichen Restaurants und Cafés. Die Auswahl ist groß. Empfohlen ist der Pratergarten oder das Café Anna Blume.

Karte
Pharus-Plan Berlin–Pankow, Prenzlauer Berg, Weißensee, 1:17500

Information
visitBerlin
Tel. 030 25 00 23 33
www.visitberlin.de

Prenzlauer Berg ist für die einen hip und cool, für die anderen nur eine Zusammenkunft von Hipstern, Schwaben und Veganern. In den wunderbaren Nebenstraßen kann man sich treiben lassen, und die schönen Altbauten tun ihr Übriges dazu.

Ausgangspunkt ist die Kreuzung Alexander-/Otto-Braun-Straße am Alexanderplatz. Von hier geht es zunächst auf die Otto-Braun-Straße, an der Barnimstraße rechts und dann wieder links zum Volkspark Friedrichshain. Am Ende wechselt man die Straßenseite und macht einen kleinen Schlenker zum Eingang des Parks am Märchenbrunnen.

Es geht ein Stück durch den Park, an der Bötzowstraße links abbiegen. Direkt ins gleichnamige Viertel, benannt nach der ehemaligen Bötzow-Brauerei an der Prenzlauer Allee. Immer geradeaus vorbei am Arnswalder Platz mit seinem markanten Stierbrunnen. An der Bernhard-Lichtenberger-Straße links schwenken und über die Greifswalder Straße hinweg in den Ernst-Thälmann-Park samt gleichnamigem Denkmal. Hier rechts halten. Im Hintergrund kann man noch eine Reihe unsanierter Plattenbauten aus den 1980er-Jahren sehen. Diese Wohnsiedlung ist eine der wenigen groß angelegten Bauprojekte, die nicht am Stadtrand in Hellersdorf oder Marzahn erbaut wurden.

Am Ende rechts in die Lilli-Hennoch-Straße einbiegen und links auf die Greifswalder Straße wechseln. An der Erich-Weinert-Straße links abbiegen. Hier befindet sich die nächste groß angelegte Wohnsiedlung: die Wohnstadt Carl Legien aus den 1920er-Jahren. Dem Straßenverlauf folgen.

Am Humannpark links und dann rechts in die Wichertstraße. An der Greifenhagener Straße nach links wenden und über eine Fußgängerbrücke zur Gethsemanekirche. Hier nach rechts in die Stargarder Straße abbiegen und über die Brücke weiter auf der Gleimstraße radeln. An der Sonnenburger Straße rechts

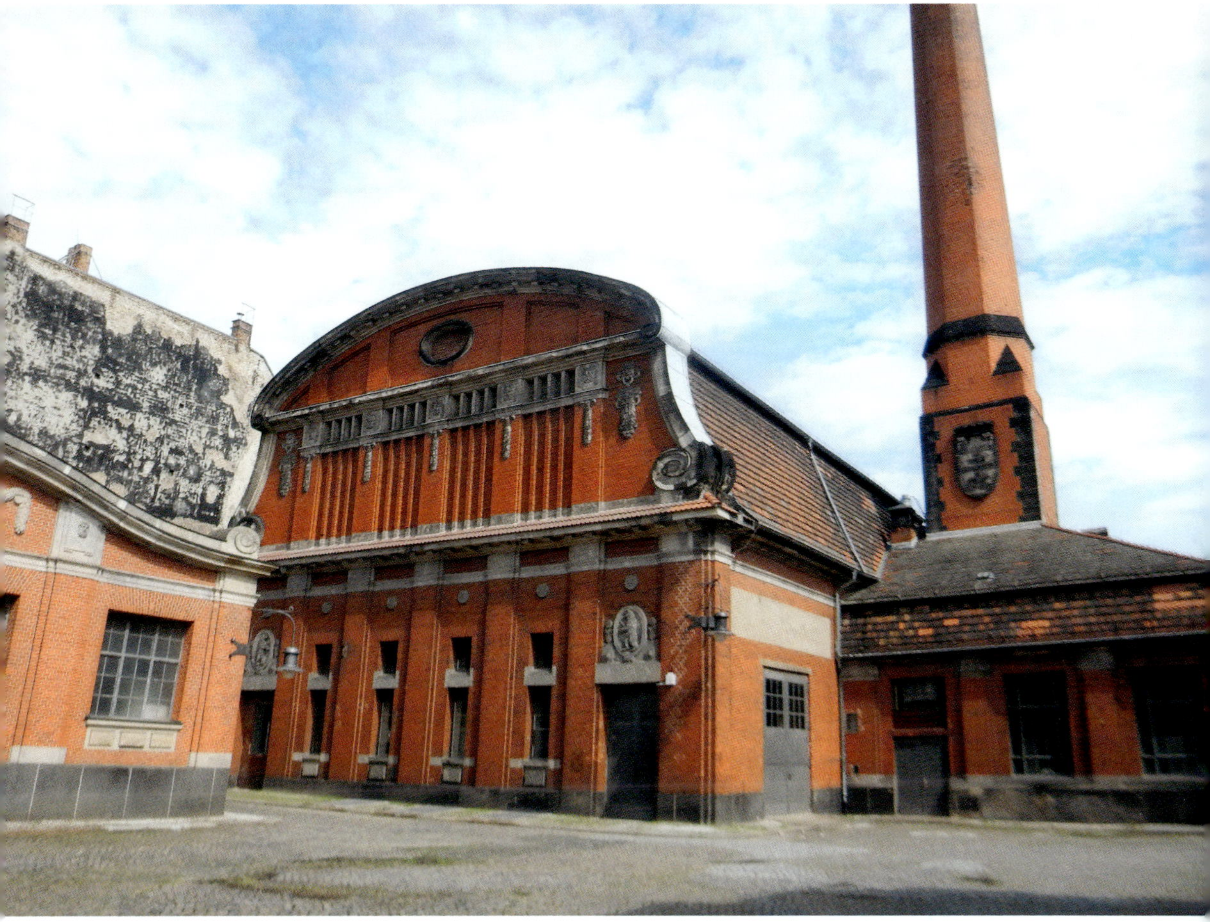

einbiegen und weiter über die wohl meist fotografierte Brücke Berlins fahren. Hier kann man auch noch einige unsanierte Häuser sehen, während unter einem die S-Bahn entlangfährt.

Industriecharme findet man hin und wieder auch im Prenzlauer Berg.

Dahinter gleich links schwenken und weiter bis zur Behmstraße. Auf der Brücke links einbiegen auf den Schwedter Steg. Der Ausblick auf die umliegenden Häuser, die Bahnschienen und den Fernsehturm ist einmalig.

Die Radtour führt weiter in den berühmten Mauerpark. Am Wochenende tummeln sich hier Berliner und Touristen gleichermaßen. Foodtrucks, Straßenmusiker und Flohmarkt-Stände so weit das Auge reicht. An der Bernauer Straße rechts schwenken

Gethsemanekirche

Die schöne Kirche mit der weißen Statue davor spielte eine bedeutende Rolle während der friedlichen Revolution in der DDR im Herbst 1989. Sie war Sammelpunkt für Oppositionelle und die DDR-Friedensbewegung. Heute finden dort regelmäßig Konzerte statt.

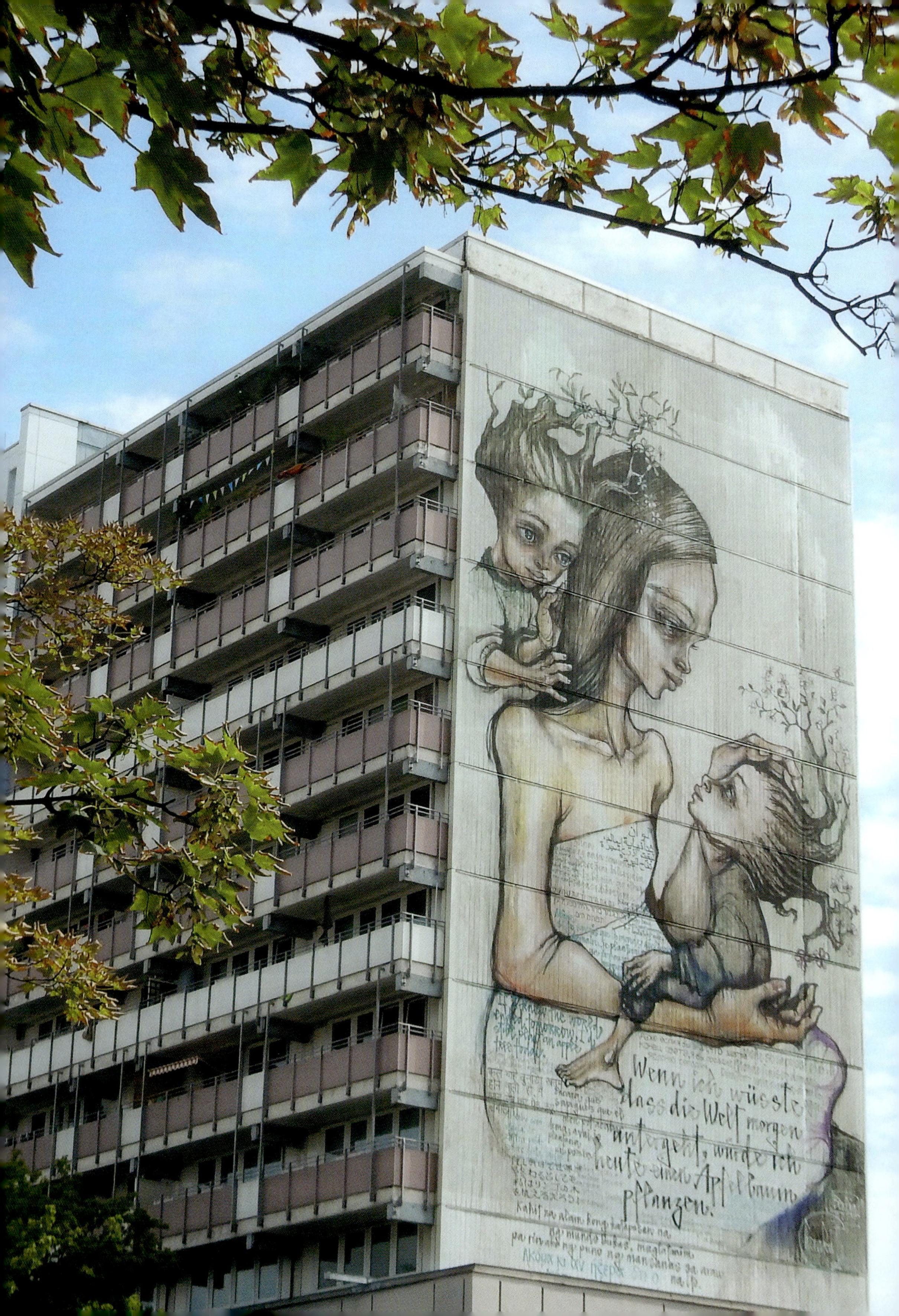
Wenn ich wüsste dass die Welt morgen untergeht, würde ich heute einen Apfelbaum pflanzen.

und an der Swinemünder Straße links zum Arkonaplatz und weiter zum Zionskirchplatz samt gleichnamiger Kirche.

LInke Seite: Streetart an jeder Ecke

Vor der Kirche rechts halten und weiter zur Fehrbelliner Straße. Dort links abbiegen. Und dann wieder links auf die Kastanienallee. Eine Radtour durch Prenzlauer Berg wäre ohne diese Straße wohl unvollständig. Achtung: Der Radweg führt hier zwischen den Straßenbahnschienen entlang. Es geht Richtung Norden vorbei an den vielen Geschäften, dem berühmten Prater und dem schönen Kino Lichtblick.

Einkehr

Der Prater Biergarten ist längst kein Geheimtipp mehr, aber ein Besuch ist dennoch empfehlenswert. Unter den großen Bäumen lässt es sich im Sommer wunderbar draußen sitzen. Geboten werden Snacks wie Bratwurst, Kartoffelsalat, Leberkäse oder Maiskolben zum hauseigenen Bier.

Über die Kreuzung zur Danziger Straße hinweg und weiter in die Pappelallee. An der Stargader Straße rechts und an der Schliemannstraße erneut rechts in den Helmholtzkiez. Weiter durch den namensgebenden Park dieses Viertels zur Danziger Straße. Hier rechts abbiegen und an der Kulturbrauerei links halten bis zum Eingang der Höfe. Die Tour führt nun einmal geradewegs durch die Kulturbrauerei.

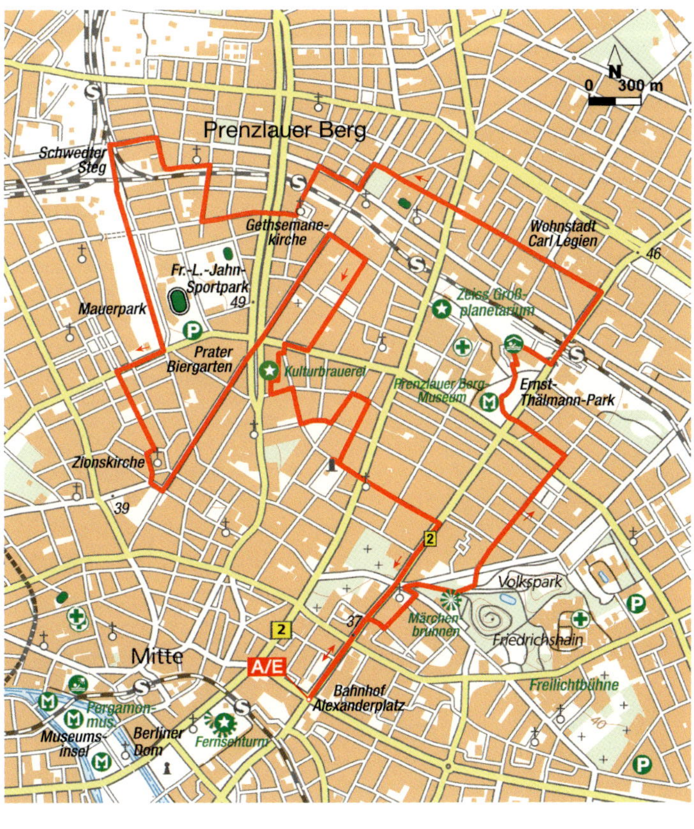

Am Ende links einbiegen in die Sredzkistraße und weiter rechts auf die Knaackstraße schwenken bis zum Kollwitzplatz. Hier links fahren und an der Kollwitzstraße wieder links. Noch mal ein Schlenker über die Sredzkistraße und Rykestraße. Der Blick von hier auf den Wasser- und Fernsehturm ist traumhaft.

Von der Rykestraße links in die Knaackstraße abbiegen bis zur Greifswalder Straße. Hier rechts schwenken und schließlich zurück zum Alexanderplatz radeln.

3

Wedding

Früher Arbeiterviertel, heute Multi-Kulti

Leicht | 18 km | ↑70 m ↓60 m | 1.30 Std.

Tourencharakter
Leichte Radtour vorwiegend auf Radwegen oder ruhigen Nebenstraßen. Es werden auch einige Parks passiert.

Ausgangs-/Endpunkt
Bahnhof Gesundbrunnen

GPS
52° 32' 56.98" N
13° 23' 16.96" E

Anfahrt
Bus/Bahn: S1, S2, S25, S26, S41, S42 sowie Regional- und Fernverkehr bis/ab Bahnhof Gesundbrunnen.

Einkehr
Die Radtour führt einmal quer durch den Wedding. Es gibt hier und da Einkehrmöglichkeiten – vom Döner-Imbiss bis zum gehobenen Restaurant ist alles dabei. Empfohlen ist das Café Pförtner (mit einem Abstecher von der Radtour zu erreichen) oder Mr. Hoang am Nettelbeckplatz.

Karte
Pharus-Plan Berlin–Pankow, Prenzlauer Berg, Weißensee, 1:17 500

Information
visitBerlin
Tel. 030 25 00 23 33
www.visitberlin.de

Ist der Wedding nun in oder schon wieder out? Sicher ist, dass der ehemalige Arbeiterbezirk dank seiner günstigen Mietpreise und freien Wohnungen immer mehr von Studenten und Künstlern entdeckt wird. Der Industriecharme verblasst langsam.

Beginn der Radtour ist der Bahnhof Gesundbrunnen. Einmal um das gleichnamige Shoppingcenter herum und links in die Heidebrinker Straße radeln. Am Ende links schwenken und weiter bis zur Osloer Straße. Dort links und hinter der Panke rechts auf den Fußweg.

Früher siedelten in diesem Gebiet überwiegend Gerbereien und Färberein, die ihre Industrieabfälle in die Panke kippten. Der Geruch an der Panke muss bestialisch gewesen sein, weswegen sie im Volksmund auch den Beinamen »Stinke-Panke« bekam.

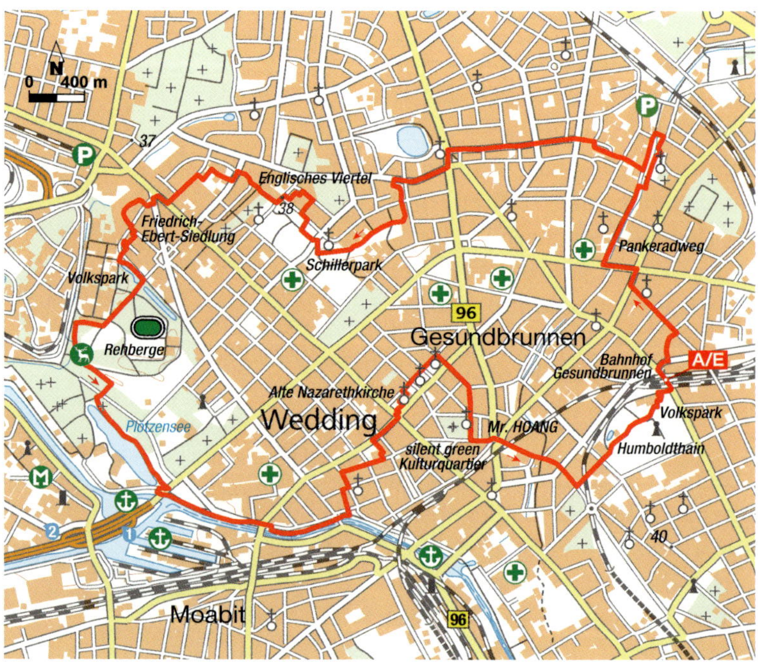

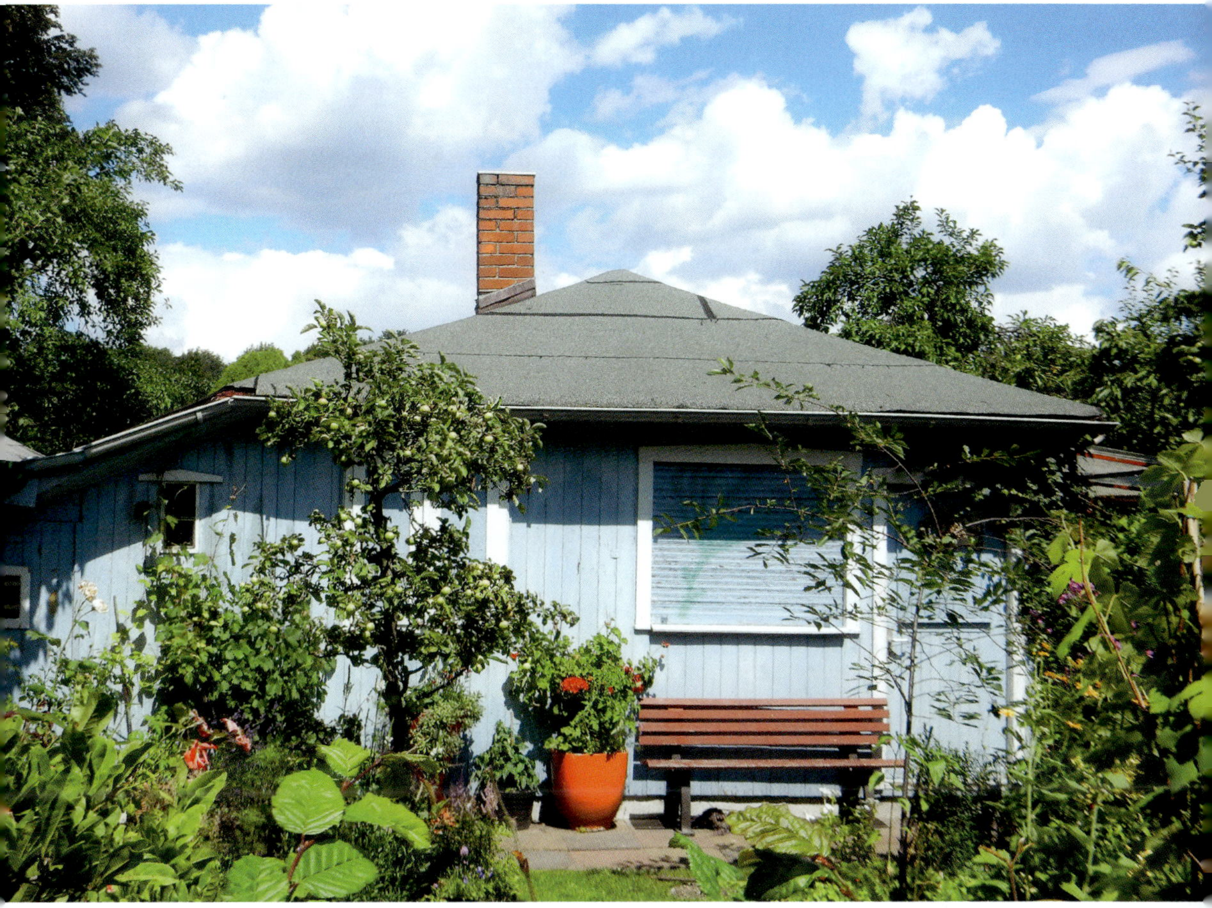

Kleingarten-Idylle

Nach ca. 1 km entlang dieses beschaulichen Flusses ein Stück zurück auf der anderen Uferseite fahren und dann rechts in den Wallweg hinein. Immer geradeaus fahren bis zum Ende, danach links und gleich wieder rechts auf die Holländer Straße wechseln.

Nach 400 m führt linker Hand ein Fußweg rein. Diesem folgen bis in den Schillerpark. Rechts halten und vorbei am Schillerdenkmal, dahinter rechts. Nach weiteren 300 m den Park nach rechts verlassen und auf die Bristolstraße wechseln. Wie der Straßenname schon vermuten lässt, befindet man sich hier im entzückenden Englischen Viertel.

Zwischen Dubliner, Liverpooler, Edinburger, Glasgower und Schöningstraße

Berliner Unterwelten

Am Bahnhof Gesundbrunnen werden vom Verein Berliner Unterwelten e.V. regelmäßig Führungen zu der unterirdischen Bunkeranlage aus dem Zweiten Weltkrieg angeboten. Preis 13 Euro. Ticketverkauf am Tag der Tour im Shop Brunnenstraße 105. Weitere Infos: www.berliner-unterwelten.de

entstand bis 1928 eine Großsiedlung im Stil der Moderne mit 888 Wohnungen. Es gibt mehrere Wohnblöcke mit eigenem grünem Innenhof. Hinter der Oxforder Straße rechts auf einen Fußweg in die Siedlung fahren und einmal im Karree durchfahren. Am Ende gelangt man auf die Dubliner Straße. Dort nach links wenden.

Hinter der Bristolstraße rechts auf einen Fußweg und weiter bis zur Londoner Straße. Dort links und gleich wieder rechts in eine Kleingartenkolonie fahren. Solche kleinen Oasen mitten in der Stadt sind immer wieder idyllisch. Am Ende an der Belfaster Straße links schwenken bis zum Ende. Dort rechts abbiegen, links auf die Afrikanische Straße und dann zweimal rechts halten. Einmal durch die Friedrich-Ebert-Siedlung. Die Architekten der Siedlung, die diese 1929–1939 errichten ließen, befürworteten die Idee einer aufgelockerten Stadt. Das merkt man hier sehr stark. Die Häuser sind nicht so dicht gebaut und es ist sehr grün und weitläufig.

Rechts: Badesachen nicht vergessen für eine Abkühlung im Plötzensee.

Auch hier geht es ein Stück entlang der Panke.

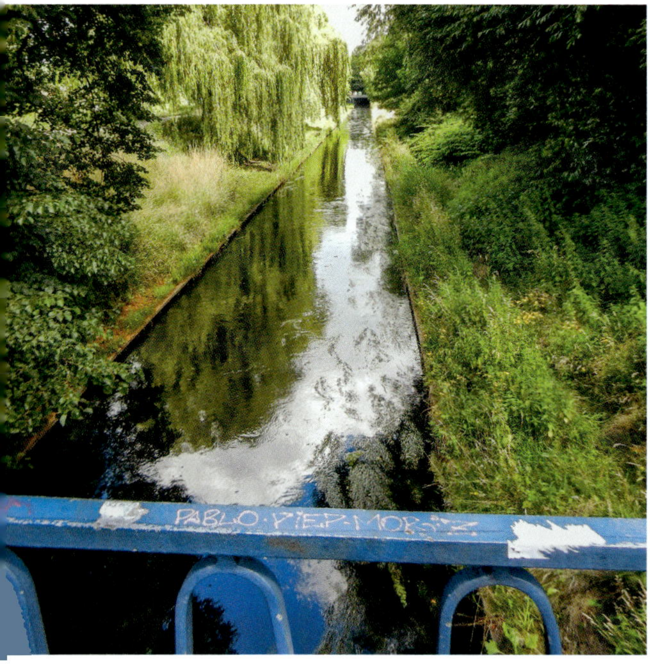

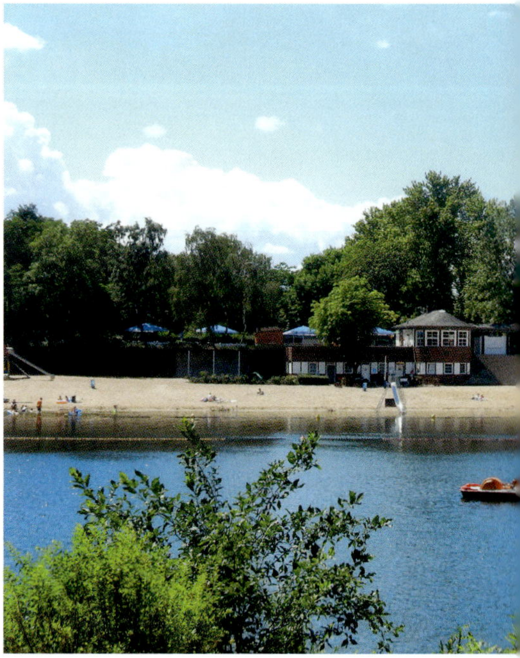

An der Togostraße gleich rechts auf einen Fußweg wechseln und in den Volkspark Rehberge radeln. Gleich links halten, vorbei an den kleinen Teichen bis zum Möwensee. Vor dem See nach rechts abbiegen, vorbei am Wildtiergehege und dahinter rechts zum Plötzensee. Man radelt ein Stück am See entlang. Gegenüber befindet sich das Strandbad.

Am Ende des Parks fährt man zum Flussufer und schwenkt nach links entlang des Berlin-Spandauer-Schifffahrtskanals. Am Pekinger Platz links halten zum Sprengelpark. Dort, wo heute ein kleiner Park ist, stand bis 1945 eine Flugzeugfabrik.

Dahinter rechts und gleich wieder links. An der Triftstraße rechts. Hinter der Tegeler Straße führt links ein Fußweg hinein. Dieser führt zur Luxemburger Straße, dort nach rechts wenden. Bis zum Leopoldplatz mit der Alten Nazarethkirche ohne Kirchturm von Karl Friedrich Schinkel.

Einkehr

Das Café Pförtner befindet sich auf dem Gelände der ehemaligen BVG-Werkstätten. Es gibt wechselnde Tagesgerichte, die man in dem liebevoll gestalteten Pförtnerhäuschen, einem ausrangierten Bus oder draußen an den Tischen zu sich nehmen kann. Mo-Fr 9–23 Uhr, Sa 11–23 Uhr.

Am Ende des Platzes nach rechts schwenken auf die Maxstraße. Man passiert das Krematorium Wedding,

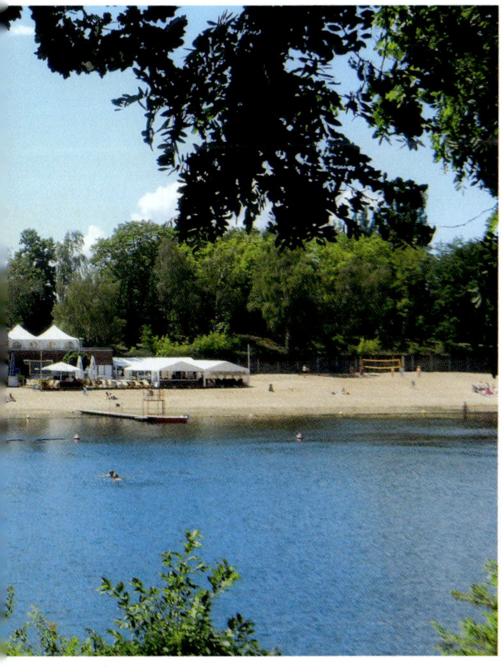

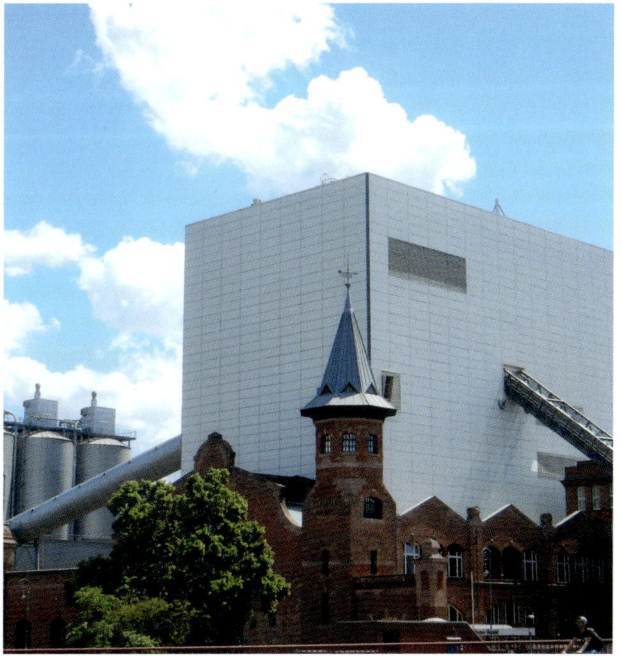

Der Wedding ist bekannt als Industriestandort.

welches heute das silent green Kulturquartier mit Restaurant beherbergt. An der Gerichtstraße nach links einbiegen. Am Nettelbeckplatz ist das Restaurant Mr. Hoang empfehlenswert. An der Grenzstraße links schwenken, geradewegs in den Humboldthain. Einmal quer durch bis zum Bahnhof Gesundbrunnen zurück.

4

Kreuzberg

Der Bezirk von morgen

Leicht | 13 km | ↑16 m ↓15 m | 2 Std.

Tourencharakter
Leichte Radtour vorwiegend entlang ruhiger Nebenstraßen. Es gibt eher selten Radwege. Viele Straßen sind zudem auch Kopfsteinpflasterstraßen.

Ausgangs-/Endpunkt
Mariannenplatz

GPS
52° 30' 16.06" N
13° 25' 35.59" E

Anfahrt
Bus/Bahn: S3, S5, S7, S9, S75 sowie Regional- und Fernverkehr nach Ostbahnhof.

Einkehr
Diese Tour führt Sie kreuz und quer durch Kreuzberg. Entlang der Oranien- oder Bergmannstraße gibt es zahlreiche Cafés und Restaurants. Die Auswahl ist riesig. Geheimtipps sind immer die Museumscafés wie das in der Berlinischen Galerie, im Jüdischen Museum oder das Tor 3 im Technikmuseum.

Karte
Pharus-Plan Berlin–Neukölln, Tempelhof-Schöneberg, 1:16000

Information
visitBerlin
Tel. 030 25 00 23 33
www.visitberlin.de

Dieser Bezirk zwischen Spree, Neukölln und Mitte bietet weit mehr als Landwehrkanal und Bergmannstraße. Kreuzberg steht für bunte Kultur, alternative Lebensmodelle sowie Kreativität und hat für jeden etwas zu bieten.

Die Radtour beginnt am Mariannenplatz. Hier befindet sich auch das schöne Künstlerhaus Bethanien. Der kleine Biergarten »3 Schwestern« ist einen Besuch wert. Man radelt nach Südwesten zum Heinrichplatz. Dort nach rechts schwenken. Auf der Oranienstraße befinden sich noch einige schöne Hinterhöfe, für die es sich lohnt, vom Rad abzusteigen. Auf der linken Seite kurz vor dem Moritzplatz befinden sich die Prinzessinnengärten. Ein Besuch ist empfehlenswert.

An der Alten Jakobstraße links schwenken. Eine der schönsten Straßen fürs Fahrradfahren in Berlin. Es herrscht häufig wenig Verkehr und man kommt fast ampelfrei ein ganzes Stück von Mitte nach Kreuzberg. Im Café Dix in der Berlinischen Galerie kann man im Sommer herrlich draußen sitzen.

Man radelt bis zum Ende und dann weiter geradeaus zum Mehringplatz. Die Rondell-Architektur hier ist schon besonders. Einmal halb um das Rondell herum und dann rechts halten Richtung Stresemannstraße. Gegenüber vom Anhalter Bahnhof befindet sich neben dem Supermarkt das kleine Café Maracay mit köstlichem Kaffee und kleinen Snacks.

Hinter der Ruine des Anhalter Bahnhofs links halten und durch den Elise-Tilse-Park fahren. Dieser führt auf den Fußgängersteg über den Landwehrkanal am Technikmuseum. Der Ausblick hier ist traumhaft.

Dahinter links halten bis zur Möckernstraße und dann links in die Obentrautstraße. Wer Glück hat, findet bei Hausnummer 53 ein offenes Tor und kann im Hinterhof eine schöne alte Remise bestaunen!

An der Großbeerenstraße nach rechts schwenken zur höchsten Erhebung des Bezirks: dem Kreuzberg im Viktoriapark. Auf dem Weg dorthin gibt es linker Hand Riehmers Hofgarten – unbedingt ansehen (Großbeerenstraße 55)!

Der Kreuzberg ist ziemlich steil, man sollte das Fahrrad lieber unten stehen lassen und hochspazieren. Der Ausblick dort oben – vor allem zum Sonnenuntergang – ist wunderschön.

Vor dem Viktoriapark links auf die Kreuzbergstraße fahren und über den Mehringdamm weiter in den Bergmannkiez. Am Wochenende kann man hier Floh- und Wochenmarkt-Hopping betreiben. Immer geradeaus zum Südstern. Dahinter links halten auf die Körtestraße in den Gräfekiez. An der Urbanstraße weiter geradeaus auf die Grimmstraße und dann rechts auf die Dieffenbachstraße und wieder links zum Kottbusser Damm.

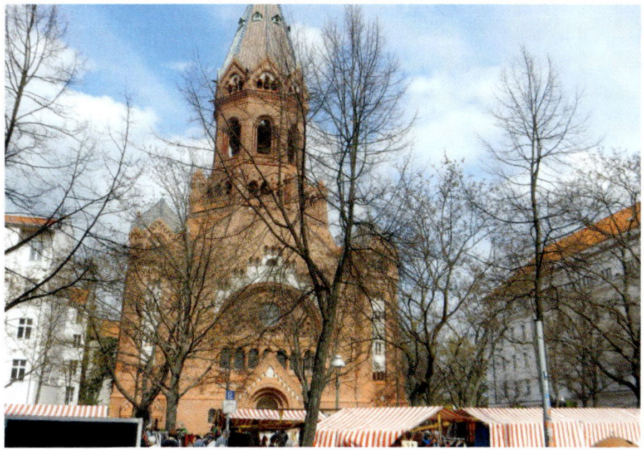

Prinzessinnengärten

Die Prinzessinnengärten sind ein urbaner Nutzgarten. Auf einer seit Jahrzehnten brachliegenden Fläche wird hier mitten in Berlin Gemüse angebaut. Im Gartencafé und in der Gartenküche gibt es kulinarische Köstlichkeiten. Täglich ab 10 Uhr geöffnet.

Man wechselt die Uferseite und radelt entlang des Landwehrkanals. Am Görlitzer Park nach links wenden und einmal quer durch den Park. Über den Lausitzer Park mit der schönen Emmaus-Ölberg-Kirche geht es zur Markthalle Neun. An der Wrangelstraße links zurück zum Mariannenplatz.

Oben: Die schöne Passionskirche am Marheinekeplatz

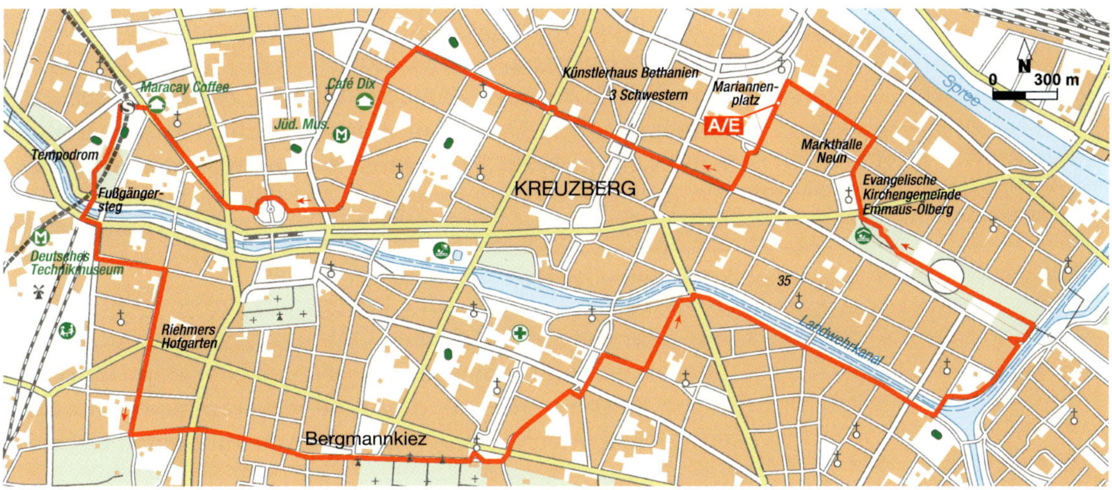

5 Moabit

Die wohl höchste Dönerdichte Berlins

Leicht | 15 km | ↑30 m ↓30 m | 2 Std.

Tourencharakter
Diese Tour fernab der berühmten Sehenswürdigkeiten von Berlin führt durch den komplett von Wasser umgebenen Bezirk nördlich des Hauptbahnhofes. Es wechseln Abschnitte durch Parks mit Uferwegen und entlang Nebenstraßen.

Ausgangs-/Endpunkt
Berlin Hauptbahnhof

GPS
52° 31' 35.3" N
13° 22' 08.3" E

Anfahrt
Bus/Bahn: S3, S5, S7, S9, S75 sowie Regional- und Fernverkehr bis/ab Berlin Hauptbahnhof.

Einkehr
Die Tour führt überwiegend durch Wohngebiete. Hier und da finden sich aber vereinzelte Einkehrmöglichkeiten, vor allem am Spreeufer. Empfehlenswert ist die Buchkantine am Spreeufer Ecke Dortmunder Straße oder die Essensstände in der Arminiusmarkthalle.

Karte
Pharus-Plan Berlin–Pankow, Prenzlauer Berg, Weißensee, 1:17 500

Information
visitBerlin
Tel. 030 25 00 23 33
www.visitberlin.de

Moabit bietet ein architektonisches Potpourri gepaart mit den wohl schrecklichsten Straßen Berlins und einigen Industriegeländen. Aber genau das formt diesen Bezirk. Fun Fact: der berühmte »Mocca faux«, besser bekannt als »Muckefuck«, stammt aus Moabit.

Moabit ist komplett von Wasser umgeben, im Süden die Spree, im Osten der Berlin-Spandauer Schifffahrtskanal, im Norden der Westhafenkanal und im Westen der Charlottenburger Verbindungskanal. Los geht's am Hauptbahnhof entlang der Invalidenstraße. Hinter dem Hauptbahnhof rechts in einen Fußweg hinein. Dann geradewegs durch den Fritz-Schloß-Park. Am Ende nach links und dann rechts auf die Rathenower Straße. An der Stendaler Straße nach links zum Stephanplatz im gleichnamigen Kiez. Tolle Altbauten umsäumen den kleinen Platz.

Weiter geradeaus zur Quitzowstraße, dort links einbiegen. Ein Abstecher auf die Putlitzbrücke lohnt sich. Der Ausblick ist schön und hier steht das Deportationsmahnmal, welches an die mehr als 30.000 Berliner Juden erinnert, die vom benachbarten Güterbahnhof Moabit aus deportiert wurden.

An der Bremer Straße links zum Unionspark. Eine schöne Wohngebietsgegend. Wieder zurück über Wiclef- und Oldenburger Straße zum Moabiter Stadtgarten, einem Atelier- und Ausstellungshaus. Das Gelände des ehemaligen Güterbahnhofs Moabit wurde bis 2012 zum Moabiter Stadtgarten umgebaut.

Weiter geht es entlang Siemens- und Sickingenstraße, vorbei an zahlreichen Industriebetrieben. Das gehört eben unumgänglich zu Moabit dazu. An der Wiebestraße links einbiegen zur Classic Remise mit zahlreichen Old- und Youngtimern. An der Hüttenstraße rechts abbiegen zum Neuen Ufer, dann links. Immer am Wasser entlang und um die Spree-Spitze herum. Hier hat man einen wunderbaren Blick auf die modernen Gebäude am Wasser.

An der Kaiserin-Augusta-Allee rechts schwenken bis zur Gotzkowskybrücke. Dort weiter am Wikinger Ufer entlang radeln. Hier stehen noch schöne 1960er-Jahre-Bauten direkt an der Spree. Dem Straßenverlauf folgen. Ecke Dortmunder Straße befindet sich die schöne Buchkantine.

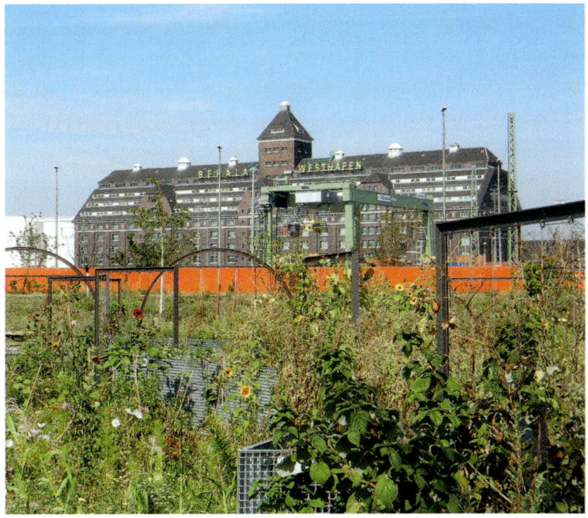

Weiter geradeaus bis nach Alt-Moabit und an der Thusnelda-Allee nach links wenden. Die Tour führt zur Arminiusmarkthalle. Wieder zurück zur Straße Alt-Moabit. Alt-Moabit und Turmstraße sind quirlig, laut und voll und beherbergen ein architektonisches Potpourri, gehören aber eben zu Moabit wie nichts anderes.

Burger und Bücher

Am Bundesratufer befindet sich die Buchkantine. Buchladen und Restaurant in einem – Best of both worlds. Man kann wunderbar draußen sitzen und das Speisenangebot ist toll.

An der Kirchstraße rechts abbiegen. Hier befindet sich die schöne Johanniskirche, die so gar nicht zur Umgebung der Turmstraße passt. Weiter zum Helgoländer Ufer und dort nach links wenden. An der Spenerstraße links einbiegen. Nach ca. 400 m führt rechts ein Fußweg in den Carl-von-Ossietzky-Park. Einmal quer durch und zurück auf Alt-Moabit. Nach rechts wenden und zurück zum Hauptbahnhof.

Oben: Moabiter Stadtgarten

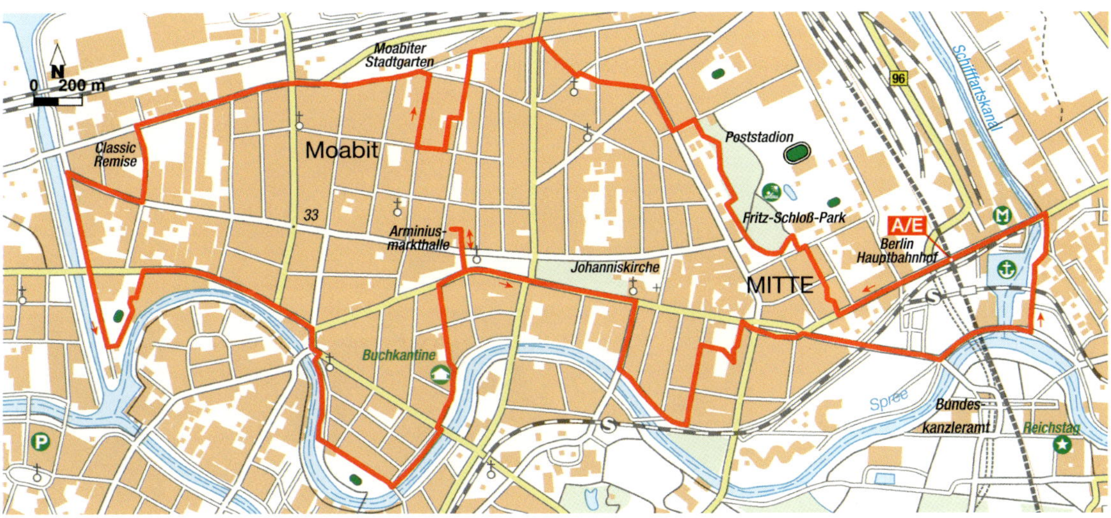

6 Neukölln

Seit 250 Jahren Schmelztiegel der Kulturen

Mittel | 20 km | ↑50 m | 1.30 Std.

Tourencharakter
Es geht auf ruhigen Nebenstraßen einmal von Nord nach Süd durch Neukölln. Die Wege sind teilweise Kopfsteinpflaster oder Sandwege.

Ausgangs-/Endpunkt
U-Bahnhof Schönleinstraße
U-Bahnhof Johannisthaler Chaussee

GPS
52° 29‘ 35.1“ N
13° 25‘ 19.4“ E

Anfahrt
Bus/Bahn: Anreise U8 bis U-Bahnhof Schönleinstraße. Rückreise U7 bis U-Bahnhof Johannisthaler Chaussee.

Einkehr
Abgesehen vom Beginn der Radtour zwischen Landwehrkanal und Karl-Marx-Straße radelt man eher durch Wohngebiete mit wenigen Einkehrmöglichkeiten. Wenn man aber die Tour verlässt, findet sich immer mal ein Café oder Restaurant. Empfehlenswert ist die Villa Rixdorf.

Karte
Pharus-Plan Berlin–Neukölln, Tempelhof-Schöneberg, 1:16000

Information
visitBerlin
Tel. 030 25 00 23 33
www.visitberlin.de

In Rixforf siedelten Mitte des 18. Jahrhunderts bereits böhmische Flüchtlinge. Die Vielfalt macht diesen Bezirk so spannend, von der lebendigen Karl-Marx-Straße über die Hufeisensiedlung und Schloss Britz bis zum türkischen Markt am Maybachufer.

Startpunkt ist der U-Bahnhof Schönleinstraße. Von dort geht es ein Stück Richtung Maybachufer. Dienstag und Freitag findet hier der legendäre türkische Markt statt. Mittlerweile aber auch kein Geheimtipp mehr – Touristen tummeln sich zwischen türkischen Omas und Hipstern. Die Tour führt hier direkt am Landwehrkanal entlang.

Weiter geht es noch ein Stück auf dem Weigandufer. An der ersten Brücke dann rechts in die Wildenbruchstraße bis zur Karl-

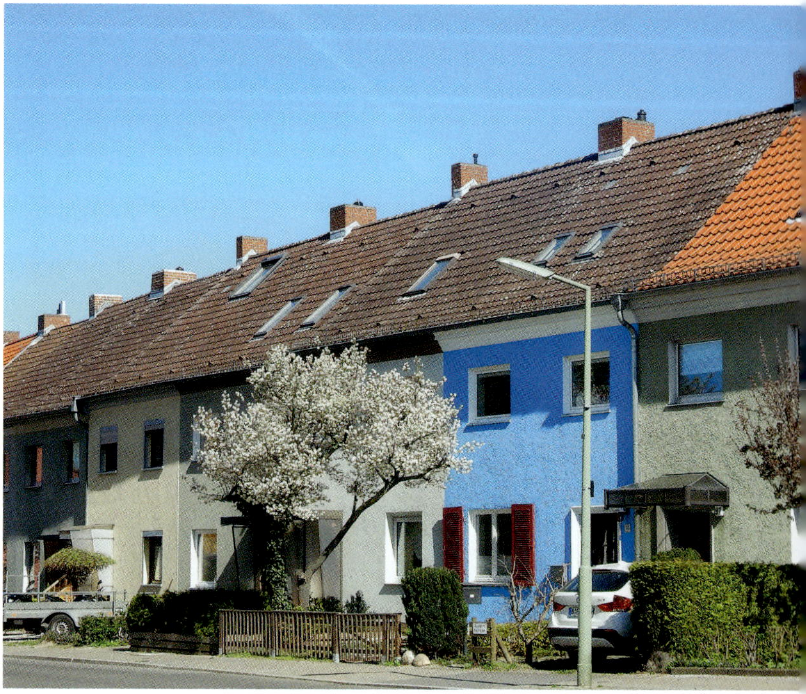

Auch das ist Neukölln, genauer gesagt in der Hufeisensiedlung.

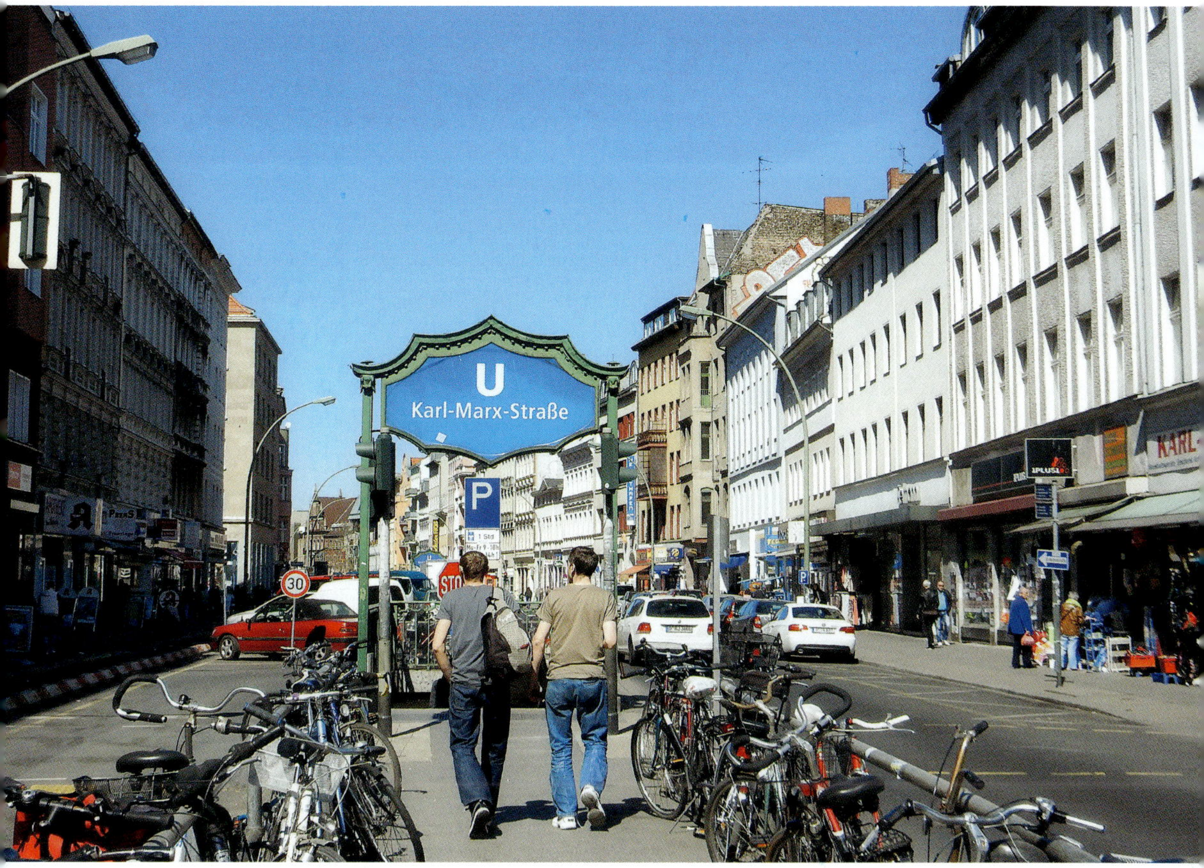

Marx-Straße. Sie ist schon das Herz Neuköllns und fasst diesen Bezirk sehr gut zusammen. Alte Häuser neben neuen, die Neukölln Arcaden neben dem schönen Rathaus Neukölln, dazwischen alteingesessene Geschäfte neben Dönerbuden und Handyläden, viel Verkehr und noch mehr Menschen.

Die berühmt-berüchtigte Karl-Marx-Straße

Hufeisensiedlung

Die Siedlung ist eine architektonische Besonderheit der 1920er- und 1930er-Jahre und war eines der ersten Projekte des sozialen Wohnungsbaus. Seit 2008 gehört sie nun zum UNESCO-Welterbe Siedlungen der Berliner Moderne.

Rechts abbiegen und gleich wieder links in die Flughafenstraße. An der Spitze des Volksparks Hasenheide dann links in die Fontanestraße und weiter zur Schillerpromenade – das Herz des Schillerkiezes. Die Genezareth-Kirche teilt die Straße in der Mitte. Dahinter geht es links in die Kienitzer Straße, an der Hermannstraße wieder links und dann rechts in die Werbellinstraße. Nach 300 m geht's schließlich rechts einen Fußweg rein. Man muss ein paar Treppen überwinden.

Am Ende steht eine schöne alte Schule mit separatem Eingang für Mädchen und Knaben. Rechts um die Schule herum radeln und links auf den Mittelweg einbiegen bis zurück zur Karl-Marx-Straße. Dort links und dann gleich wieder rechts in die Uthmannstraße.

Am Ende der Straße gelangt man nach Rixdorf. Mitten in Neukölln stehen hier alte Bauernhäuser. Links in die Kirchgasse radeln und hinter der Kurve rechts auf einen Fußweg. An der Donaustraße rechts schwenken und an der Zweistädter Straße erneut rechts zum Richardplatz – das Zentrum von Rixdorf. Die Dorfschmiede wirkt wie aus der Zeit gefallen.

In Rixdorf scheint die Zeit stehen geblieben zu sein.

In der Villa Rixdorf kann man eine Pause einlegen. Bei schönem Wetter kann man herrlich draußen sitzen. Es geht wieder

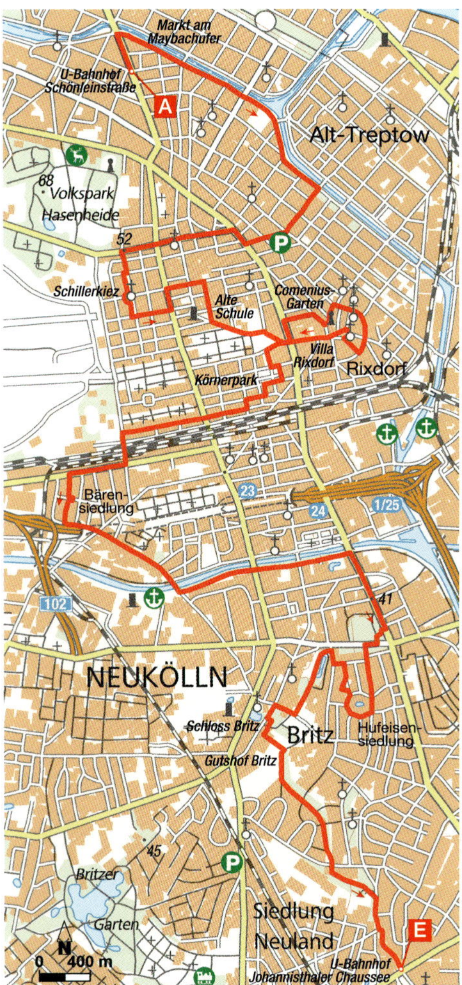

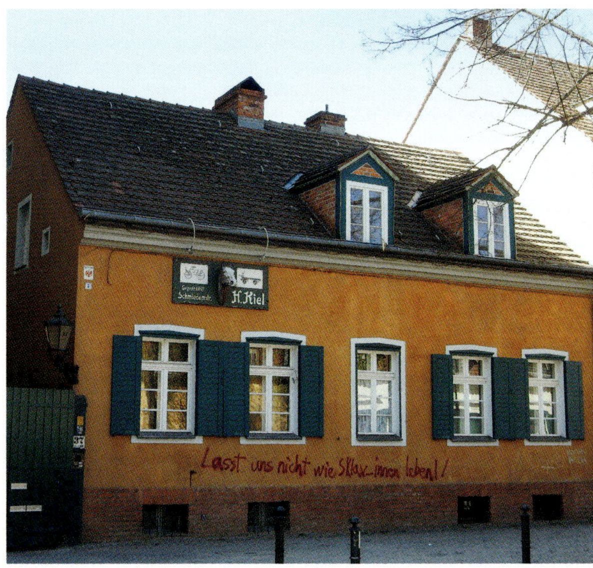

Ein Dorf mitten in Berlin

Die verwinkelten Straßen von Rixdorf mit den kleinen Läden und Hinterhöfen erinnern eher an ein Dorf als an eine Großstadt wie Berlin. Rixdorf wurde Mitte des 18. Jahrhunderts von Flüchtlingen aus Böhmen gegründet. Der Comenius-Garten an der Richardstraße ist einen Abstecher wert.

zurück zur Karl-Marx-Straße und weiter auf der Thomasstraße, dann links in die Rübelandstraße. Hier geht es geradewegs zum Körnerpark. Dieser Park ähnelt einem Schlosspark mit Wasserspielen und einer Orangerie mit Café und Galerie für wechselnde Ausstellungen.

Hinter dem Park rechts auf die Schierker Straße, dann links auf den gleichnamigen Platz, rechts auf die Nogatstraße und über Ilsestraße auf die Emser Straße wechseln. Man radelt bis zum Ende, dann links schwenken über die Schienen und danach gleich rechts. Hinter dem Supermarkt geht es links in die Bärensiedlung.

Am Ende links einbiegen, rechts unter der Autobahn hindurch und weiter auf dem Tempelhofer Weg. Hinter dem Teltowkanal

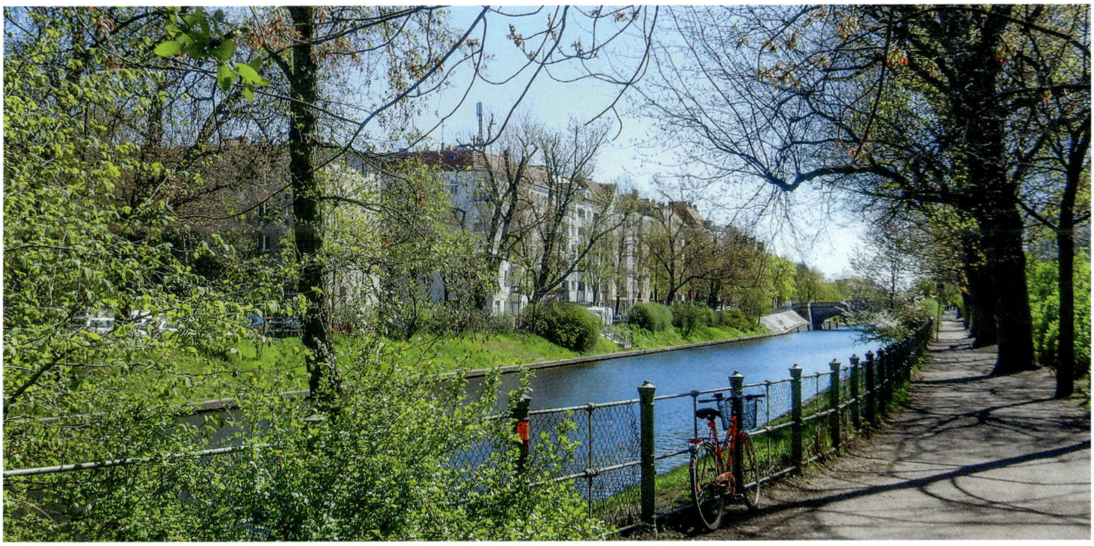

Der Landwehrkanal ist zu allen Jahreszeiten eine Wonne.

gleich links auf einen Fußweg wechseln. An der Buschkrugallee rechts schwenken, ein Stück durch den Park am Buschkrug und weiter auf der Fritz-Reuter-Allee. Hier gelangt man in die Hufeisensiedlung.

Einmal fast ganz um den hufeisenförmigen Weg herum radeln und an der Miningstraße links abbiegen. Am Ende gelangt man in den Fennfuhlpark und direkt weiter zum Schloss Britz. Angrenzend finden sich der schöne Schlosspark sowie der Gutshof Britz mit alten Fachwerkhäusern. Am südlichen Ende des Gutshofes geht es weiter in einen dicht bewachsenen Grünstreifen immer geradeaus zum U-Bahnhof Johannisthaler Chaussee.

7 Friedrichshain

Hier trifft sich Berlins Kreativszene

Mittel | 24 km | ↑108 m ↓108 m | 2.30 Std.

Tourencharakter
Die Radtour bietet ein Potpourri aus Hauptstraßen mit Radweg, ruhigen Nebenstraßen mit und ohne Kopfsteinpflaster und Parks.

Ausgangs-/Endpunkt
U-Bahnhof Strausberger Platz

GPS
52° 31‘ 05.5“ N
13° 25‘ 44.5“ E

Anfahrt
Bus/Bahn: U 5 bis/ab U-Bahnhof Strausberger Platz

Einkehr
Auf dieser Fahrradtour wird es schwer fallen, kein Café oder Restaurant zu finden. Der Bezirk ist voll davon. Die meiste Auswahl gibt es im Samariterkiez und rund um den Boxhagener Platz. Besonders empfehlenswert ist das Crêpes à manger am Medaillonplatz an der Rummelsburger Bucht.

Karte
Pharus-Plan Berlin–Neukölln, Tempelhof-Schöneberg, 1:16 000

Information
visitBerlin
Tel. 030 25 00 23 33
www.visitberlin.de

In Friedrichshain ist die Kunst allgegenwärtig, die Häuser sind Leinwände für Street-Art-Künstler. In den Geschäften gibt es allerhand Selbstgemachtes, Familien drängen auf die Spielplätze und abends sind die Straßen noch voller als sonst.

Ausgangspunkt der Radtour ist der Strausberger Platz. Von hier bis zum Frankfurter Tor erstrecken sich die schönen Zuckerbäckerbauten aus DDR-Zeiten und es lässt sich wunderbar

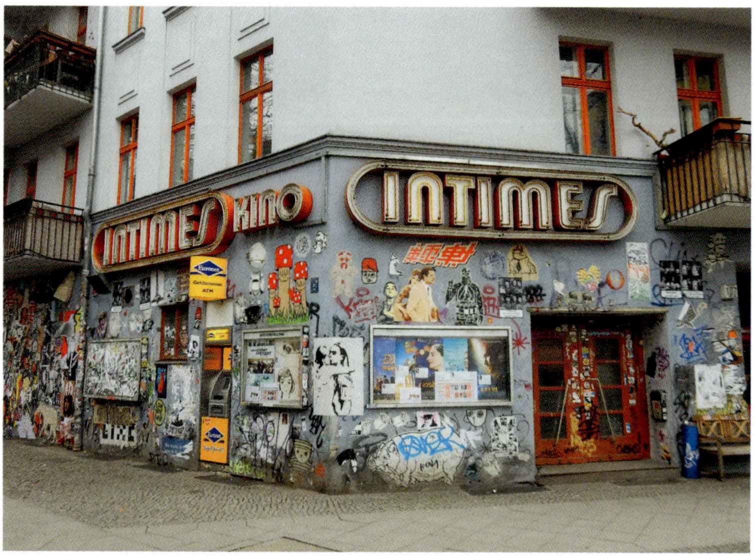

Das Kino Intimes ist ein wunderbares Programmkino im Herzen von Friedrichshain.

Fahrrad fahren. Weiter über die Straße der Pariser Kommune hinweg und an der eingerückten U-Bahn-Station rechts auf einen Fußweg. Hier geht es in einen meiner Lieblingskieze – die Zeit scheint stehen geblieben zu sein.

An der Hildegard-Jadamowitz-Straße befindet sich die Weberwiese, die der U-Bahn-Station ihren Namen gibt. Der Name geht auf die Nutzung des Platzes als Bleichplatz der Weber und Färber zurück, die bis Ende des 19. Jahrhunderts in Hütten rund um diesen Platz wohnten.

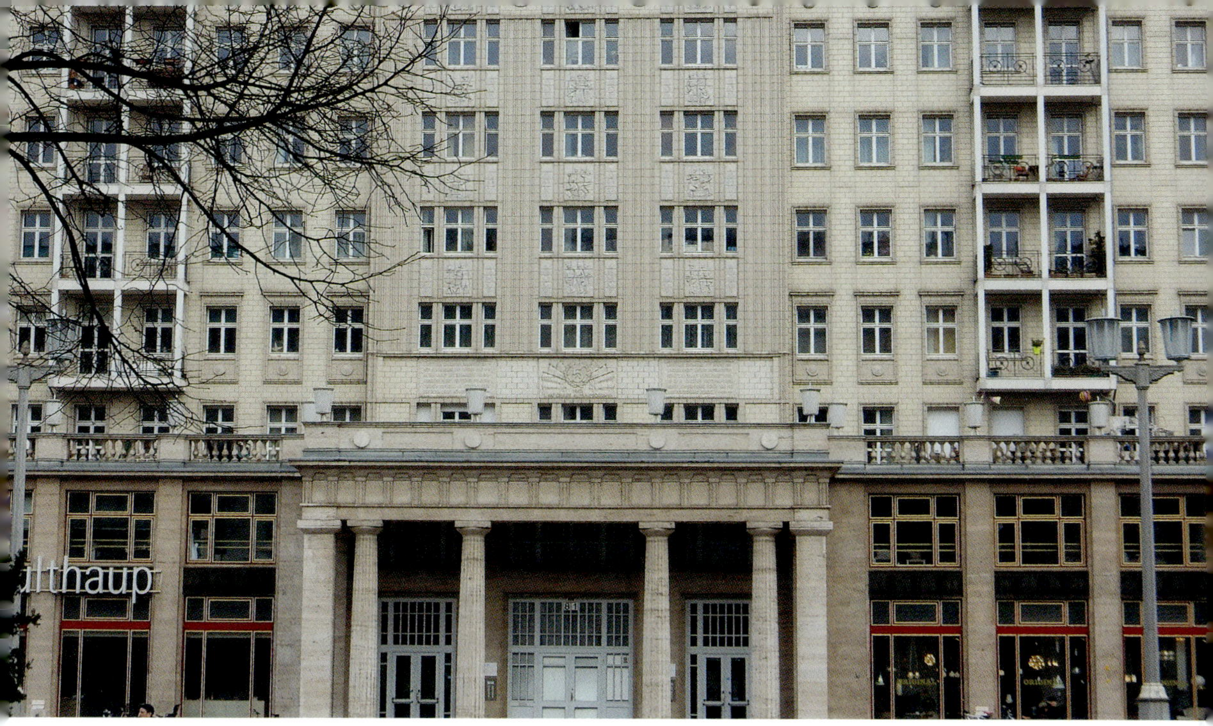

Die Zuckerbäcker-Architektur der Karl-Marx-Allee ist einmalig.

Weiter rechts in die Gubener Straße. An der nächsten Querstraße geht es rechts in die Wedekindstraße. Cineasten werden es sofort sehen, hier wurde »Das Leben der Anderen« gedreht. Weiter geradeaus führt die Tour geradewegs am Berghain vorbei, dem wohl bekanntesten Techno-Klub der Welt.

Am Franz-Mehring-Platz links schwenken und weiter geradeaus zur East Side Gallery. Hier empfiehlt es sich, vom Fahrrad abzusteigen und an der Mauer entlangzulaufen. Man radelt weiter bis zur Oberbaumbrücke, wohl eine der schönsten Brücken Berlins. Ein kleiner Schlenker auf die Brücke lohnt sich wegen der schönen Ausblicke. Ein kleines Stück weiter geradeaus und an der nächsten Ampel nach links in die Ehrenbergstraße und den Rudolfkiez.

Crêpes à manger

Jürgen und Farah haben in ihrem Haus das zuckersüße »Café Crêpes à manger« aufgemacht. Im Sommer kann man im Garten draußen sitzen und Jürgens herrlichen Erzählungen lauschen.

An der Rotherstraße rechts einbiegen zum Rudolfplatz mit der Zwinglikirche. Immer geradeaus bis zum Markgrafendamm, dann rechts und gleich wieder links. Hier geht es auf die Halbinsel Stralau. Sie kann man wunderbar mit dem Fahrrad entlang des Uferwegs erkunden und herrliche Blicke auf die Spree genießen. Es geht immer weiter am Wasser entlang, um die Spitze und weiter bis auf die andere Seite der Rummelsburger Bucht.

Am Alice-und-Hella-Hirsch-Ring nach links radeln. Im Crêpes à manger kann man bei Crêpes und anderen Köstlichkeiten eine Pause einlegen. Hinter dem Platz links einbiegen und an der Emma-Ihrer-Straße rechts zur Hauptstraße. Dort nach links schwenken und unter den Bahntrassen in den Kaskelkiez radeln. Der Kiez ist komplett von S-Bahn-Anlagen umgeben und bietet schöne Altbauten und kleine Läden.

Man fährt bis zum Ende der Türschmidtstraße und dann links auf die Kaskelstraße. An der Schreiberhauer Straße links und dann gleich wieder rechts. Unter den Bahntrassen geht es in die Boxhagener Straße, den wohl bekanntesten Teil von Friedrichshain. Hier kann man sich wunderbar treiben lassen, eines der zahlreichen Cafés aufsuchen oder den Boxi-Flohmarkt am Wochenende aufsuchen.

Die Tour geht entlang der Wühlischstraße. An der Modersohnstraße links abbiegen zur gleichnamigen Brücke. Hier gibt es einen traumhaften Ausblick, speziell bei Sonnenuntergang. Wieder ein Stück zurück und an der Revaler Straße links zum RAW-Gelände. Auf dem ehemaligen Reichsbahnausbesse-

Rechts: Entlang der Spree gibt es zahlreiche Bars.

Ornamente zieren die Zuckerbäcker-Bauten.

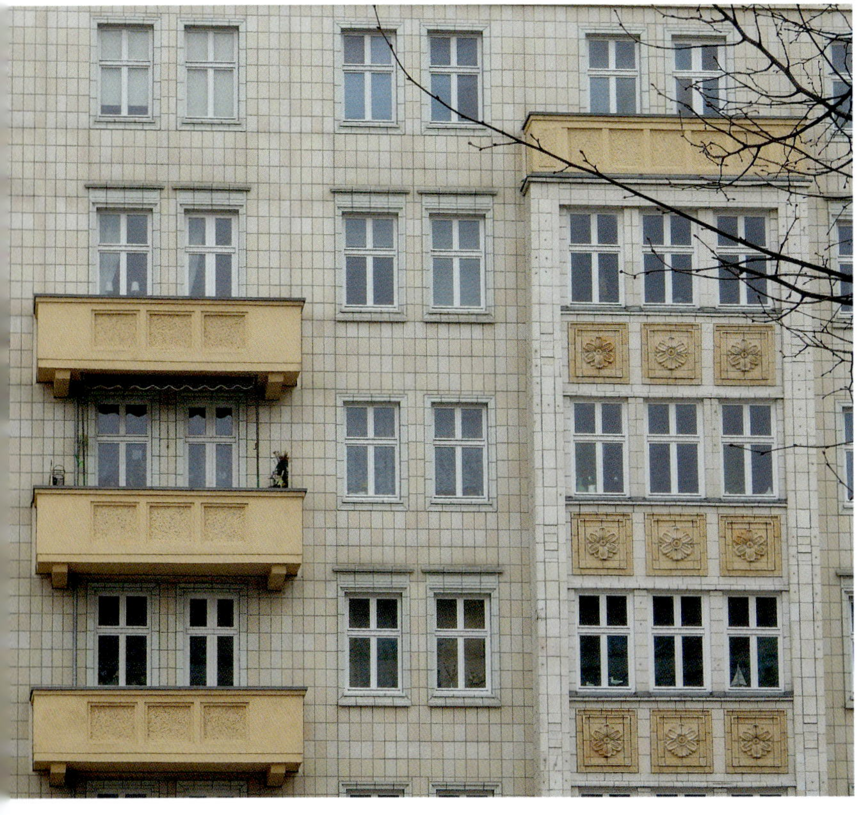

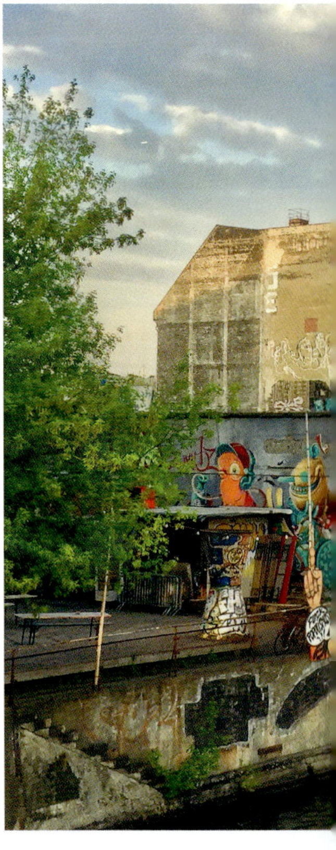

rungswerk befinden sich heute zahlreiche Klubs und Bars. Ein Abstecher lohnt sich.

An der Dirschhauer Straße rechts schwenken und über die Simplonstraße weiter auf der Gabriel-Max-Straße zur Frankfurter Allee. An der Samariterstraße links abbiegen bis zur Bänschstraße mit der Samariterkirche. Hier nach links, über den Forckenbergplatz, die Eldenaer Straße runter. Über die Landsberger Allee hinweg und an der Paul-Heyse-Straße links zum Volkspark Friedrichshain.

Einmal quer durch den Park bis zum Märchenbrunnen. Wer mag, kann im schönen Restaurant Schönbrunn noch eine Pause einlegen, bevor es am Märchenbrunnen links in die Friedenstraße und zurück zum Startpunkt geht.

Zuckerbäcker-Architektur

Auf den fast zwei Kilometern entstand bis 1960 an der heutigen Karl-Marx-Allee die wohl monumentalste Straßenbebauung des 20. Jahrhunderts in Deutschland. Die Häuser wurden nach Vorgaben der Partei im stalinistisch-neoklassizistischen Stil errichtet. Die Fassaden wurden teilweise mit Ornamenten verziert und versprühen heute noch einen ganz besonderen Charme.

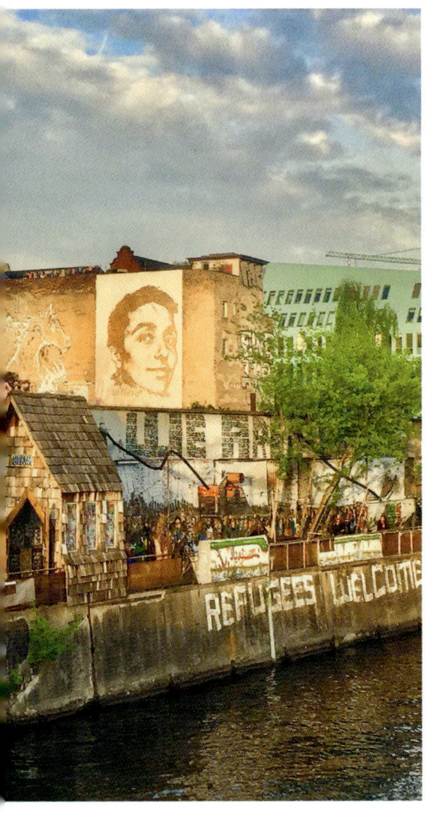

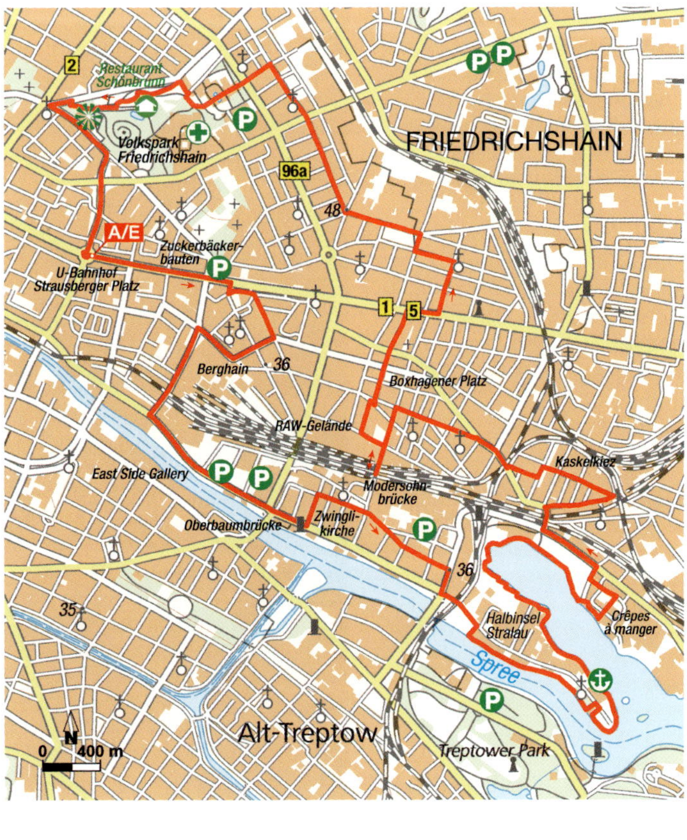

8 Schöneberg

Radtour für Architekturfans

Mittel | 19 km | ↑70 m ↓70 m | 1.30 Std.

Tourencharakter
Abwechslungsreiche Radtour durch den wohl charmantesten Bezirk Berlins. Sie führt überwiegend auf befestigten Wegen entlang von Nebenstraßen mit einer guten Mischung aus Natur und Kiezkultur.

Ausgangs-/Endpunkt
U-Bahnhof Gleisdreieck

GPS
52° 29‘ 60.0“ N
13° 22‘ 28.0“ E

Anfahrt
Bus/Bahn: U2 und U3 ab U-Bahnhof Gleisdreieck.

Einkehr
Die Tour führt mitten durch den Bezirk und bietet daher sehr viele Einkehrmöglichkeiten. Empfehlenswert sind das Café Eule oder Tor Eins im Park am Gleisdreieck oder das DoubleEye auf der Akazienstraße.

Karte
Pharus-Plan Berlin – Mittlere Ausgabe, 1:16000

Information
visitBerlin
Tel. 030 25 00 23 33
www.visitberlin.de

Die architektonischen Highlights der 1920er, 1970er und das »Beste« von heute, dazwischen traumhafte Plätze, Parks und Kieze. So abwechslungsreich wie Berlin selbst: mal viel Grün, mal quirliges Treiben, dann wieder stilvolle Eleganz.

Start ist der U-Bahnhof Gleisdreieck. Wenn man von Mitte aus kommend hinten aussteigt, gelangt man auf die Luckenwalder Straße. Hier links halten, vorbei an der Brauerei in den Park am Gleisdreieck. Der Park ist traumhaft – vor allem die Verbindung zwischen den alten Gleisanlagen und der Natur. Immer geradeaus halten bis zur Yorckstraße, dann links schwenken.

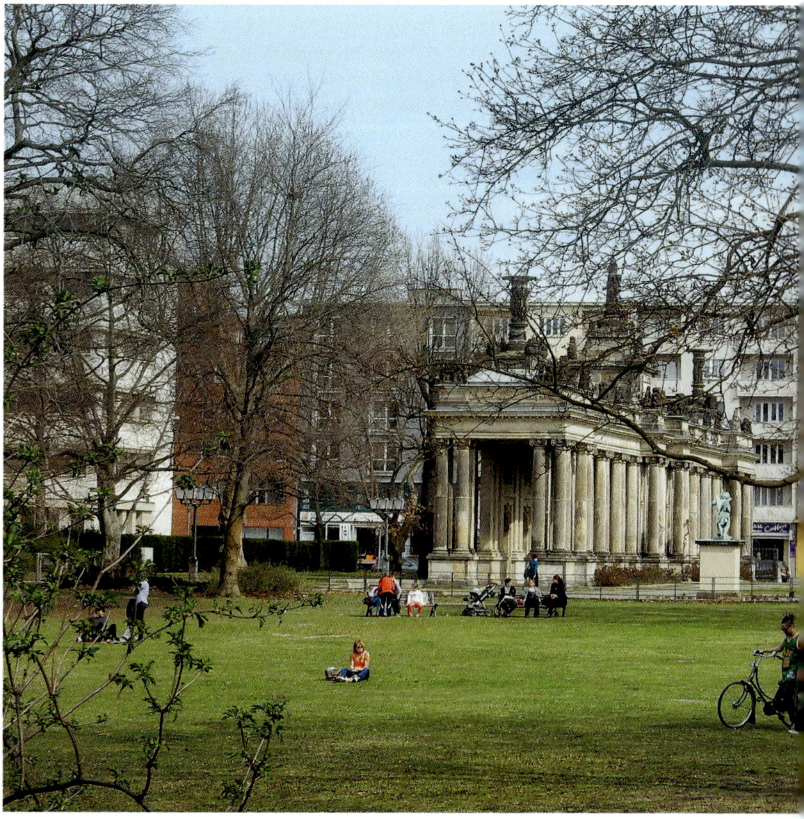

Kleistpark

Hinter dem Bahnhof Yorckstraße links halten auf die Mansteinstraße. An der Großgörschenstraße gibt es samstags immer einen Wochenmarkt. Dann nach links unter einer Unterführung durch.

Dahinter rechts lohnt sich ein Abstecher auf den Alten St.-Matthäus-Kirchhof. Besonders beeindruckend sind die riesigen Gräber an den angrenzenden Häusern sowie die monumentale Grabstätte der Familie Hansemann mit Säulengang, Atrium und Mausoleum. Auf der Südseite gibt es einen Ausgang, welcher jedoch manchmal verschlossen ist. Dann muss man wieder zurück und außen herumfahren.

Von der Monumentenstraße geht es dann über die Langenscheidtbrücke links in die

Alte Familiengräber auf dem Alten St.-Matthäus-Kirchhof

Alter St.-Matthäus-Kirchhof

Über 50 Ehrengräber bedeutender Persönlichkeiten befinden sich auf dem Friedhof, darunter die Ruhestätten der Gebrüder Grimm, des Arztes Rudolf Virchow, des Sängers Rio Reiser sowie ein Gedenkstein für den Widerstandkämpfer Claus Graf Schenk von Stauffenberg.

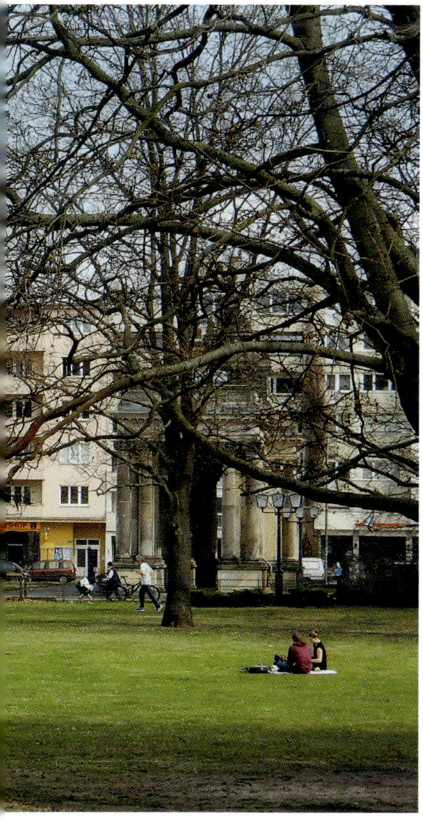

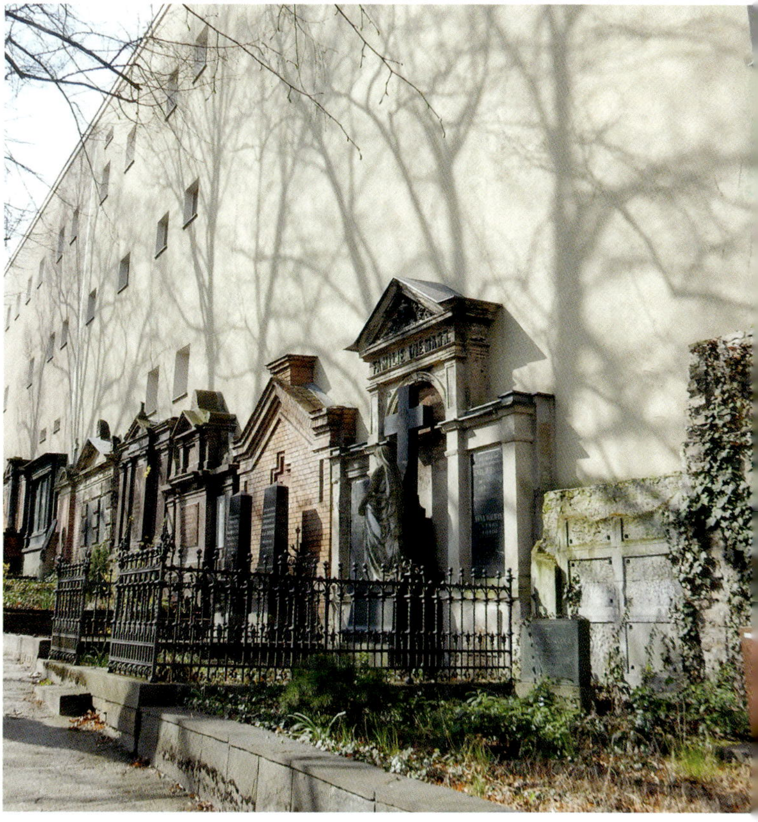

Crellestraße. Eine schöne Kiezstraße mit kleiner Fußgängerzone. Am Ende befindet sich das Museum der Unerhörten Dinge. Dann nach links auf die Kolonnenstraße, hinter der Julius-Leber-Brücke gleich rechts schwenken in die Cheruskerstraße und wenig später durch den gleichnamigen Park. Hier sieht man das riesige Gasometer, welches man auf der Tour immer mal wieder zwischen den Häuserschluchten erblicken kann.

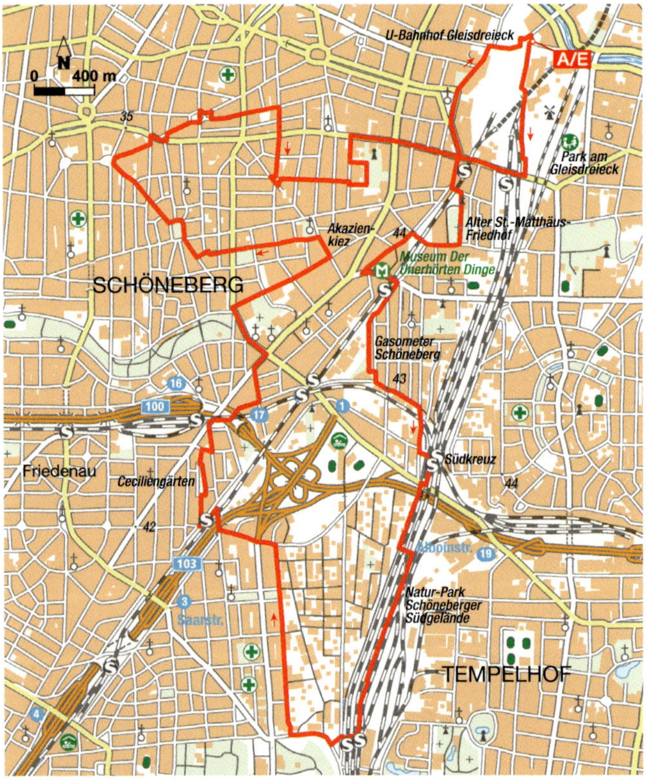

Weiter über die Torgauer Straße auf die Wilhelm-Kabus-Straße radeln. Hinter dem Vorplatz vom Bahnhof Südkreuz links schwenken auf einen Fußweg, der geradewegs in den traumhaften Natur-Park Schöneberger Südgelände führt. Achtung: Der nördliche Eingang ist nur über einen Fußgängerüberweg mit Treppen zu erreichen. Der Natur-Park macht seinem Namen alle Ehre – er ist wunderbar ursprünglich. Der Eintritt beträgt 1 Euro. Radfahren ist hier nicht gestattet, aber die Natur ist so schön, dass sich das Schieben lohnt.

Am südlichen Ende verlässt man den Park und schwenkt nach rechts auf den Prellerweg. Wer möchte, kann einen Abstecher zum Insulaner machen. Oben auf dem Berg mit Sternwarte hat man einen schönen Ausblick.

Hinter der Kleingartenanlage rechts in den Riemenschneiderweg bis zum Ende, dann links einbiegen. Über die Autobahn hinweg, dann links und gleich wieder rechts in die Ceciliengärten – eine abgeschlossene Wohnsiedlung mit wunderschönen Jugendstilhäusern und einem kleinen Park in der Mitte. Weiter ein Stück entlang der Hauptstraße und dann

Natur-Park Schöneberger Südgelände

Auf dem Gelände des ehemaligen Rangierbahnhofs Tempelhof entstand eine einzigartige Naturlandschaft mit Relikten der Dampflok-Ära. Nach der Stilllegung des Bahnhofs entwickelte sich hier ein regelrechter »Urwald«. Auf der Open-Air-Bühne des Parks werden im Sommer Shakespeare-Stücke unter freiem Himmel gezeigt.

an der Dominicusstraße links schwenken. An der Belziger Straße radelt man einen Schlenker durch den Akazienkiez. Im Sommer kann man in einem der zahlreichen Cafés wunderbar draußen sitzen. Es geht weiter über Bayrischen und Prager Platz zum Viktoria-Luise-Platz. Ein bezaubernder Flecken mit schönen Altbauten, Springbrunnen, zahlreichen Cafés und Restaurants.

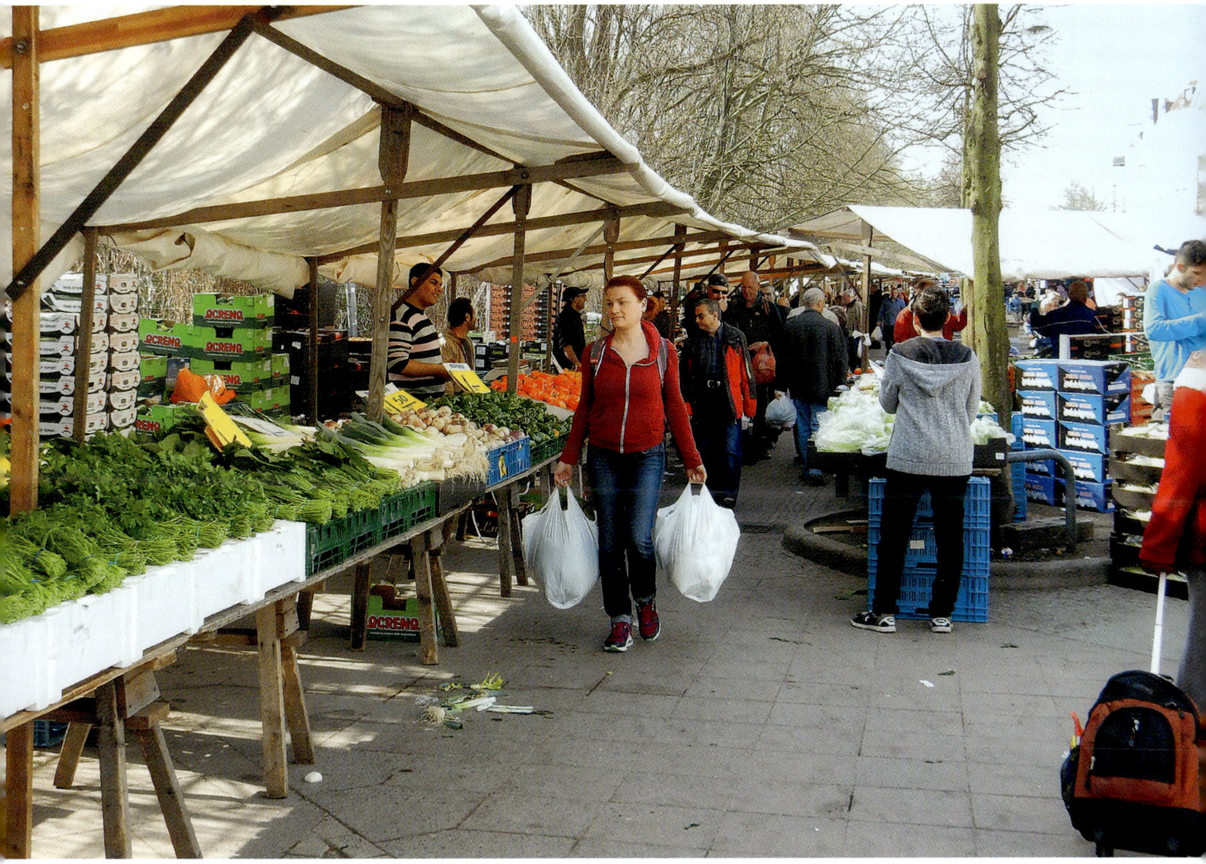

Wochenmarkt an der Großgörschenstraße

Über die Winterfeldtstraße geht es weiter durch den Nollendorfkiez. An der Eisenacher Straße rechts einbiegen und am Barbarossaplatz einmal herumradeln in die gleichnamige Straße. Nach einem Abstecher im Kleistpark an der Palasstraße rechts abbiegen. Hier steht eines der wohl berühmtesten Wohngebäude Berlins. Die unzähligen Satellitenschüsseln und die doch eher triste Häuserfassade sprechen Bände.

Kurz vor dem S-Bahnhof Yorckstraße links abbiegen und auf der Höhe der Pohlstraße rechts schwenken zurück in den Park am Gleisdreieck und zum Bahnhof.

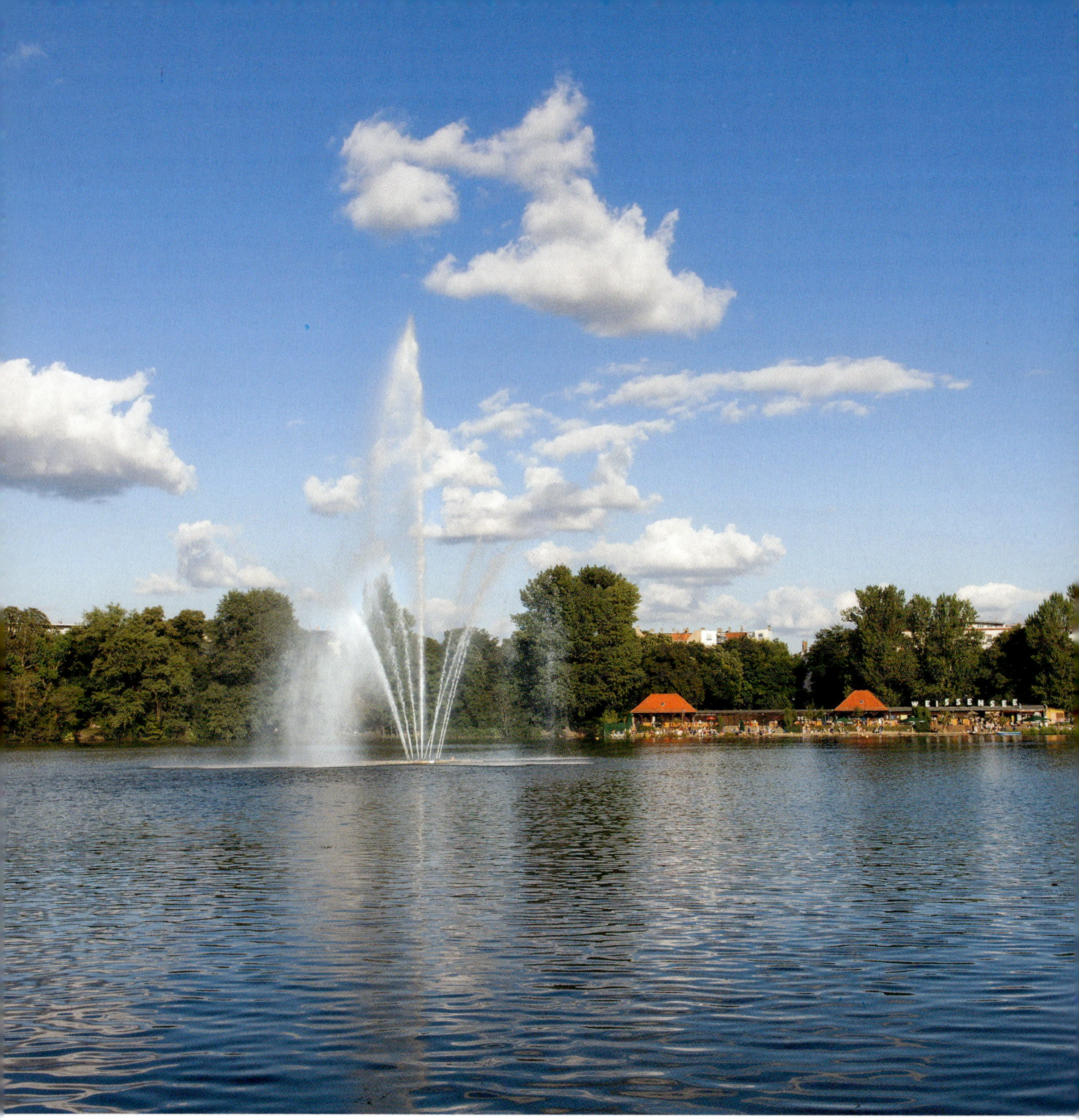
WEISSENSEE

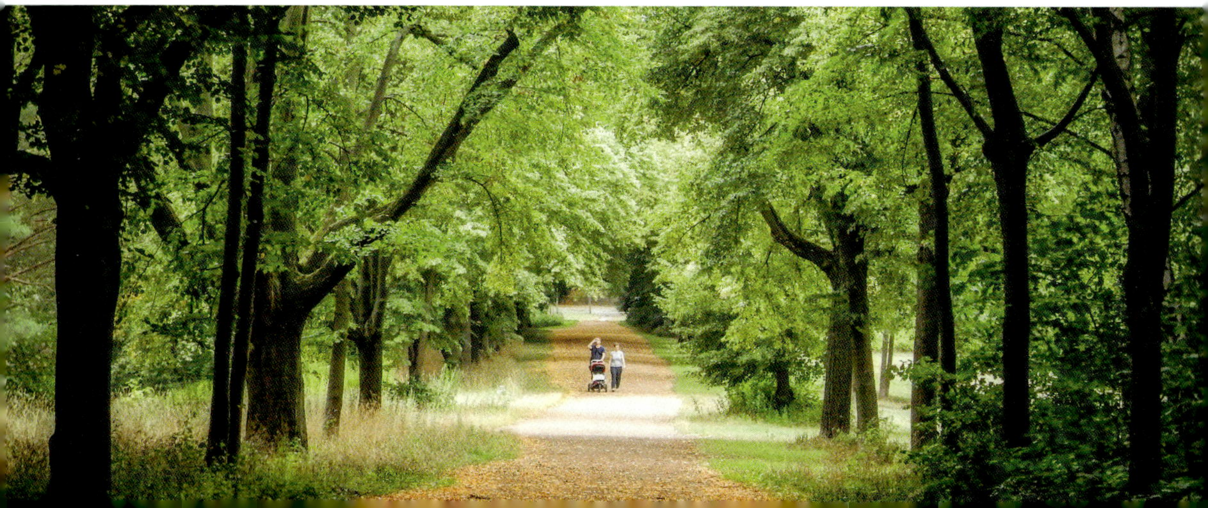

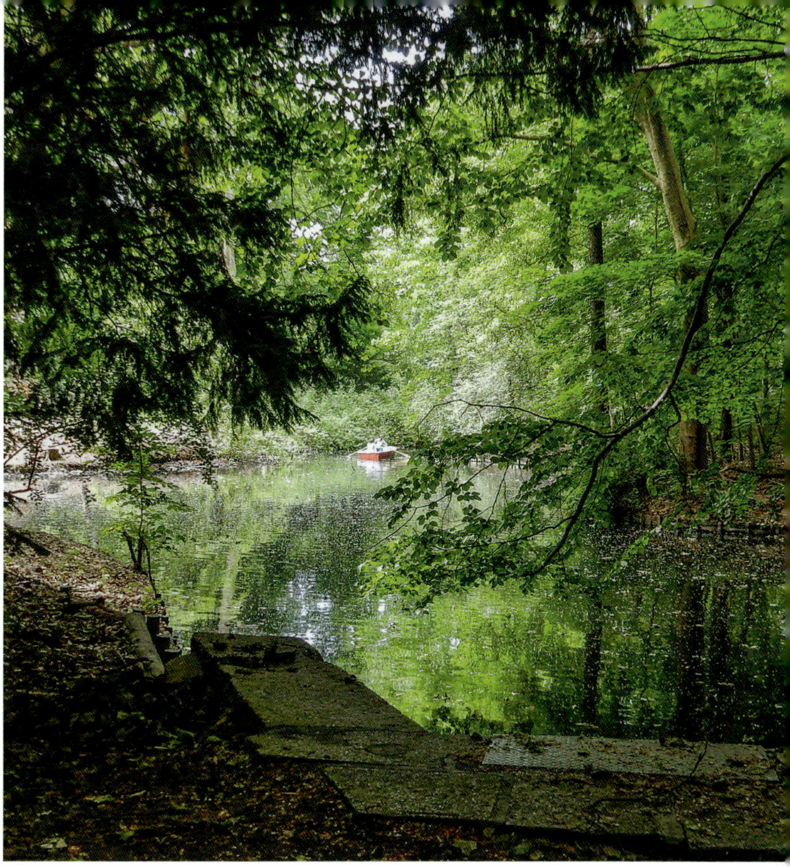

Stadtnatur

Das Strandbad am Weißensee lädt im Sommer zum Badespaß ein (Tour 10) (o. li.). Im Tiergarten kann man Ruderboot fahren (Tour 9) (o. re.). Sonnenblumen blühen vielerorts in Berlin (u. re). Natur pur in der Schönholzer Heide (Tour 14) (u. li.)

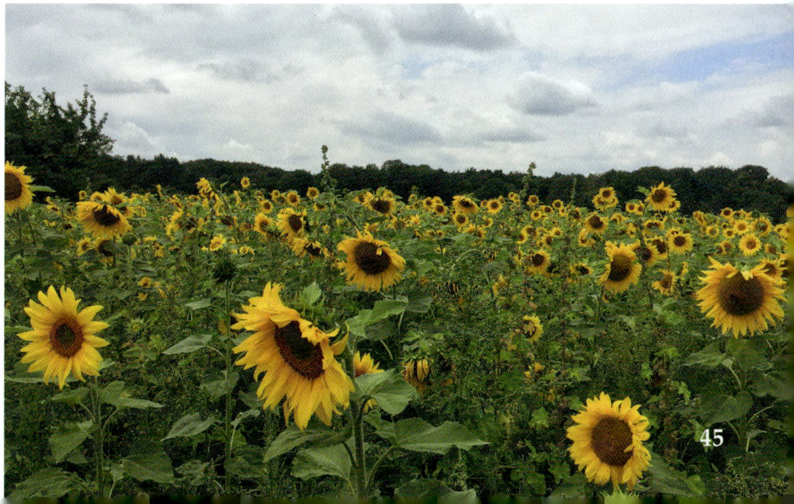

9 Tiergarten

Die grüne Lunge Berlins

Leicht | 15 km | ↑57 m ↓57 m | 1 Std.

Tourencharakter
Aufgrund ihrer Kürze eignet sich diese Radtour auch ideal zum Feierabend oder mit Kindern.

Ausgangs-/Endpunkt
Brandenburger Tor
Haus der Kulturen der Welt

GPS
52° 30‘ 58.4“ N
13° 22‘ 37.8“ E

Anfahrt
Bus/Bahn: Anreise S 1, S 2, S 25, S 26 zum S-Bahnhof Brandenburger Tor. Rückreise S 3, S 5, S 7, S 9, S 75 sowie Regional- und Fernverkehr ab Berlin Hauptbahnhof.

Einkehr
Der Hauptteil der Radtour führt durch den Tiergarten, wo es nur wenige ausgewählte Einkehrmöglichkeiten wie den Schleusenkrug, das Café am Neuen See oder das Teehaus im Englischen Garten gibt. Darüber hinaus finden sich am Potsdamer Platz und Zoologischen Garten die meisten Optionen.

Karte
Pharus-Plan Berlin – Mittlere Ausgabe, 1:16 000

Information
visitBerlin
Tel. 030 25 00 23 33
www.visitberlin.de

Der Name Tiergarten war wirklich einmal Programm. Mitte des 16. Jahrhunderts wurde in der Nähe des Stadtschlosses ein Tiergarten angelegt. Heute gibt es keine Wildtiere mehr, dafür eine wunderbare riesige Grünfläche mitten in der Stadt.

Vielen ist der Bezirk Tiergarten nur durch den gleichnamigen Park bekannt, der eine rund 450-jährige Geschichte hat: Auf dem umzäunten Gelände wurden Wildtiere ausgesetzt und die Kurfürsten von Brandenburg gingen hier auf die Jagd. Der Bezirk hat aber noch Einiges mehr zu bieten, wie diese Radtour zeigt.

Der Start ist am Brandenburger Tor. Hier ist es zu allen Jahreszeiten immer gefüllt mit Touristen, jedoch ist das Ensemble mit Pariser Platz und Brandenburger Tor wirklich schön. Man radelt Richtung Süden auf der Ebertstraße zum Denkmal für die

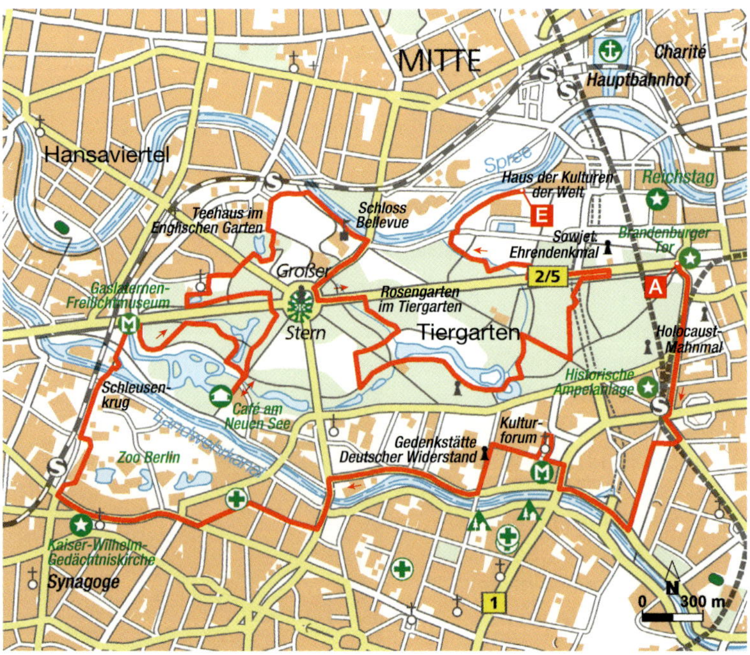

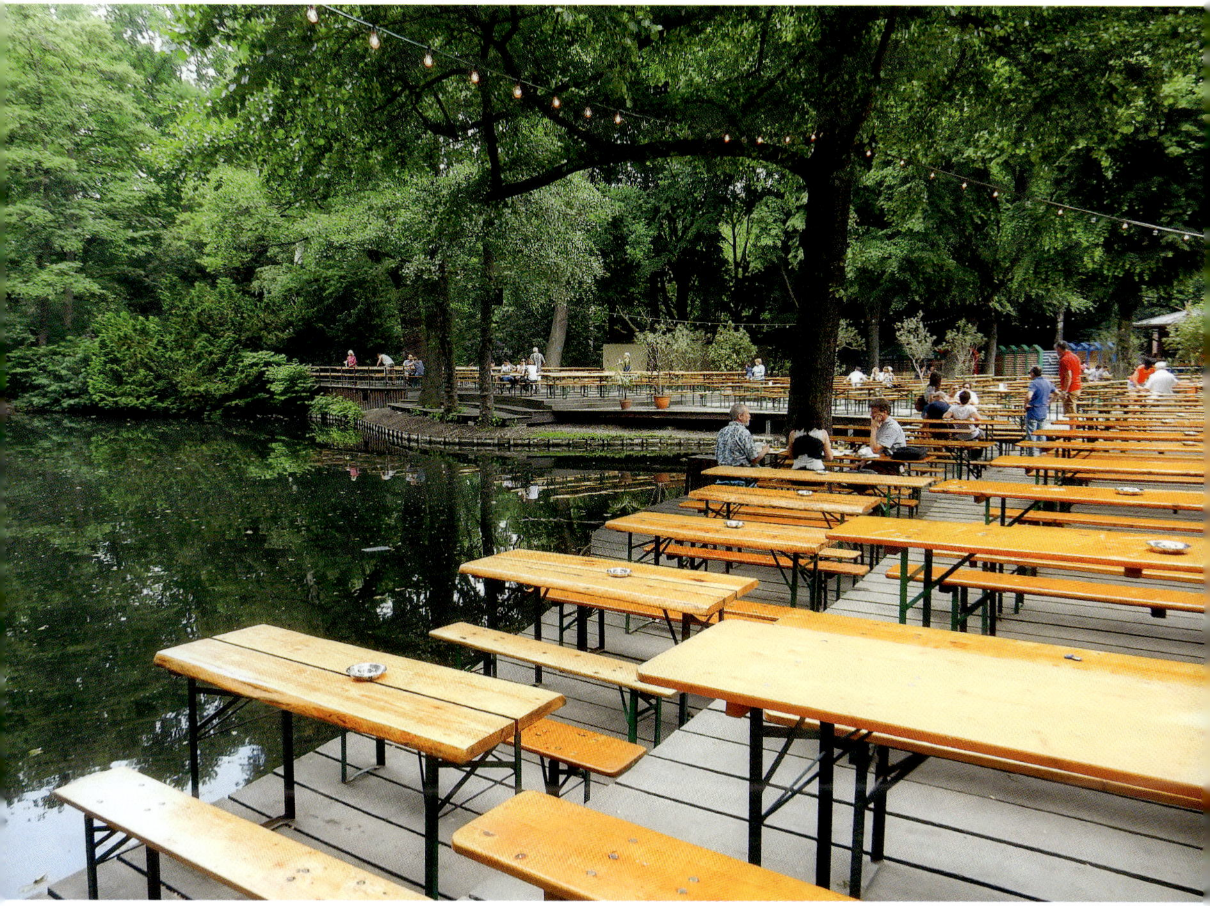

Das Café am Neuen See im Tiergarten

ermordeten Juden Europas (Holocaust-Mahnmal). Man kann davon halten, was man möchte. Aber wenn man dort in der Mitte auf leicht abschüssigem Untergrund steht, das Sonnenlicht durch die hohen Stelen nur teilweise durchkommt, man den Ausgang nicht mehr richtig sehen kann und es irgendwie kälter zu sein scheint als außerhalb, hat dieses Denkmal genau die beklemmende Wirkung erzielt, die es sollte.

Weiter geht es auf der Ebertstraße Richtung Potsdamer Platz, dem modernen Berlin. Vor dem S-Bahnhof steht Berlins erste Ampelanlage. Hinter dem S-Bahnhof rechts abbiegen auf die Linksstraße und weiter geradeaus zum Reichpietschufer. Dort rechts schwenken und an der Potsdamer Straße erneut rechts. Hinter

Siegessäule

Die meisten Touristen und Berliner besuchen den Fernsehturm für einen Überblick über Berlin, dabei ist die Siegessäule fast noch schöner. Man sieht natürlich viel Grün und bei schönem Wetter kann man auch Potsdamer Platz, Kudamm und sogar bis zum Teufelsberg sehen. Der Eintritt kostet 3 Euro. Es lohnt sich.

der Neuen Nationalgalerie führt links eine Straße ins Kulturforum. Architektonisch schon eher ein Sammelsurium und doch ein einzigartiges Gelände. Es beherbergt einige tolle Museen, die eine Besichtigung wert sind.

Von der Sigismundstraße links auf die Stauffenbergstraße wechseln. Hier befindet sich die Gedenkstätte Deutscher Widerstand. Weiter entlang des Reichpietschufers. An der Zentrale der CDU geht es nach links auf den Lützowplatz, dann rechts in die Wichmannstraße. Immer geradeaus bis zur Kurfürstenstraße, dort rechts abbiegen und am Elefantentor des Zoo Berlin vorbei radeln. Weiter geradeaus zum Bahnhof Zoo. Davor rechts einbiegen und über den Parkplatz bis zum Ende fahren. Hier führt ein Fußgängerweg rechts an den Bahntrassen entlang. Schön ist, dass man auf diesem Weg teilweise in die Gehege des Zoos hineinschauen kann. Kurz vor der Brücke über dem Landwehrkanal befindet sich links der Schleusenkrug. Ein kleiner süßer Biergarten direkt an der Spree. Ideal für eine kleine Pause von der Fahrradtour.

Rechts: Eine Fahrt mit dem Ruderboot in Berlin ist ein besonderes Erlebnis.

Das ikonische Holocaust-Mahnmal in der Nähe des Brandenburger Tores

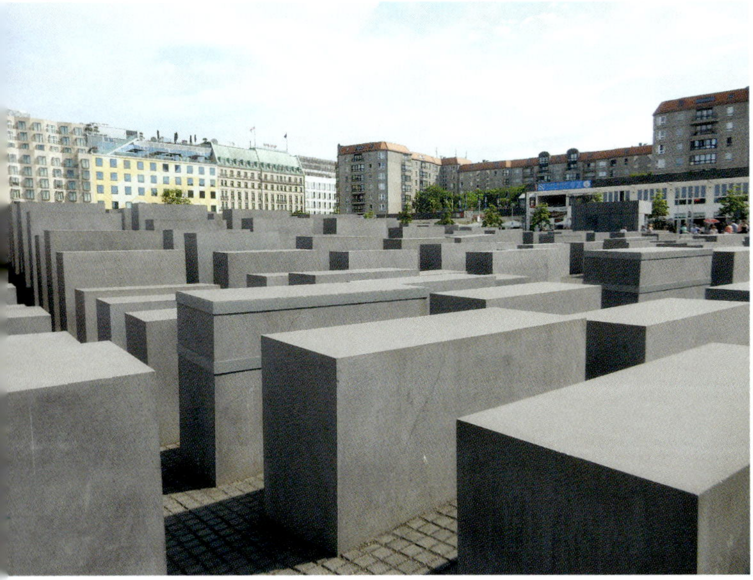

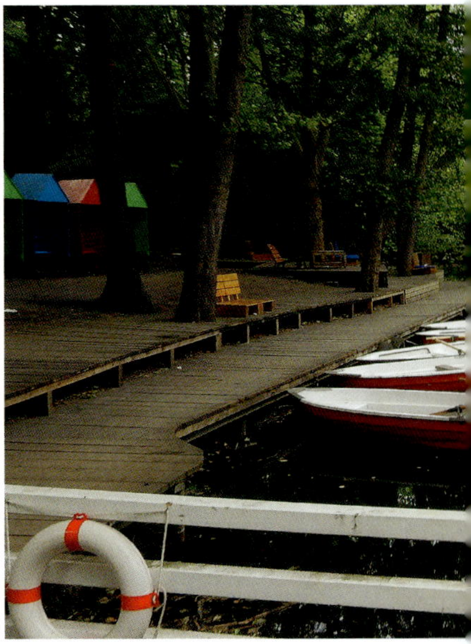

Gedenkstätte Deutscher Widerstand

In dem Gebäudekomplex, der auch Bendlerblock genannt wird, befand sich das Zentrum der Widerstandsgruppe um Ludwig Beck und Claus Schenk Graf von Stauffenberg, die das Attentat an Adolf Hitler im Juli 1944 durchführten. An die Widerstandskämpfer erinnert die Dauerausstellung sowie das Ehrenmal im Innenhof für die dort hingerichteten Offiziere. Der Eintritt ist gratis, ein Besuch lohnt sich.

Danach geht es kreuz und quer durch den Tiergarten. Zunächst entlang des Gaslaternen-Freilichtmuseums mit allerhand historischen Gaslaternen, dahinter rechts auf den Großen Weg. Auf der rechten Seite kann man immer wieder den Neuen See erblicken.

An der Kreuzung zur doppelreihigen Fasanenallee kann man einen Abstecher zum schönen Café am Neuen See machen. Sonst links halten entlang des Sees und über die Straße des 17. Juni hinweg. Dahinter nach links fahren und um den kleinen Faulen See herum. Dahinter links und wieder rechts halten und über die Altonaer Straße fahren. Man gelangt zum Englischen Garten samt Teehaus und schön angelegten Blumenrabatten.

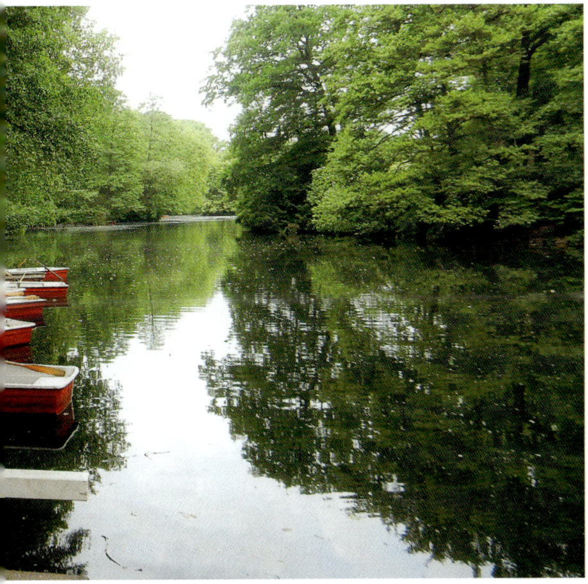

Der Eingang zum Zoo Berlin

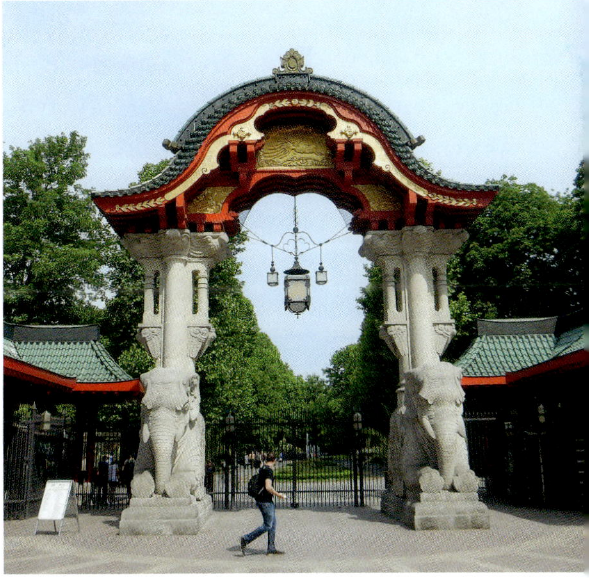

Am Teehaus links vorbei und geradeaus zum Spreeufer fahren. Dort nach rechts wenden und am Schloss Bellevue erneut rechts. Vor dem großen Stern links halten. Als Radfahrer kann man hier in beiden Richtungen fahren. Die Ampel an der Straße des 17. Juni überqueren und dahinter gleich links auf den Fußweg radeln.

Rechts halten entlang des Sees und hinter dem Rosengarten rechts abbiegen. Danach immer links halten am See entlang und über die Luiseninsel fahren. Dahinter links schwenken und nach einigen Schlenkern gelangt man zum Haus der Kulturen der Welt. Dort endet die Tour.

10 Weißensee

Kleingarten-Idylle und Natur pur

Mittel | 23 km | ↑24 m ↓19 m | 1.30 Std.

Tourencharakter
Fahrradtour mit viel Aussicht, die nach und nach in die ländlichen Regionen Berlins führt. Zudem geht es zu großen Teilen an der Panke entlang, was die Orientierung sehr leicht macht.

Ausgangs-/Endpunkt
S-Bahnhof Greifswalder Straße
S-Bahnhof Karow

GPS
52° 32‘ 25.9“ N
13° 26‘ 18.2“ E

Anfahrt
Bus/Bahn: Anreise S8, S41, S42, S85 bis S-Bahnhof Greifswalder Straße. Rückreise S2 oder Regionalverkehr ab S-Bahnhof Karow.

Einkehr
Die Restaurantdichte auf dieser Route ist nicht allzu groß, jedoch finden sich entlang der Strecke immer mal wieder Kleinode wie z.B. das Milchhäuschen am Weißen See oder das Kaffeehaus Blankenburg am Dorfanger Alt-Blankenburg.

Karte
Pharus-Stadtplan Berlin–Pankow, Prenzlauer Berg, Weißensee, 1:17 500

Information
visitBerlin
Tel. 030 25 00 23 33
www.visitberlin.de

Weißensee, kleine Perle zwischen Pankow und Hohenschönhausen. Die Radtour führt durch schöne Wohngegenden, Friedhöfe, viel Natur und Kleingartenidylle. Der ideale Mix zwischen urbanen Kiezen, Stadtnatur und idyllischen Plätzen.

Ein gefüllter Picknickkorb ist das perfekte Mitbringsel auf dieser Tour. Los geht es am S-Bahnhof Greifswalder Straße. Ein Stück die Berliner Allee Richtung Norden, dann rechts in die Gürtelstraße und damit mitten ins Komponistenviertel. Kleine Straßen, viel Grün und flache Mehrfamilienhäuser.

Über die Meyerbeerstraße und Herbert-Baum-Straße gelangt man zum jüdischen Friedhof Weißensee. Er ist verwunschen schön. Die alten Grabsteine ergeben mit dem Efeu eine ganz tolle Atmosphäre. Absteigen vom Fahrrad ausdrücklich empfohlen.

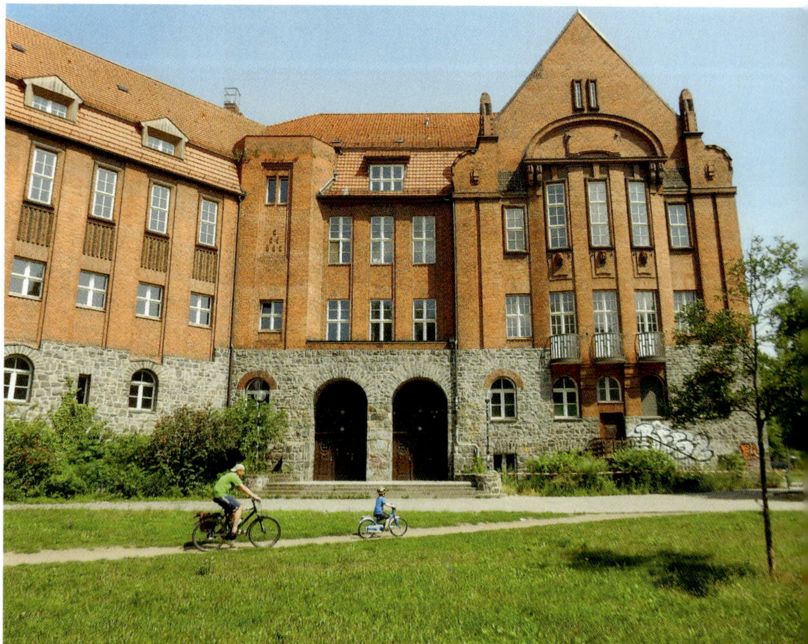

Besonderes Highlight der Tour: das Munizipalviertel

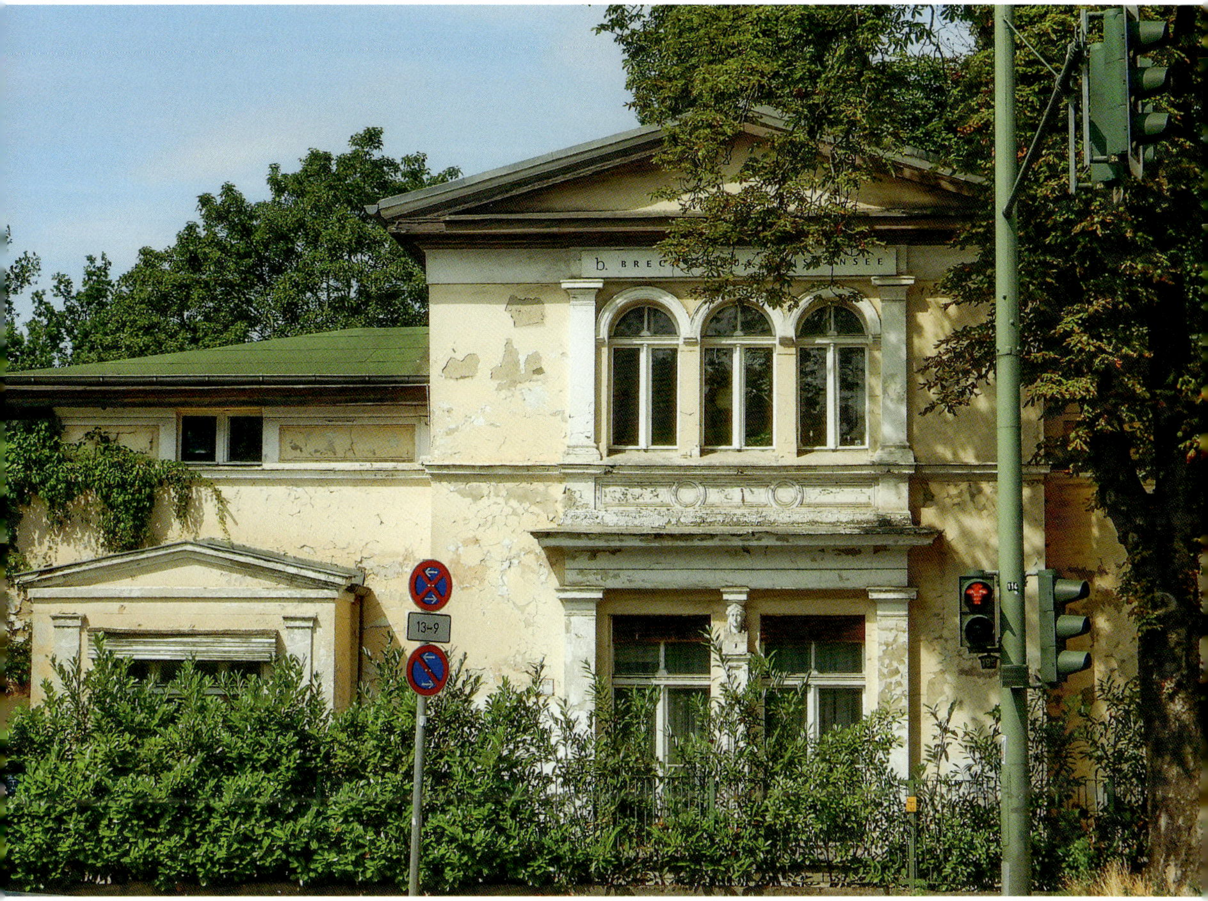

Lost Places findet man überall in Berlin.

Danach wieder zurück. An der Meyerbeerstraße nach rechts. Weiter bis zum Salonplatz. Dort links und die nächste rechts. Ein Stück entlang der Indira-Ghandi-Straße und dann rechts auf die Gartenstraße schwenken. Neben dem Krankenhaus rechts in einen kleinen Park hineinradeln. Vor der Schule links Richtung Buschallee. Drüber hinweg und weiter gerade.

Nach 15 m führt rechts ein Fußweg hinein. Diesem folgen bis zur Falkenberger Straße. Dort rechts schwenken und dann links in die Gierstraße. Der nächste Friedhof der Tour; auch dieser ist sehr schön mit einer süßen Kapelle (Tipp: Es gibt hier eine Toilette).

Milchhäuschen

Dieses Café bietet nicht nur leckeren Kaffee und Kuchen, sondern wartet auch mit einer zauberhaften Lage am Weißen See auf. Das Milchhäuschen ist im Retro-Stil eingerichtet – wurde es doch schließlich 1884 als Gartenhaus erbaut, 30 Jahre später zur Milchverkaufsstelle umfunktioniert und ist nun seit den 1970ern eine beliebte Gaststätte und eine Institution in Weißensee.

Wieder zurück auf die Falkenberger Straße. An der Wittlicher Straße rechts abbiegen und an der Neumagener Straße nach links schwenken. Bis zum Ende, dann links und die nächste rechts. An der Trierer Straße links einbiegen. Die Wohngebiete hier sind sehr idyllisch.

Dann einmal einen Bogen fahren über Falkenberger Straße, Gartenstraße und Buschallee. Es geht geradewegs zum Weißen See. Einmal nach links halb um den See radeln. Vor dem Milchhäuschen verlässt man den Park wieder.

Weiter geradeaus auf der Amalienstraße. Nach 20 m führt links ein Fußweg zum Goldfischteich. Dieser ist sehr naturbelassen. Einmal links um den Teich herum und an der Woelckpromenade ebenfalls links. Besonderes Highlight sind die Gebäude hier im Munizipalviertel: Wunderschöne Klinkerbauten aus den 1920er-Jahren.

An der Woelckpromenade weiter geradeaus fahren und halb um den Kreuzpfuhl radeln. Über die Pistoriusstraße fast einmal um den Mirbachplatz mit der schönen Bethanienkirche in der Mitte. Die vierte Ausfahrt nehmen und an der Streustraße nach rechts wenden. Immer geradeaus durch die Wohngebiete Weißensees. Bis zum Ende, dann rechts schwenken.

Am Hamburger Platz die dritte Ausfahrt nehmen und weiter bis zur Straße Am Steinberg. Dort rechts abbiegen. Dem Straßenverlauf nach Hei-

Abstecher-Tipp

Wer möchte, kann am S-Bahnhof Karow weiterfahren zum NSG Karower Teiche. Kühe grasen gemütlich in der Sonne und von vier Aussichtsplattformen hat man eine tolle Sicht auf die Wasserflächen. Das Gebiet ist ein bedeutendes Brut- und Rastgebiet für Wasservögel. Im Sommer leben über 20 Libellenarten auf und am Wasser.

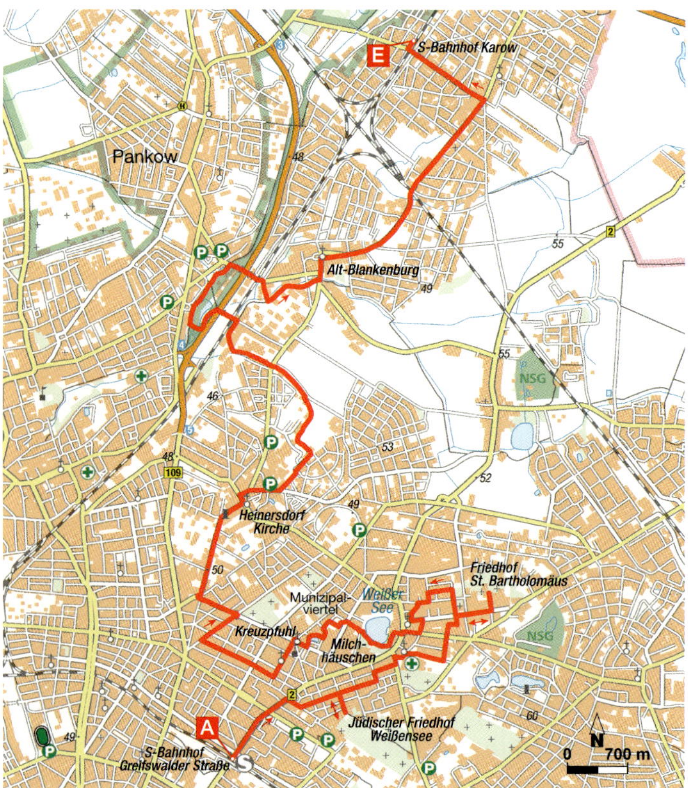

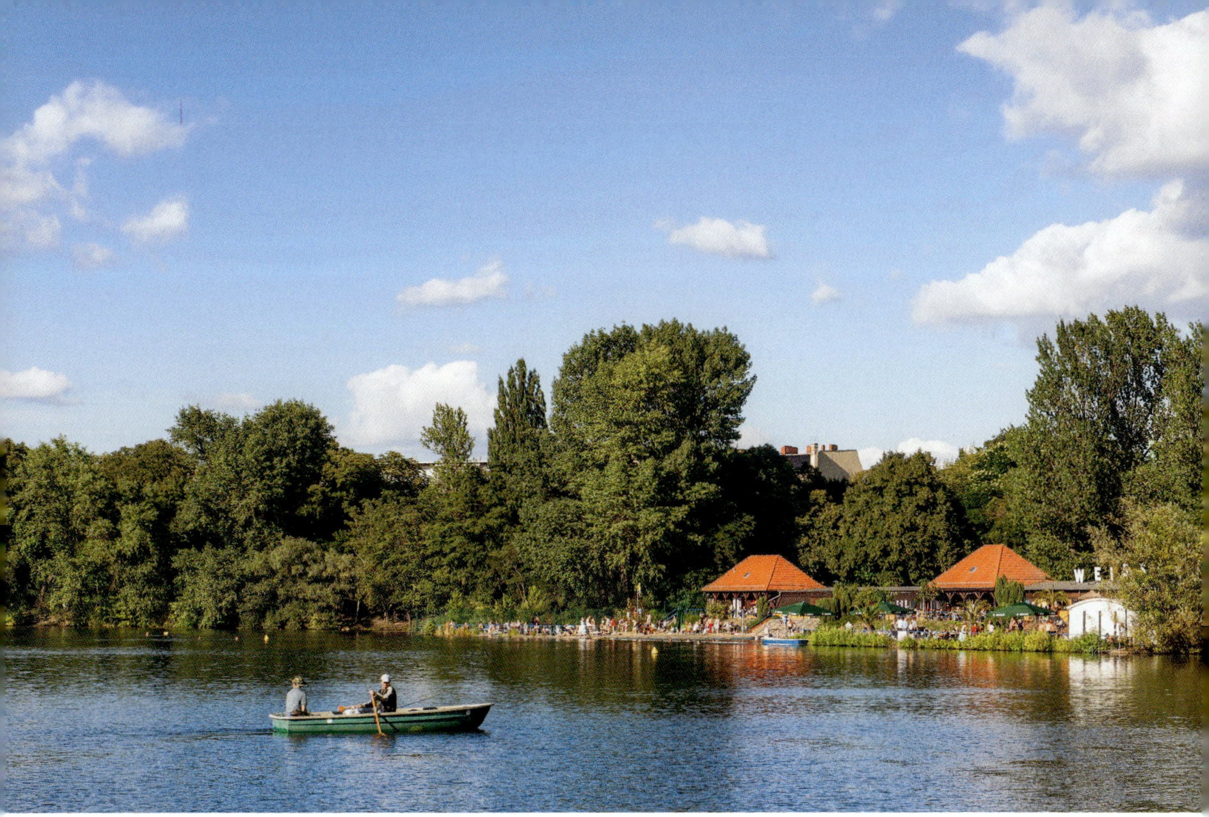

Ein Picknick am Weißen See lohnt sich.

nersdorf folgen. Rechts und links reihen sich Kleingärten aneinander. Die Straßen haben hier mehr Kopfsteinpflaster, es wird dörflicher.

An der Romain-Rolland-Straße links einbiegen und vor und nach der Dorfkirche Heinersdorf rechts halten. Hinter dem Buddhistischen Verein links auf den Wildstrubelpfad. An der Kurve geht links ein Wander- und Radweg rein. Ein traumhafter Weg. Am Ende wird man von einem Feld begrüßt. Hier links abbiegen. Ein Stück entlang des Heinersdorfer Grabens durch die Kleingartenanlagen.

Am Rotkardinalweg rechts und an der nächsten Möglichkeit links. Einmal links um den Teich herum und weiter auf dem Pankeradweg. Bis zum Pankebecken, dann rechts in die Bahnhofstraße. Hinter dem Bahnhof Blankenburg rechts einbiegen bis zum Fließgraben. Dahinter nach links radeln.

An der Heinersdorfer Straße nach links und dann rechts zum Dorfkern Alt-Blankenburg. Eine kleine Kirche umgeben von zwei Dorfstraßen und ringsherum schöne alte Häuser. Geradewegs bis nach Karow. An der Bahnhofstraße links schwenken zum S-Bahnhof Karow.

11

Durch den Grunewald

Wasserbüffel mitten in der Stadt

Leicht | 15 km | ↑120 m ↓120 m | 1.10 Std.

Tourencharakter
Sehr leichte Radtour mit zahlreichen Möglichkeiten zum Baden und Picknicken. Durch die kurze Distanz auch gut geeignet als Feierabendtour oder für Familien mit Kindern.

Ausgangs-/Endpunkt
S-Bahnhof Stresow
S-Bahnhof Nikolassee

GPS
52° 31' 55.0" N
13° 12' 33.6" E

Anfahrt
Bus/Bahn: Anreise S 5 bis S-Bahnhof Stresow. Rückreise S 1 und S 7 ab S-Bahnhof Nikolassee.

Einkehr
Im Grunewald gibt es zahlreiche Ausflugslokale und Restaurants. Empfehlenswert sind z. B. das Seehotel Grunewald oder die Wannseeterrassen. Beide Lokale bieten gute deutsche Küche mit traumhaftem Ausblick auf die Havel.

Karte
Pharus-Plan Berlin–Grunewald, 1:17 500

Information
visitBerlin
Tel. 030/25 00 23 33
www.visitberlin.de

Diese Tour ist ein Traum bei schönem Wetter. Badesachen nicht vergessen! Man radelt durch die Natur und ist doch noch mitten in Berlin. Entlang der Havel kann man sich wunderbar treiben lassen! Dazu gibt es Wasserbüffel und allerhand Einkehrmöglichkeiten.

Startpunkt der Route ist der S-Bahnhof Stresow. Vom Bahnhofsgebäude geht es links in die Straße Freiheit. An der Kreuzung zur Stresowstraße erneut nach links und unter der Bahntrasse hindurchfahren. Vorbei an der Petruskirche und dann nach links schwenken in die Ruhlebener Straße. An der nächsten Kreuzung rechts abbiegen in den Tiefwerderweg. Dieser führt geradewegs zu den Tiefwerder Wiesen.

Die Straße ist gesäumt von kleinen, alten Fischerhäusern, dazwischen kann man Boote und Jachten sehen. Die Tiefwerder Wiesen sind ein natürliches Überschwemmungsgebiet. Als »natürliche Rasenmäher« für diese Wiesen werden hier seit einigen Jahren Wasserbüffel gehalten.

Am Ende der Straße nach rechts und immer geradeaus bis auf die Heerstraße. Hier dann nach links radeln. Auf der Stößenseebrücke hat man einen traumhaften Ausblick auf den gleichnamigen See samt Jachthafen. Hinter der Brücke rechts in einen Weg hineinfahren und dann immer rechts halten, um zum Ufer des Stößensees zu kommen. Ab hier geht ein wunderbarer Fahrradweg direkt am Wasser entlang. Hier liegt auch das Restaurantschiff Alte Liebe vor Anker.

Nach etwa zwei Kilometern rechts in die Straße am Schildhorn einbiegen. Ab hier immer geradeaus am Wasser entlang. Ein Schlenker auf die Halbinsel Schildhorn lohnt sich. Am Seehotel Grunewald kann man im Sommer wunderbar draußen sitzen. Immer weiter geradeaus. Man wird hier mit tollen Ausblicken auf die Havel belohnt. Es gibt auch viele Möglichkeiten, ins Wasser zu steigen. Daher Badesachen nicht vergessen!

Nach rund drei Kilometern hinter der Halbinsel Schildhorn befindet sich der Grunewaldturm. Hier sollte man die Fahrräder abschließen und den Karlsberg hinauflaufen. Der Blick von hier oben ist sehr schön, noch schöner wird es hoch oben auf dem Turm selbst.

Nach weiteren fünf Kilometern kommt die Halbinsel Schwanenwerder. Um diese Insel ranken sich viele Mythen. Im Monopolyspiel der 1930er-Jahre war Schwanenwerder das teuerste Grundstück.

Vorbei am Strandbad Wannsee, links auf den Wannseebadweg abbiegen und bis zum Biker-Treff Spinnerbrücke. Die Tour endet am S-Bahnhof Nikolassee.

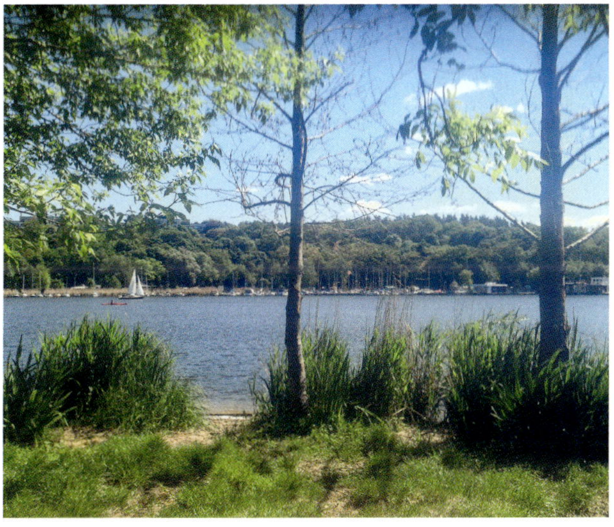

An Ausblicken aufs Wasser mangelt es auf dieser Radtour nicht.

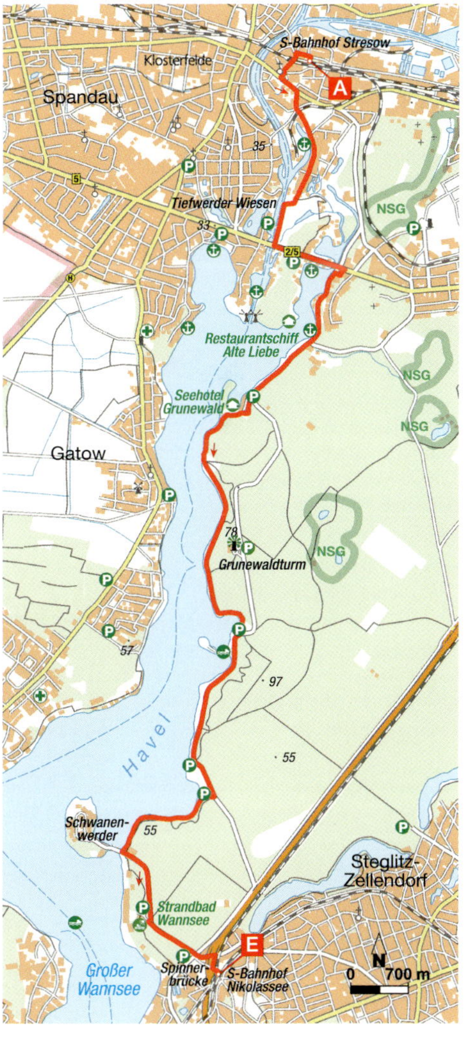

Abstecher-Tipp

Die Abhörstation auf dem Teufelsberg, der höchsten Erhebung Berlins, ist eines der letzten Zeugnisse des Kalten Krieges. Aus der markanten weißen Kuppel heraus belauschten Briten und Amerikaner die DDR. Das Gelände ist nur im Rahmen einer Führung zu begehen, diese findet mehrmals täglich statt.
Weitere Infos: https://teufelsberg-berlin.de

12 Zum Plötzensee

Badesachen und Sonnenhut nicht vergessen!

Leicht | 12 km | ↑60 m ↓60 m | 1 Std.

Tourencharakter
Sehr leichte Radtour. Durch die kurze Distanz auch gut geeignet als Feierabendtour oder für Familien mit Kindern.

Ausgangs-/Endpunkt
S- und U-Bahnhof Hauptbahnhof

GPS
52° 31‘ 34.6“ N
13° 22‘ 09.2“ E

Anfahrt
Bus/Bahn: S 3, S 5, S 7, S 9, S 75 sowie Regional- und Fernverkehr bis/ab Berlin Hauptbahnhof.

Einkehr
Entlang der Tegeler Straße sowie des Nordufers des Spandauer Schifffahrtskanals gibt es einige Lokale und Restaurants. Im Restaurant Fünf & Sechzig gibt es moderne Gerichte – Ziegenkäse mit Feigenchutney, Galettes oder Thai Curry.

Karte
Pharus-Plan Berlin–Pankow, Prenzlauer Berg, Weißensee, 1:17 500

Information
visitBerlin
Tel. 030/25 00 23 33
www.visitberlin.de

Der Plötzensee ist von Berlin Mitte aus bequem auch nach Feierabend zu erreichen. Eine tolle Radtour für den Feierabend – nicht zu lang und mit einer tollen Abwechslung für die Augen nach einem anstrengenden Tag auf der Arbeit.

Die Tour beginnt am Hautbahnhof. Vom Europaplatz rechts abbiegen, über die Brücke und zum Invalidenpark mit dem Mauerbrunnen. Dieser soll an die ehemals dort befindliche Gnadenkirche sowie an die Berliner Mauer erinnern. Hinter dem Park links schwenken, bis zum Ende und dann links und wieder rechts auf die Scharnhorststraße radeln.

Am Bundeswehrkrankenhaus links einbiegen zum Uferweg des Spandauer Schifffahrtskanals. Dort nach rechts abbiegen. Hier geht es immer geradeaus, immer am Wasser entlang. Kurz hinter der kleinen Brücke rechts halten, damit man an der

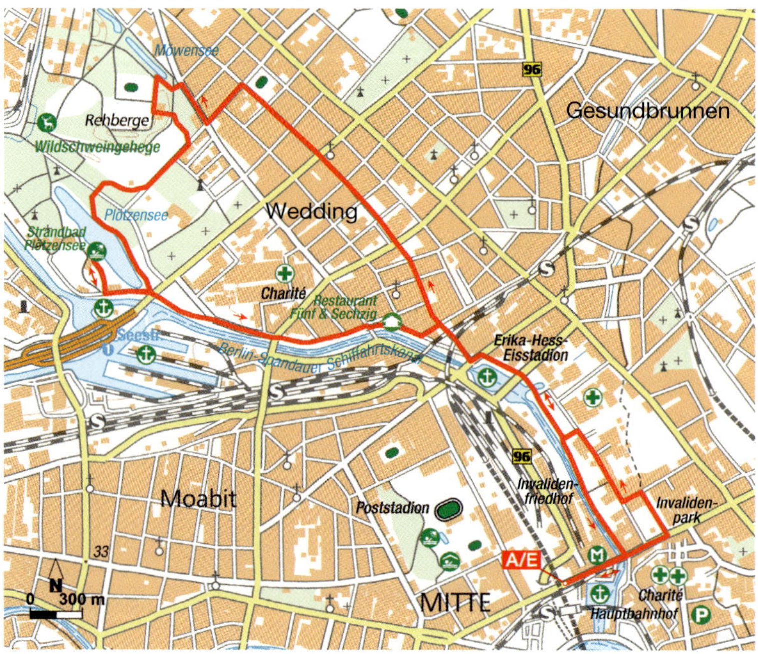

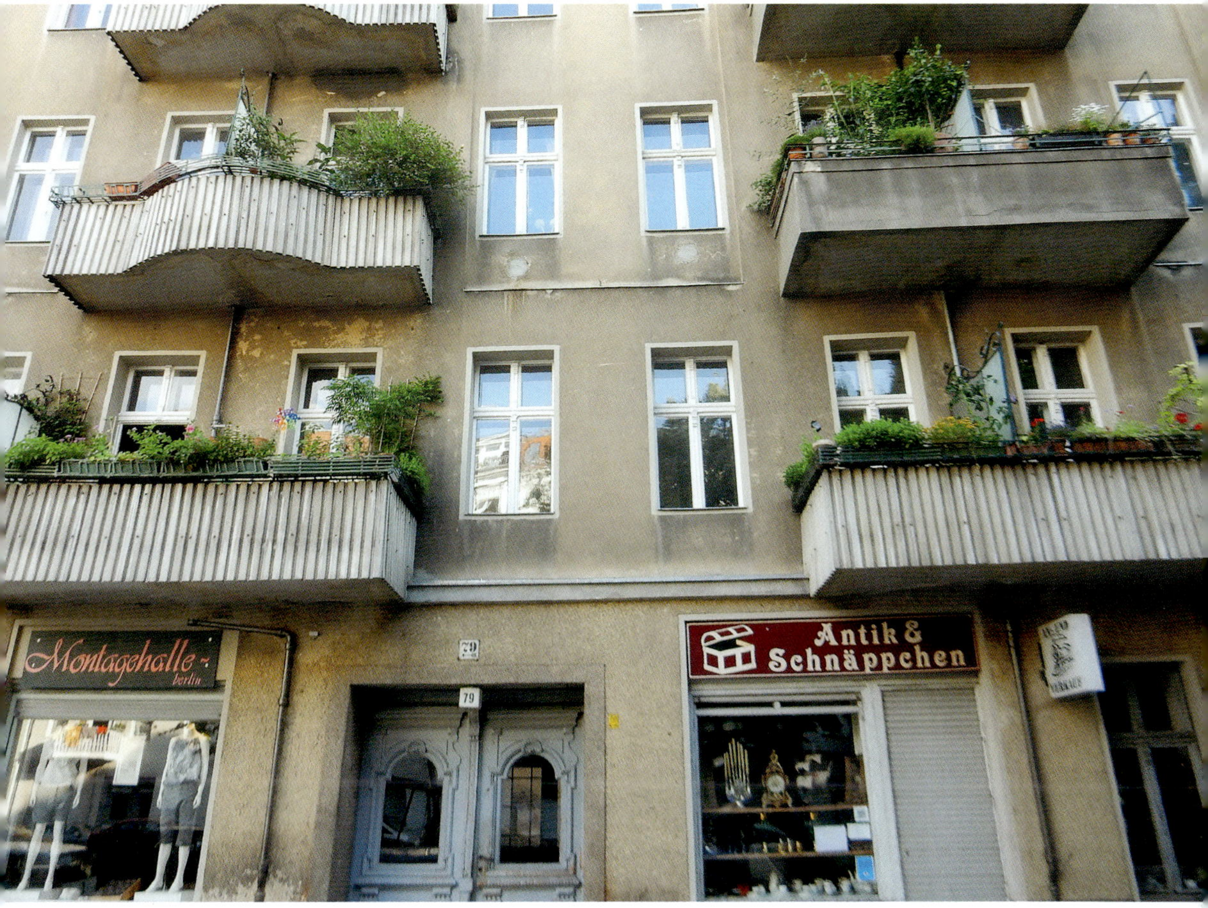

Altbauten in Moabit

Fennstraße besser über die Straße kommt. Weiter auf der Tegeler Straße und immer geradeaus. Über die Seestraße hinweg auf die Togostraße, durch einen kleinen Park und dahinter links auf die Transvaalstraße. An der Afrikanischen Straße rechts; an der Otawistraße führt links ein Weg in den Volkspark Rehberge.

Dort zunächst rechts halten zum Möwensee. Wieder mal ein traumhaftes Beispiel für Orte, die man mitten in Berlin nicht erwartet. Ein kleiner See mit einer tollen Spiegelung, umgeben von einem kleinen Wald. Man könnte meinen, man ist in Brandenburg.

Der Volkspark Rehberge entstand anders als die meisten Parks nicht nach gartenarchitektonischen Vorgaben, sondern gemäß vorhandener Naturräume. Es gibt Wiesen, Wald, Sportplätze und ein Stadion. Zudem befindet sich hier auch das mit 1.500 Plätzen größte Freiluftkino Berlins. Ein Besuch im Sommer ist unbedingt empfehlenswert. Im Westen des Parks gibt es außer-

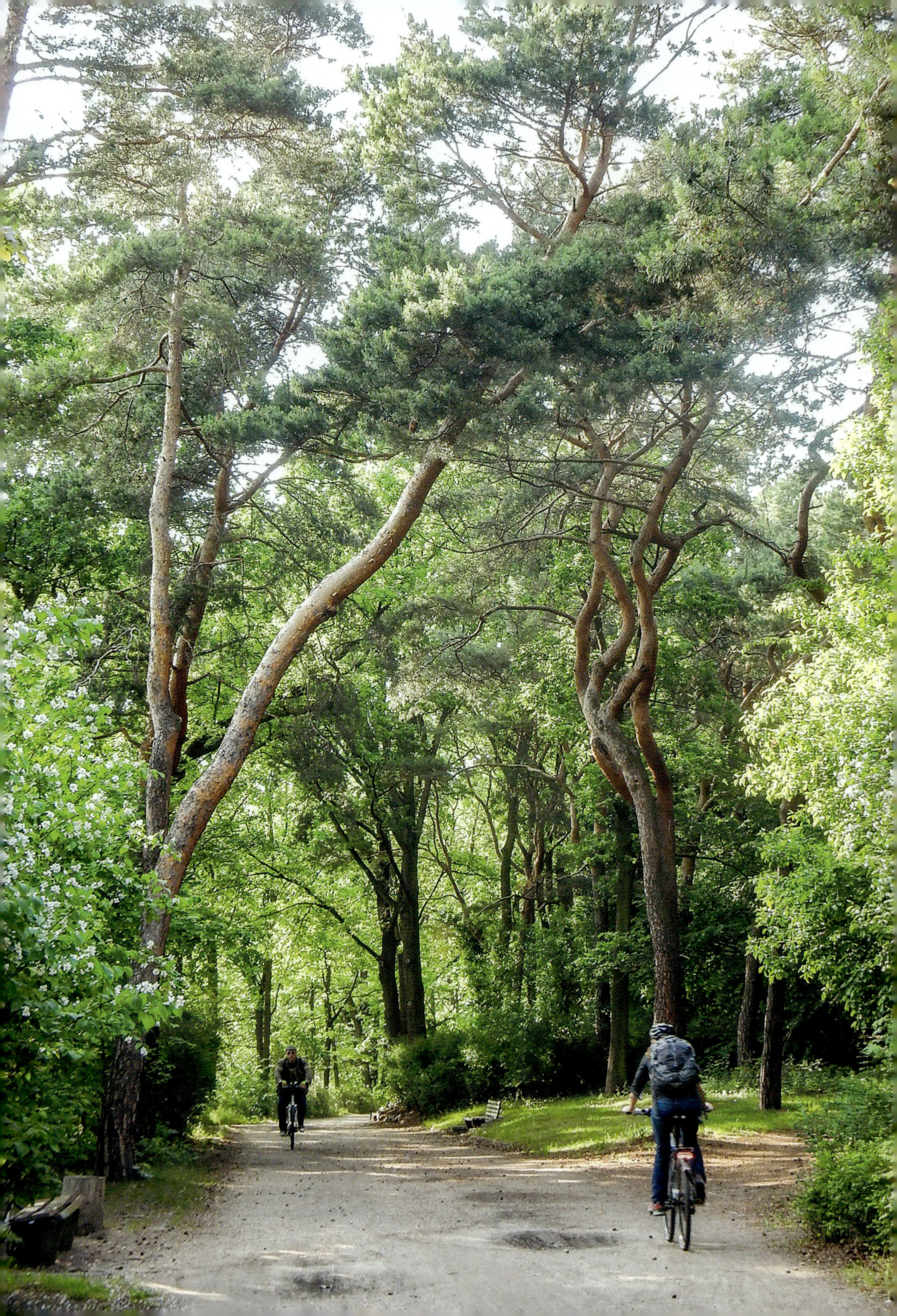

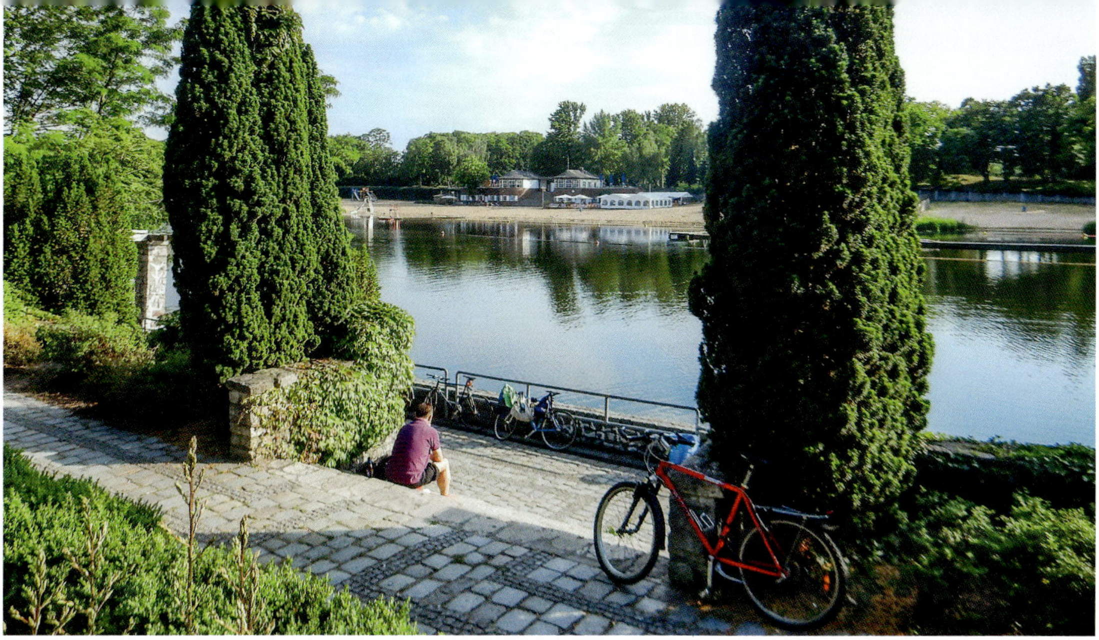

dem ein Wildtiergehege mit Rehen und Wildschweinen, das kostenfrei besucht werden kann.

Vom schön angelegten Steingarten hat man einen tollen Ausblick auf das Strandbad gegenüber.

Linke Seite: Die Fahrt durch den Volkspark Rehberge ist besonders schön.

Vorbei am Stadion und an der Bronzestatue, links einbiegen zurück zur Transvaalstraße. Hier rechts abbiegen und dem Fußweg folgen. Kurz hinter der Kurve links abbiegen, geradewegs zum Park am Plötzensee.

Vom schön angelegten Steingarten hat man einen tollen Ausblick auf das Strandbad gegenüber. Hier links halten und weiter bis zur Seestraße radeln. Dort rechts halten zum Eingang des Strandbades. Es ist im Sommer teilweise noch nicht ganz so überlaufen wie andere Freibäder. Hier treffen sich Ur-Berliner und Zugezogene gleichermaßen zum gemeinsamen Entspannen am Sandstrand.

Nach der verdienten Abkühlung dann die kleine Zufahrtsstraße wieder zurück zur Seestraße. Ab hier wieder zurück, immer am Wasser entlang. Wer mag, kann im Restaurant Fünf & Sechzig eine Pause einlegen. Auf dem Invalidenfriedhof das Fahrrad bitte schieben. Bis zur Invalidenstraße und dann nach rechts wenden zurück zum Hauptbahnhof.

Freiluftkino Rehberge

Was gibt es Schöneres, als im Sommer Filme draußen anzusehen! Im Volkspark Rehberge befindet sich eines von mehreren Freiluftkinos der Stadt. Mit Decke und Kaltgetränk kann man hier aktuelle Blockbuster, Klassiker oder Arthouse-Filme sehen. Alle Infos und Programm unter www.freiluftkino-rehberge.de

13

Berliner Mauerweg

Vom Ostbahnhof zur Wollankstraße

Mittel | 16 km | ↑99 m ↓93 m | 1.30 Std.

Tourencharakter
Geschichtsreiche Fahrradtour zu den Resten der deutsch-deutschen Teilung in Berlin. Durch die zweireihige Kopfsteinpflasterlinie fällt die Orientierung sehr leicht.

Ausgangs-/Endpunkt
S-Bahnhof Ostbahnhof
S-Bahnhof Wollankstraße

GPS
52° 30‘ 34.5“ N
13° 26‘ 03.2“ E

Anfahrt
Bus/Bahn: Anreise S3, S5, S7, S9, S75 sowie Regional- und Fernverkehr bis Ostbahnhof. Rückreise S1, S25 und S26 ab S-Bahnhof Wollankstraße.

Einkehr
Da diese Route einmal quer durch die Innenstadt verläuft, ist die Auswahl an Restaurants und Cafés entsprechend groß. Vom Dönerimbiss zum Sternerestaurant ist hier alles dabei. Empfehlenswert ist das Café am Engelbecken oder das Café Gropius im Martin-Gropius-Bau, welches auch ohne Eintritt besucht werden kann.

Karte
Berlin Mauerweg, Publicpress, 1:60000

Information
visitBerlin
Tel. 030 25 00 23 33
www.visitberlin.de

Der 160 km lange Berliner Mauerweg ist ein Klassiker unter den Radtouren in Berlin. Er erinnert an die einstige Teilung der Stadt, man kann Spuren der Grenzanlagen, Erinnerungsorte und Sehenswürdigkeiten erkunden. Dieser Streckenabschnitt führt durch die Innenstadt.

Ausgangspunkt ist der Ostbahnhof. Über die Schillingbrücke geht es auf den Bethaniendamm, vorbei an der St.-Thomas-Kirche und dem Künstlerhaus Bethanien. Letzteres beherbergt das schöne Café »3 Schwestern« mit Innenhof. Dort befindet sich auch das Freiluftkino Kreuzberg – in toller Atmosphäre kann man hier Filme zumeist in der Originalversion sehen.

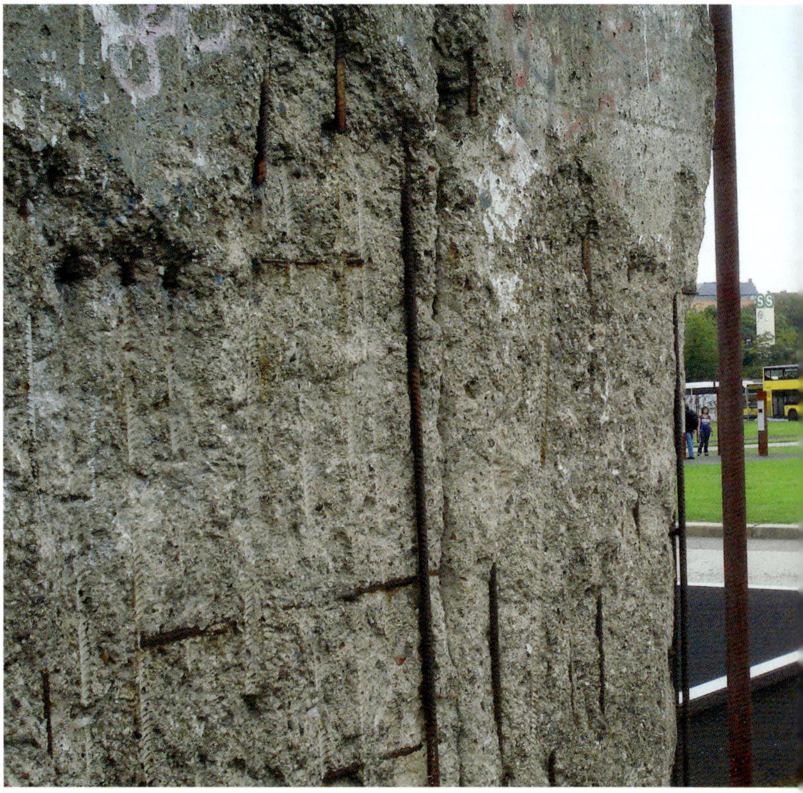

Die Eisenstangen vervollständigen die Reste der Berliner Mauer.

Es geht weiter zum Engelbecken, welches Teil des ehemaligen Luisenstädtischen Kanals war. Dieser hat von 1852 bis zum Bau der Mauer die Spree mit dem Landwehrkanal verbunden. Heute ist nur noch das Engelbecken mit Wasser befüllt, der Rest wurde seit der Wende zu Grünflächen und Parks umgebaut. Am Engelbecken befindet sich ein schönes Café zum Entspannen direkt am Wasser.

Vor dem Engelbecken nach links schwenken. Die doppelte Kopfsteinpflasterreihe bietet eine gute Orientierung zur Weiterfahrt Richtung Heinrich-Heine-Straße. An der Ecke Sebastianstraße erinnert eine Tafel an den ehemaligen »Übergang für Bundesbürger«.

Weiter entlang der Radweg-Beschilderung »Berliner Mauerweg« geht es dann über die

Mauerpark

Die Sonntags-Karaoke im Mauerpark von Joe Hatchiban ist eine Berliner Institution. Zwar kein Geheimtipp mehr, aber dennoch ein Erlebnis, wenn sich hier jeden Sonntag mehr als tausend Menschen zum Karaoke einfinden. Daneben treffen sich hier Berliner und Touristen gleichermaßen zum Flohmarkt, Grillen oder Fußballspielen.

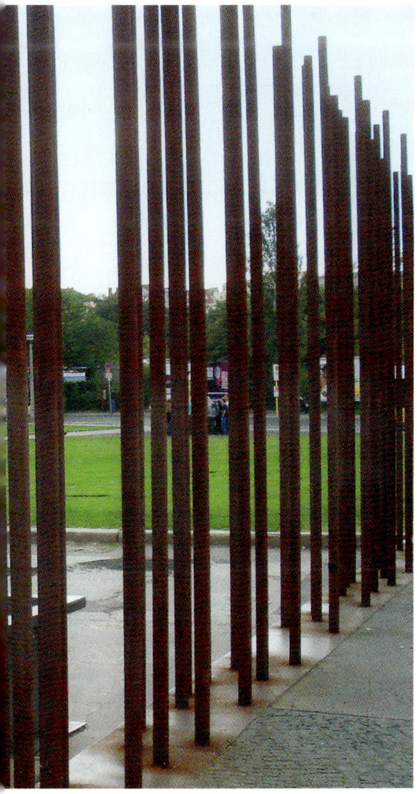

Unten: Mandelblüte in Berlin

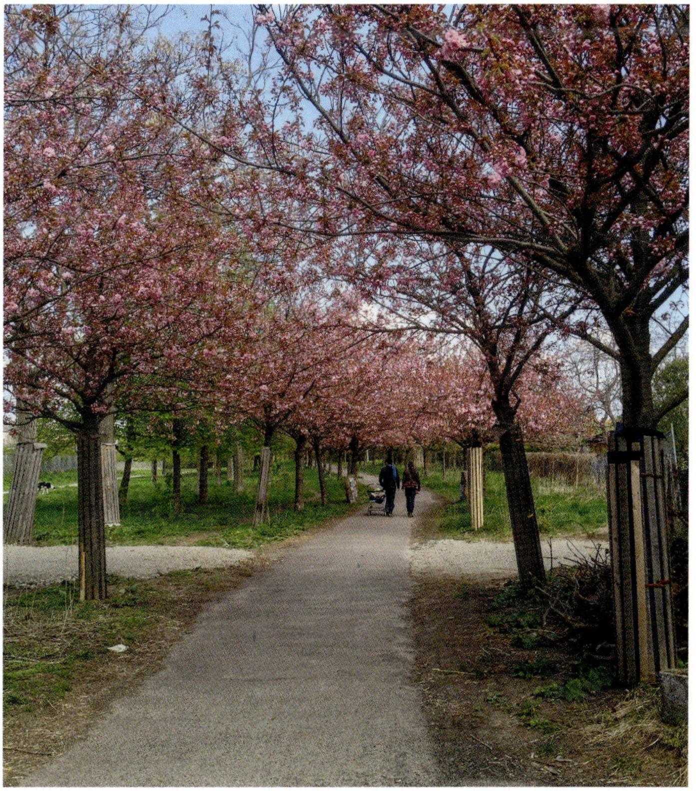

Sebastian-, Alexandrinen-, Stallschreiber- und Kommandantenstraße zur Axel-Springer-Straße mit den gleichnamigen Verlagsgebäuden.

Hier dann gleich die nächste rechts auf die Zimmerstraße wechseln. Es geht zum »Übergang Friedrichstraße für Ausländer« – besser bekannt als Checkpoint Charlie, der berühmteste Grenzübergang Berlins. Viele Touristen tummeln sich hier. Souvenirläden, Cafés, Grenzhäuschen, Mauermuseum – alles, was das Touristenherz höher schlagen lässt. Im Café des Mauermuseums kann man wunderbar das Treiben beobachten.

Man radelt weiter geradeaus zur Topographie des Terrors samt Mauerresten sowie dem Martin-Gropius-Bau. Letzteres ist eines meiner Lieblingsmuseen von Berlin mit wechselnden internationalen Ausstellungen. Wer eine Pause einlegen möchte, dem sei das frei zugängliche Museumscafé Gropius empfohlen.

Über die Stresemannstraße gelangt man zum Postdamer Platz – das moderne Berlin. Weiter geradeaus befindet sich auf der rechten Seite das Holocaust-Mahnmal. Kurz dahinter gelangt man auch schon zum Brandenburger Tor, dem wohl berühmtesten Symbol der Wiedervereinigung.

Man radelt weiter vorbei am Bundestag und dem Paul-Löbe-Haus über die Kronprinzenbrücke. Dahinter gleich links entlang der Spree. Die nächste rechts schwenken zum Alexanderufer und weiter geradeaus entlang des Spandauer Schifffahrtskanals zum Invalidenfriedhof.

Die DDR-Regierung wollte hier die Distanz zu Preußen demonstrieren und ließ nach 1945 zunächst Gräber räumen und das Gelände später durch die Mauer teilen. Nach der Wende wurden einige Gräber und Grabplatten erneuert, einige Tafeln erzählen von der Geschichte des Friedhofes.

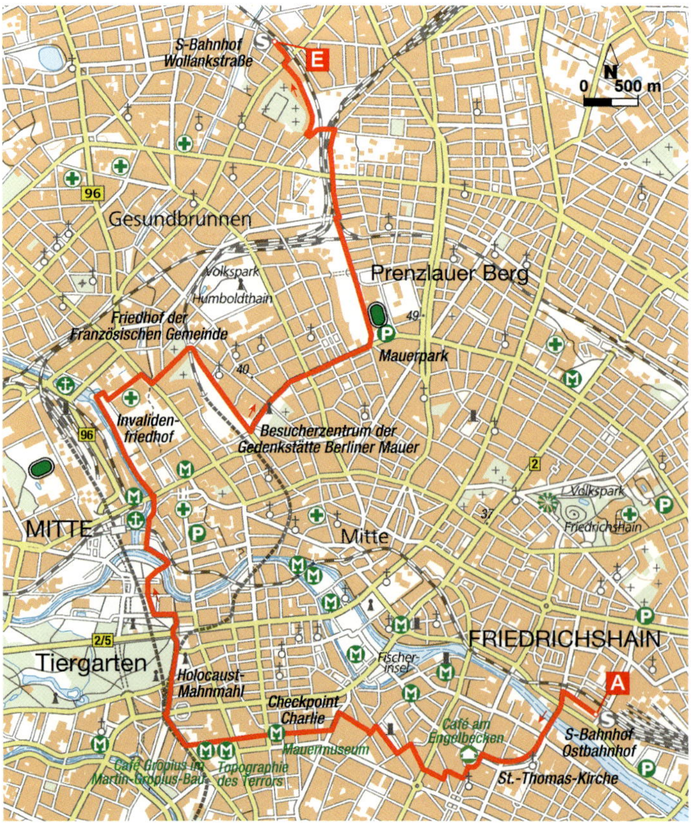

Weiter geradeaus, mit einem kleinen Schlenker über die Boyenstraße, geht es zur Liesenstraße. Hier befindet sich der Französische Friedhof mit dem Grab von Theodor Fontane. Seine Grabstätte wäre durch die Berliner Mauer beinahe zerstört worden.

Unter der S-Bahn-Brücke durch, dann rechts in die Gartenstraße. Weiter geradeaus und an der Bernauer Straße nach links schwenken zur Gedenkstätte Berliner Mauer. Hier lohnt es sich, vom Fahrrad abzusteigen und den Weg bis zur Brunnenstraße zu laufen.

Es geht weiter die Bernauer Straße entlang bis zur Schwedter Straße. Hier führt die Tour links in den Mauerpark. Ab da geht es eigentlich fast nur noch geradeaus. An der Dolomitenstraße links halten und dahinter gleich rechts abbiegen zum Bahnhof Wollankstraße.

Museumscafé Gropius

Der Martin-Gropius-Bau besticht nicht nur durch sehr gut Ausstellungen, sondern beherbergt auch noch ein wunderbares Museumscafé. Das Café besticht durch hohe Decken und opulente Kronleuchter. Neben einer Standardkarte gibt es auch immer eine Saisonkarte passend zur aktuellen Hauptausstellung.

Hauptbahnhof

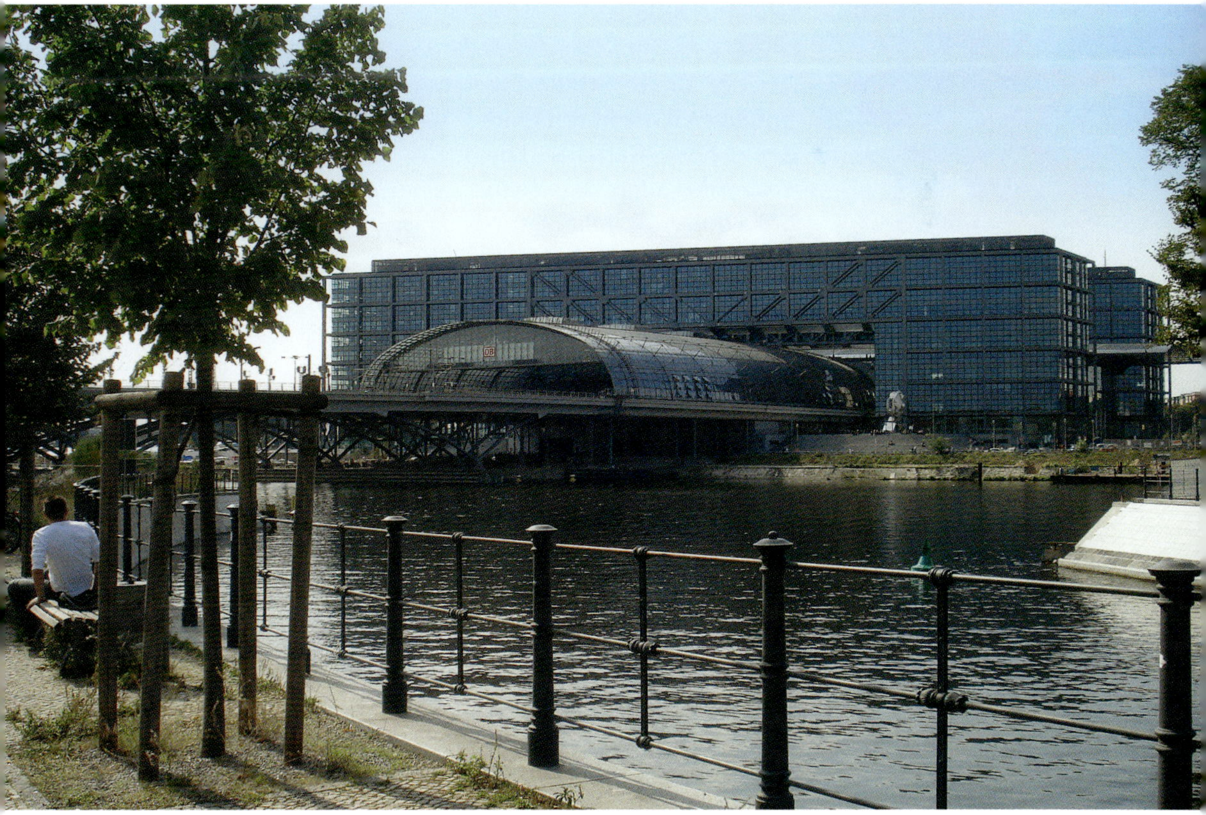

14 Pankow

Einmal quer durch den Norden Berlins

Mittel | 26 km | ↑33 m ↓32 m | 1.30 Std.

Tourencharakter
Rundtour mit einer guten Mischung aus Stadt, Geschichte, Architektur sowie Flora und Fauna. Sie führt überwiegend entlang Nebenstraßen durch ruhige Wohngebiete und bietet an vielen Stellen eine sehr schöne Aussicht.

Ausgangs-/Endpunkt
U-Bahnhof Vinetastraße

GPS
52° 33' 33.6" N
13° 24' 47.1" E

Anfahrt
Bus/Bahn: U2 bis/ab U-Bahnhof Vinetastraße

Einkehr
Zwischen Vinetastraße und dem Rathaus Pankow gibt es die größte Auswahl an Einkehroptionen. Danach wird es eher überschaubar. Der Bürgerpark und der Volkspark Schönholzer Heide eignen sich aber bestens für ein Picknick. Sonst ist das Café Sommerlust im Schlossgarten Schönhausen sowie das Café mint* im Botanischen Garten empfehlenswert.

Karte
Pharus-Plan Berlin–Pankow, Prenzlauer Berg, Weißensee: 1:17500

Information
visitBerlin
Tel. 030 25 00 23 33
www.visitberlin.de

Pankow ist toll. Ein grüner Bezirk im Norden. Denkt man an Pankow, denkt man vielleicht an das schöne Rathaus, den Bürgerpark oder das Schloss Schönhausen. Auf dieser Radtour sehen Sie den Bezirk mal von einer anderen Seite.

Die Radroute geht am U-Bahnhof Vinetastraße los. Von hier geht es auf die Mühlenstraße. An der Maximilianstraße links einbiegen. Hier fährt man durch beschauliche Wohngebiete. Weiter die Straße runter gibt es auf beiden Seiten noch schöne Hinterhöfe. Kurz vor der Breite Straße befindet sich rechts die Alte Mälzerei. Dieses ehemalige Fabrikgebäude beherbergt heute Wohnungen und sieht mit den kleinen Türmchen fast aus wie eine Burg.

An der Breite Straße befindet sich rechter Hand das schöne Rathaus. Die Tour führt allerdings nach links auf die Wollankstraße. Hier scheint Berlin stehen geblieben. Unsanierte Gebäude, urige Läden und alte Hinterhöfe.

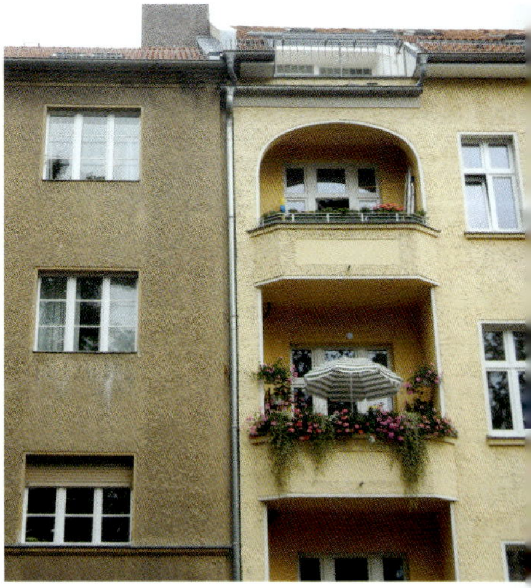

Beschauliche Wohnsiedlungen

An der Pichelswerder Straße rechts abbiegen zum Bürgerpark. Vor dem Park dann links schwenken. Hier befindet sich ein Tiergehege. Mehrere Ziegen grasen fröhlich vor sich hin. An der Straße am Bürgerpark nach rechts und hinter der Panke erneut rechts schwenken. Es geht ein Stück am Fluss entlang.

Nach 200 m links abbiegen und rechts auf die Leonhard-Frank-Straße wechseln. Über den Heinrich-Mann-Platz

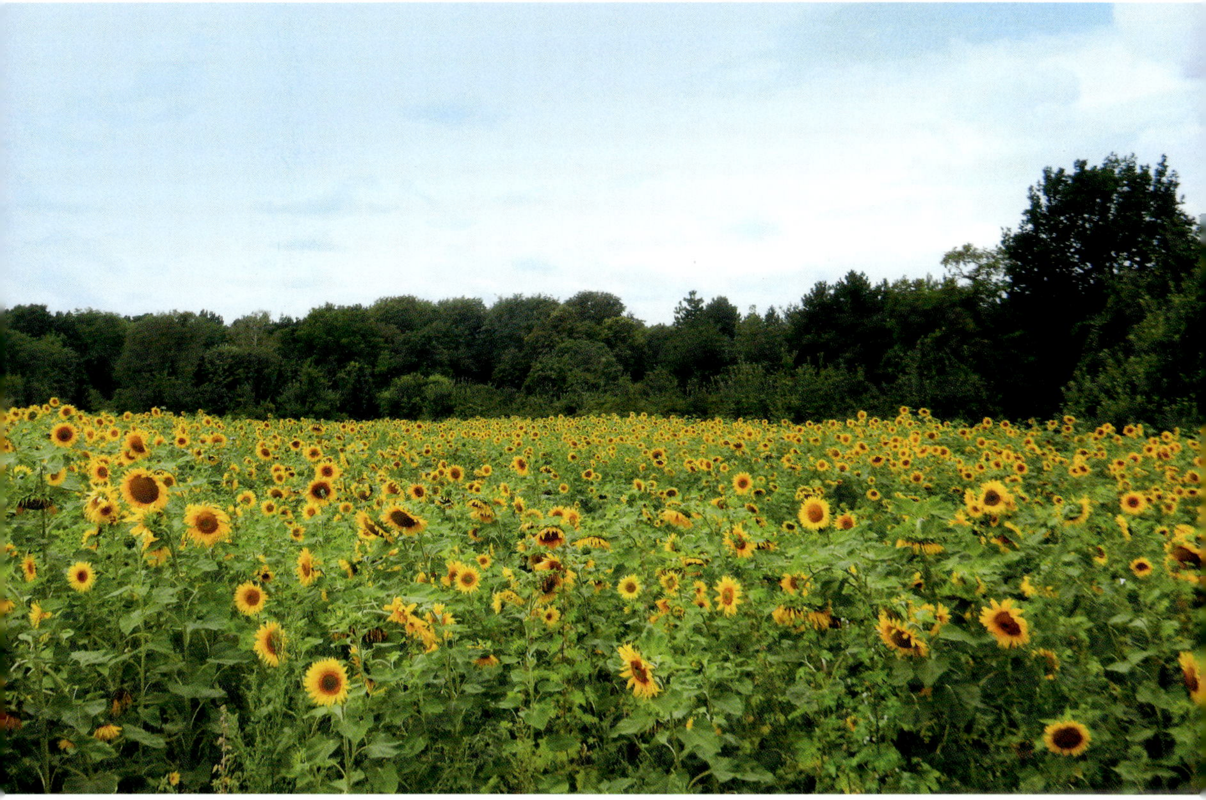

Sonnenblumen im Botanischen Garten Pankow

hinweg. Eine beschauliche Einfamilienhaussiedlung mit Häusern aus den 1970er-Jahren.

Zweimal links an der Homeyerstraße und Hermann-Hesse-Straße. Hinter dem Schützenverein führt rechts ein Weg in den Volkspark Schönholzer Heide. Ein naturbelassenes Waldgebiet mitten in Pankow. Den Weg bis zum Ende radeln, dann rechts und wieder links weiter durch den Wald. Am Kreisverkehr schräg weiterfahren zum sowjetischen Ehrenmal. Es ähnelt dem im Treptower Park, ist jedoch bedeutend kleiner.

Danach wieder zurück, am Kreisel schräg links halten und weiter auf der Platanenstraße radeln. An der Blumenthalstraße nach rechts wenden. Bis zum Ende, dann links einbiegen. Erneut bis zum Ende und dann nach rechts zum Pastor-Niemöller-Platz. Dort weiter nach rechts auf die Grabbeallee.

Sommerlust

Das Café Sommerlust im Schlossgarten Schönhausen serviert aus einem wunderbar altmodischen Wagen allerlei Köstlichkeiten wie Kuchen, Quiches, Suppen und Eis – alles hausgemacht, versteht sich. Dazu gibt es Kaffeespezialitäten wie Einspänner, Moccachino, Espresso on the rocks oder Espresso Dulce.

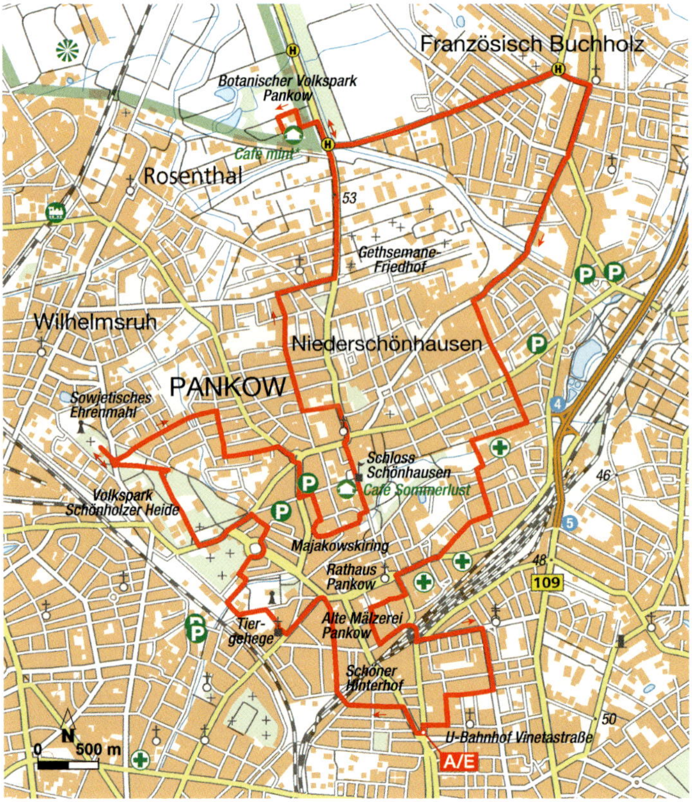

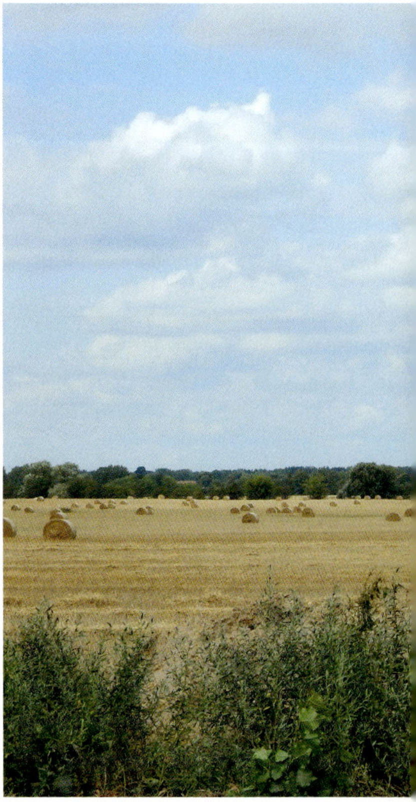

Majakowskiring

Bis zum Umzug nach Wandlitz wohnten hier zahlreiche Mitglieder der DDR-Regierung (u.a. Walter Ulbricht, Wilhelm Pieck und Erich Honecker). Udo Lindenbergs Lied »Sonderzug nach Pankow« bezog sich auch auf diese Siedlung. Die am Majakowskiring wohnenden Regierungsvertreter wurden durch eine Mauer von der Außenwelt abgeschirmt.

An der nächsten Kreuzung links abbiegen und dann gleich wieder rechts zum Majakowskiring. Man fährt fast einmal herum. Am anderen Ende verlässt man den Majakowskiring und fährt links weiter auf der Ossietzkystraße zum Schloss Schönhausen. Bis 1964 der Amtssitz von Walter Ulbricht, danach wurde es als Gästehaus für Staatsgäste wie Breshnew, Castro und Gorbatschow genutzt. Im Café Sommerlust kann man schön draußen sitzen mit herrlichem Blick auf das Schloss.

Einmal geradeaus durch den Park und bis zur Hermann-Hesse-Straße. Dort rechts schwenken und an der Kuckhoffstraße links einbiegen. Die nächste rechts. Immer geradeaus halten bis zum kleinen Kreisverkehr am Ende. Dort nach rechts wenden

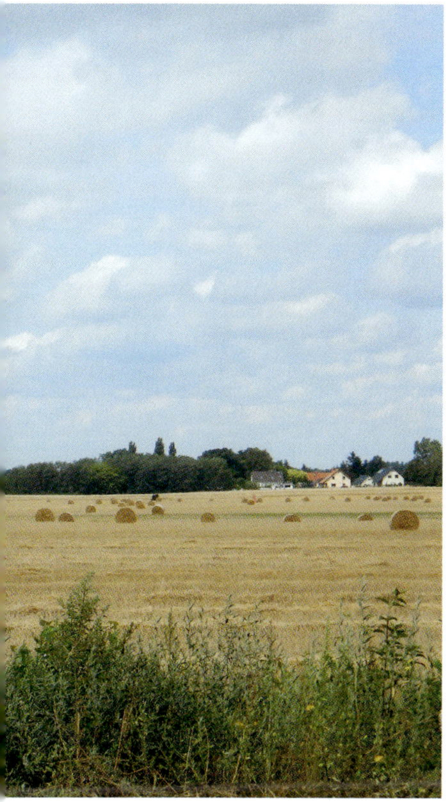 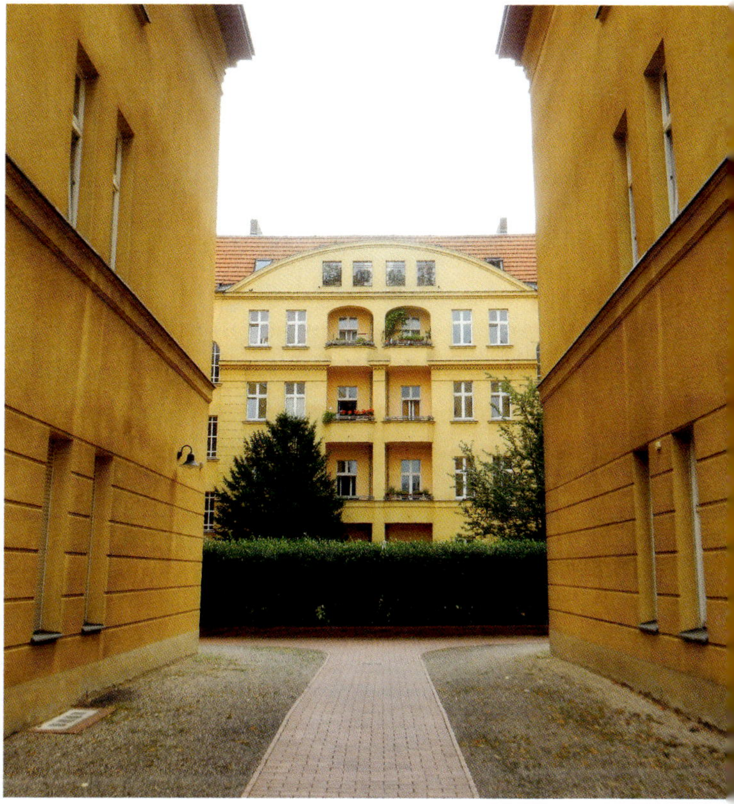

und weiter zurück auf die Hermann-Hesse-Straße. Links abbiegen vorbei am schönen Gethsemane-Friedhof.

Es geht weiter geradeaus bis zum Botanischen Volkspark Pankow samt riesigem Sonnenblumenfeld (im Sommer) und Wildtiergehege. Den Botanischen Garten in Zehlendorf kennt ja jeder, aber dieses Kleinod hier nur die Wenigsten. Es empfiehlt sich, das Fahrrad anzuschließen und über das Gelände zu spazieren. Im Café mint* kann man wunderbar eine Pause einlegen.

Danach geht es weiter entlang des Rosenthaler Weges. An der Mühlenstraße rechts und am Ende wieder rechts. Wenn die Straße sich teilt, rechts halten auf die Schönhauser Straße. An der Grumbkowstraße links einbiegen und am Ende rechts. Nach 400 m links in eine Kleingartensiedlung und an der Bleichroder Straße rechts abbiegen.

An der Kirche links und dann über die Wohngebiete Dusekestraße sowie Neumannstraße zurück zum Bahnhof Vinetastraße.

Ein schöner Hinterhof

Links: Stadtrand-Idylle im Norden von Pankow

15

Durch den Südwesten

Vom Teltowkanal zum Griebnitzsee

Mittel	22 km	↑70 m ↓80 m	2 Std.

Tourencharakter
Auf Radwegen und Nebenstrecken geht es fast immer entlang des Teltowkanals und weiter auf dem Königsweg. Die Wege sind zum Teil befestigt, zum Teil auch Sand- und Feldwege.

Ausgangs-/Endpunkt
S-Bahnhof Südende
S-Bahnhof Griebnitzsee

GPS
52° 26' 57.3" N
13° 21' 11.3" E

Anfahrt
Bus/Bahn: Anreise S 25 und S 26 zum S-Bahnhof Südende. Rückreise S 1 bis S-Bahnhof Griebnitzsee.

Einkehr
Direkt am Ufer des Teltowkanals und am Königsweg gibt es nur wenige Möglichkeiten zur Einkehr. Da der Weg jedoch zu einem guten Teil durchs Stadtgebiet führt, gibt es einige Möglichkeiten, wenn man leicht von der Tour abweicht. Das Waldcafé Kleinmachnow bietet leckere Torten und Kaffee und in der Erfrischungshalle am S-Bahnhof Griebnitzsee kann man die Tour ausklingen lassen.

Karte
Kompass Wanderkarte 700, Berlin und Umgebung, 1:50 000

Information
visitBerlin
Tel. 030 25 00 23 33
www.visitberlin.de

Der Name Teltowkanalweg ist Programm. Man verlässt zwischen Griebnitzsee und Dahme nur selten das Ufer. Eine schöne Radtour, auch für Familien geeignet. Entlang der Grenze zwischen Brandenburg und Berlin geht es dann noch weiter auf königlichen Spuren.

Start der Radtour ist der S-Bahnhof Südende. Das Bahnhofsgebäude nach Westen auf den Steglitzer Damm verlassen und an der Sembritzkistraße links schwenken. Bis zum Ende radeln, dann rechts abbiegen und die nächste wieder links. Man gelangt direkt zum Teltowkanal samt Uferweg. Hier nach rechts wenden und immer entlang des Teltowkanals radeln.

Vorbei am Stadtpark und dem Naturschutzgebiet Schlosspark Lichterfelde führt der Uferweg geradewegs immer am Wasser entlang.

Hinter dem Teltower Damm geht es nach Schönow und der Wanderweg macht eine Rechtskurve. Auf der Grenze zwischen Berlin und Brandenburg geht es nun weiter entlang des Buschgrabens. Der Uferweg endet am Machnower Damm. Wer eine Pause machen möchte, kann hier ein Stück nach links fahren zum Waldcafé Kleinmachnow. Sonst rechts einbiegen und an der nächsten Kreuzung links schwenken.

An der Neuruppiner Straße nach links abbiegen und bis zum Ende radeln. Dort links halten. Hier befindet sich der historische Bahnhof Düppel/Kleinmachnow, der auf der sogenannten Stammbahn einst Berlin mit Potsdam verband. Die Stammbahn war die erste Eisenbahnstrecke Preußens. Wer möchte, kann hier einen Abstecher nach rechts zum Museumsdorf Düppel machen.

Nach dem Bahnhof nach rechts wenden auf die Benschallee. Ein Stück hinter der Lloyd-G.-Wells-Straße geht es linker Hand auf dem Königsweg weiter. Ein wunderbarer Weg mitten durch ein großes Waldgebiet. Der sogenannte Königsweg wurde Mitte des 18. Jahrhunderts auf Anordnung von König Friedrich Wilhelm I. als Schnellweg zwischen Zehlendorf und Potsdam angelegt. Der Name rührt daher, dass die Strecke vom König selbst als Abkürzung zur Garnisonsstadt Potsdam genommen und mit königlichen Geldern gebaut wurde.

Vorbei am Waldfriedhof Zehlendorf, welcher das Ehrengrab von Willy Brandt beherbergt, führt die Radtour weiter zum ehemaligen Kontrollpunkt Dreilinden (Checkpoint Bravo). Von der Brücke über der Autobahn hat man einen tollen Blick auf die Abfertigungsanlage des amerikanischen Kontrollpunkts.

Man lässt die Autobahn hinter sich. Die Motorengeräusche nehmen ab, der Duft von Kiefernnadeln ist nun stetiger Begleiter. Der Königsweg endet und nach wenigen Pedaltritten gelangt man zurück zum Teltowkanal. Man überquert die Brücke, dahinter rechts schwenken. An der Neuen Kreisstraße links abbiegen zum S-Bahnhof Griebnitzsee. In der Erfrischungshalle kann man sich von der Tour erholen.

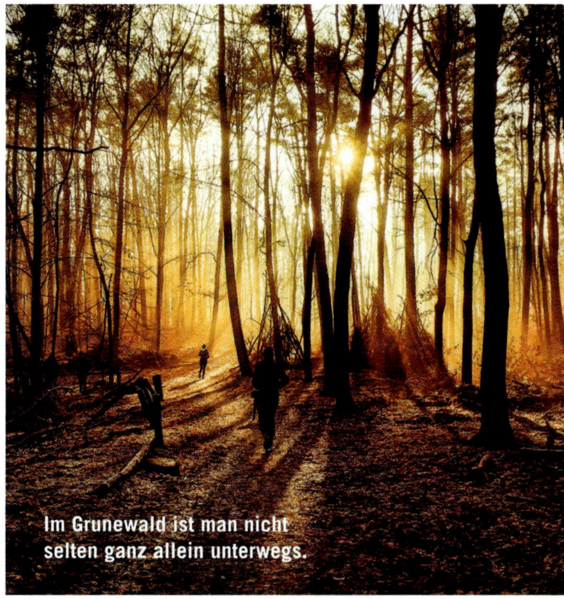

Im Grunewald ist man nicht selten ganz allein unterwegs.

Musemsdorf Düppel

Hier kann man in die ländliche Geschichte der Region eintauchen. Das Museumsdorf ist eine Rekonstruktion eines mittelalterlichen Dorfes mit Landwirtschaft, Hütten und Handwerk (Öffnungszeiten: Sa, So und Feiertage 10–18 Uhr; Eintritt 5 Euro, Kinder frei).

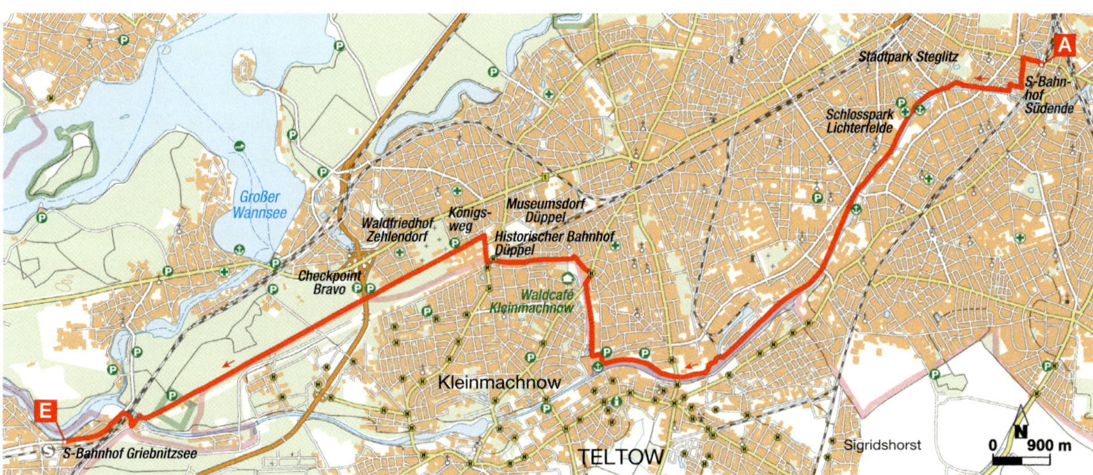

16 Von Park zu Park

Viel Natur mitten in der Stadt

Leicht | 10 km | ↑40 m ↓40 m | 0.30 Std.

Tourencharakter
Sehr leichte Fahrradtour durch verschiedene Parks der Stadt. Aufgrund der Kürze der Radtour eignet sich diese auch ideal zum Feierabend oder mit Kindern.

Ausgangs-/Endpunkt
U-Bahnhof Schlesisches Tor
U-Bahnhof Gleisdreieck

GPS
52° 30' 03.4" N
13° 26' 32.0" E

Anfahrt
Bus/Bahn: Anreise U 1 und U3 bis U-Bahnhof Schlesisches Tor. Rückreise U 1, U 2 und U 3 ab U-Bahnhof Gleisdreieck.

Einkehr
Die vielen Parks dieser Tour eignen sich natürlich ideal für ein Picknick. Dazu gibt es in fast jedem Park aber immer auch ein nettes Café oder einen Biergarten, wie z. B. den Luftgarten auf dem Tempelhofer Feld oder das Café Tor Eins im Park am Gleisdreieck.

Karte
Pharus-Plan Berlin – Mittlere Ausgabe, 1:16000

Information
visitBerlin
Tel. 030 25 00 23 33
www.visitberlin.de

Berlin ist sehr grün und auf dieser Radtour geht es gleich durch drei Parks in Kreuzberg, Neukölln und Tiergarten. Neben viel Grün kann man auf der Tour auch allerhand Unterhaltsames finden. Vier schöne Parks und jede Menge zu sehen.

Beginn der Radtour ist am U-Bahnhof Schlesisches Tor, dem Tor zu Kreuzberg. Hippe Bars, Dönerläden und eine hohe Späti-Dichte charakterisieren den Kiez. Man radelt ein Stück gen Osten, an der nächsten Kreuzung direkt rechts halten. Auch wenn man gerade gestartet ist, lohnt sich ein Halt am Eisladen Aldemir, sofern die Schlange nicht – wie häufig – gefühlt unendlich ist.

Es geht immer geradeaus direkt mitten rein in den Görli, wie die Berliner den Görlitzer Park nennen. Rechts befindet sich der Kinderbauernhof mit Kaninchen, Eseln und Ponys sowie

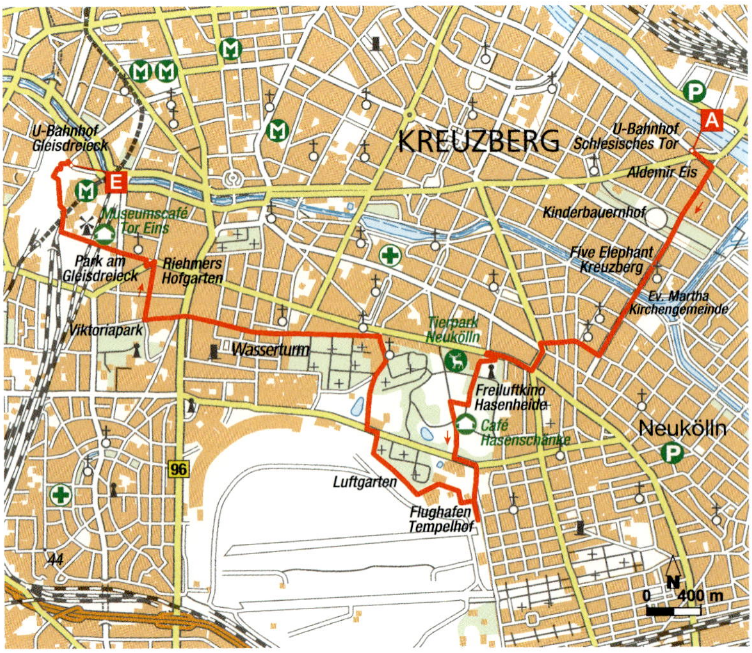

einem bunten Programm für Kinder. Der Görli passt zu Berlin wie nichts anderes: Familien besuchen den Kinderbauernhof, Hipster relaxen in der Sonne und Rentner spazieren mit ihren Hunden.

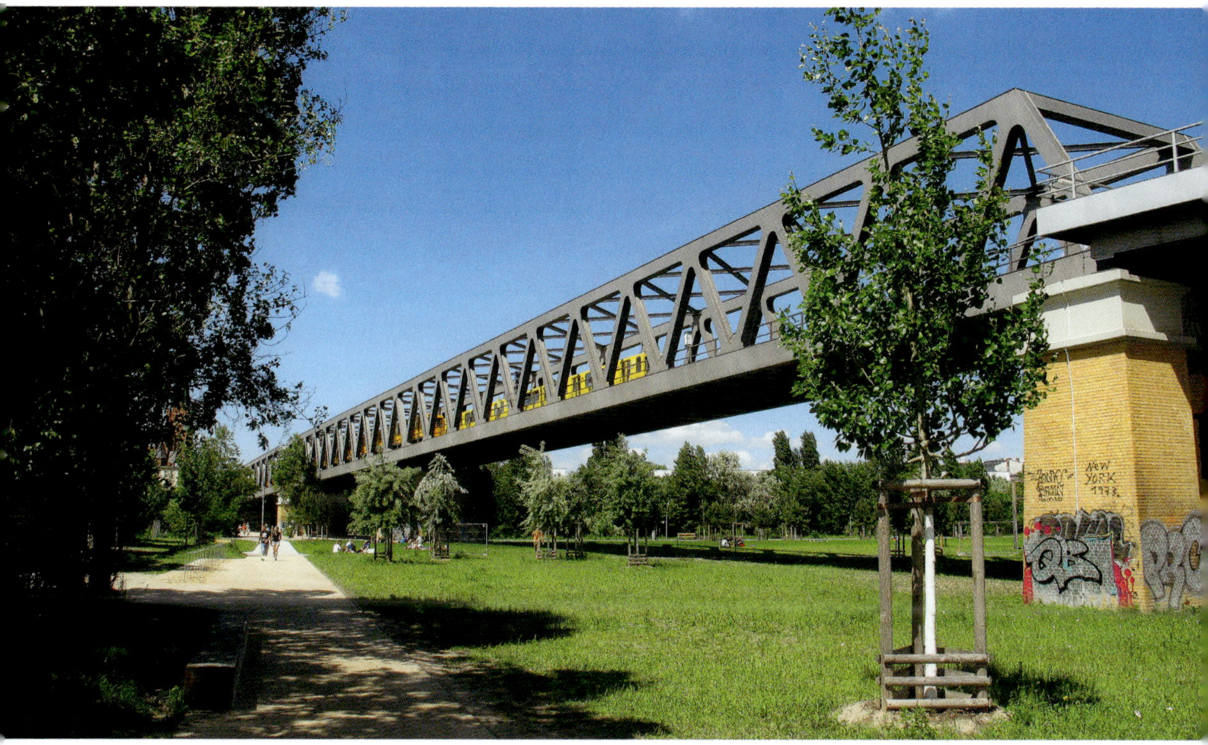

Der Park am Gleisdreieck ist ein besonderes Kleinod in der Parklandschaft Berlins.

Man folgt dem Weg weiter auf die Glogauer Straße. Ein Stück die Reichenberger Straße links rein befindet sich das Five Elephant für Freunde von köstlichem Kaffee. Man radelt immer weiter geradeaus. An der Hausnummer 22 befindet sich der traumhafte Kirchhof des Martha-Pfarramtes im Stil der deutschen Renaissance. Von der Straße aus ist der Bau eher unscheinbar. Die Kirche mit prächtiger Backsteinfassade selbst steht versteckt auf dem Hinterhof. Ein Muss für Architekturfans.

Von der Pannierstraße geht es weiter nach rechts auf die Weserstraße bis zum Kottbusser Damm. Dort links halten über den Hermannplatz und dann nach rechts schwenken auf die Hasenheide.

Riehmers Hofgarten

Architektonisch ein echter Hingucker. Der Innenhof ist T-förmig angelegt und die Häuser sind toll restauriert worden. Die Anlage wurde von Maurermeister Wilhelm Riehmer bis 1899 errichtet und in den 1970er-Jahren behutsam restauriert. Unbedingt sehenswert!

Kurz vor der Jahnstraße führt links ein Fußweg in den Park hinein.

Hier gibt es diverse Möglichkeiten für ein Picknick. Auf der rechten Seite hinter dem Parkeingang befindet sich auch noch der Tierpark Neukölln mit Schafen, Hühnern, Ziegen, Dammwild oder Weißstörchen. Im Sommer werden Filme im Freiluftkino gezeigt. An der Hasenschänke lassen sich Durst und Hunger bekämpfen.

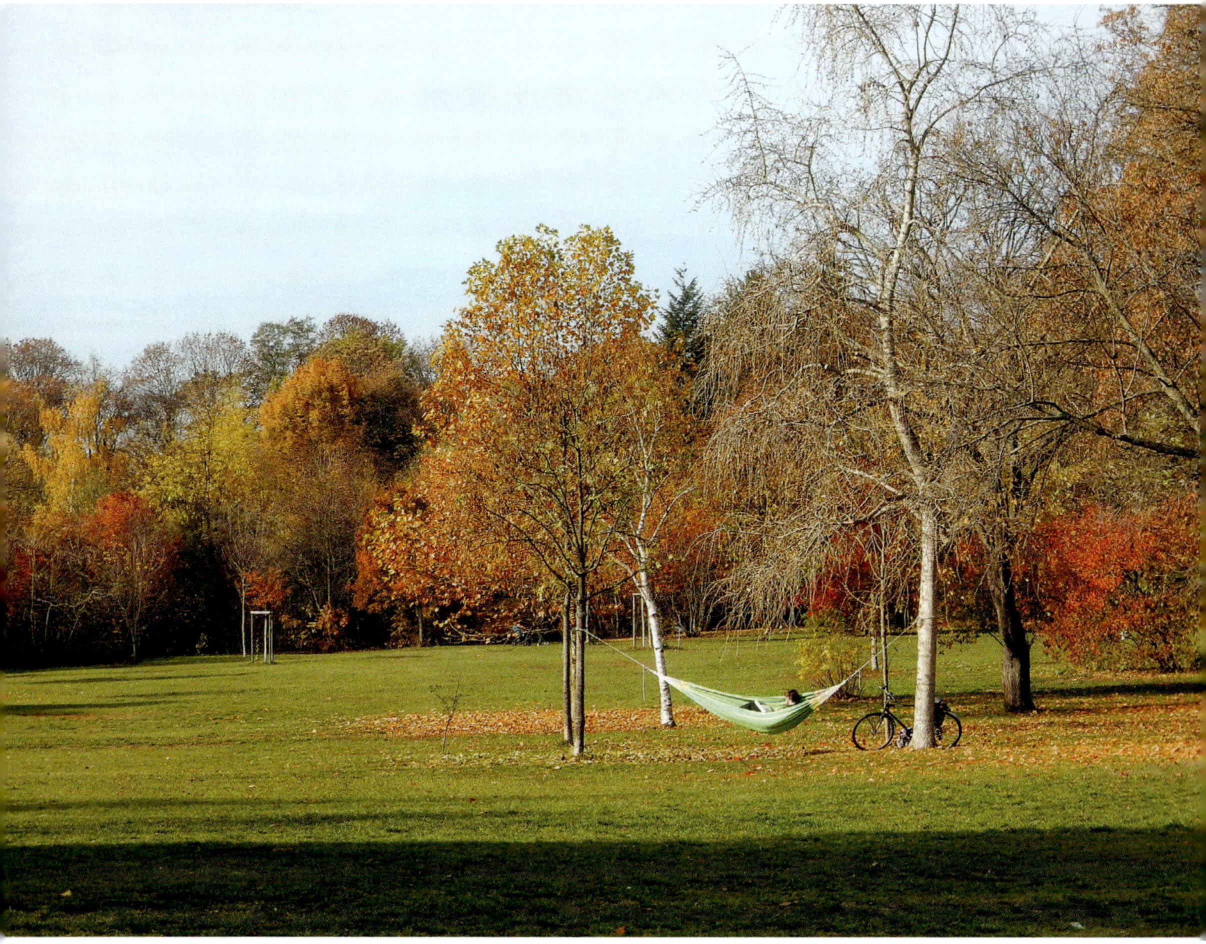

Hängematte aufhängen und entspannen!

Man kommt am Columbiadamm raus. Dort links halten und dann rechter Hand in den nächsten Park rein – der ehemalige Flughafen Tempelhof. Auf der größten innerstädtischen Freifläche der Welt lässt es sich hervorragend radeln. Im Biergarten »Luftgarten« kann man bei einem kühlen Getränk wunderbar draußen sitzen.

Hinter dem Biergarten rechts halten und den Park verlassen. Erst links, dann rechts einbiegen, auf die Lilienthalstraße fahren und am Südstern links schwenken auf die Bergmannstraße. Weiter geradeaus über den Mehringdamm hinweg zum Viktoriapark. Der Kreuzberg ist 60 Meter hoch und doch kommt er einem irgendwie höher, monumentaler vor. Von oben hat man einen herrlichen Überblick über die Stadt. Der Aufstieg ist ziemlich steil, man sollte das Fahrrad lieber unten stehen lassen.

Der Viktoriapark ist die höchste Erhebung Kreuzbergs.

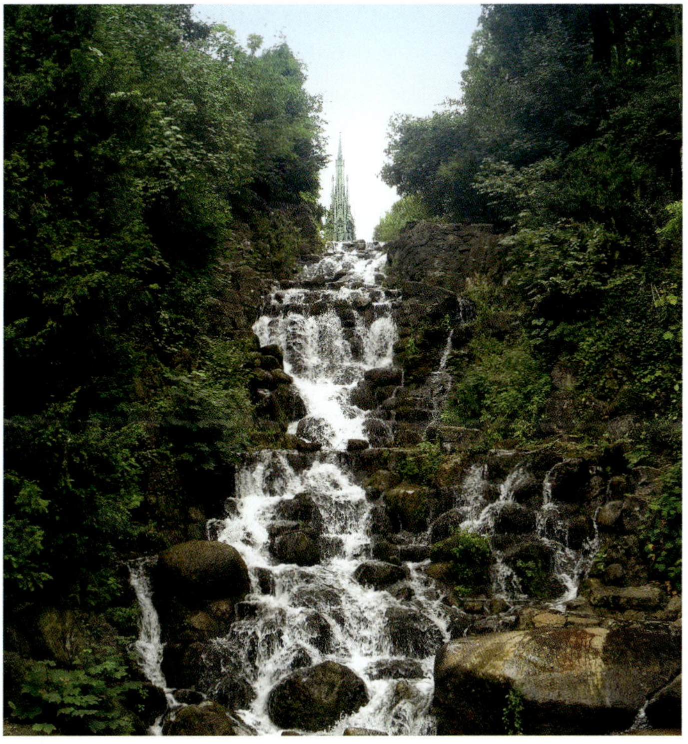

Weiter geht es auf der schönen Großbeerenstraße. Alte Gründerzeithäuser mit Alt-Berliner Eckkneipen. An der Ecke Yorckstraße befindet sich rechter Hand der Riehmers Hofgarten.

Dann links abbiegen und weiter geradeaus fahren zum Park am Gleisdreieck. Der Name ist Programm. Der schöne Park befindet sich auf dem ehemaligen Bahngelände am Gleisdreieck. Die alten Signal- und Bahnanlagen geben dem Park heute ein besonderes Flair. Auf der rechten Seite befindet sich das Museumscafé Tor Eins mit einer einladenden Kuchenvitrine.

Am Skatepark kann man den Jungs und Mädels bei ihren waghalsigen Tricks auf dem Skateboard oder Inlinern zusehen. Dort rechts einbiegen und dann erneut rechts bequem unter der Bahntrasse hindurch radeln. Ein Stück dahinter führt rechter Hand ein Fußweg zum U-Bahnhof Gleisdreieck, von wo aus schließlich die Heimreise angetreten werden kann.

Café Tor Eins

Das Café befindet sich in einer der Lagerhallen im hinteren Bereich des Technikmuseums. Von der großen Fensterfront kann man direkt auf den schönen Park am Gleisdreieck schauen. Das Café sorgt mit seinem traumhaften Kuchen, dem vielleicht besten Kaffee und liebevollen Speisen für ein kulinarisches Highlight im Park.

17 Friedrichsfelde, Karlshorst, Schöneweide

Grüner wird's nicht

Leicht | 18 km | ↑14 m ↓13 m | 1.30 Std.

Tourencharakter
Sehr leichte Fahrradtour durch die grünen Ecken der Stadt. Aufgrund ihrer Kürze eignet sich diese Radtour auch ideal zum Feierabend oder mit Kindern.

Ausgangs-/Endpunkt
S-Bahnhof Nöldnerplatz
S-Bahnhof Schöneweide

GPS
52° 30' 10.8" N
13° 29' 03.4" E

Anfahrt
Bus/Bahn: Anreise S 5, S 7, S 75 nach S-Bahnhof Nöldnerplatz. Rückreise S 8, S 9, S 45, S 46, S 47 und S 85 ab S-Bahnhof Schöneweide.

Einkehr
Da diese Fahrradtour durch viele grüne Ecken und Parks der Stadt führt, gibt es entsprechend wenig Auswahl an Restaurants. Um den Tierpark gibt es ein paar Imbisse, an der Wilhelminenhofstraße und um den S-Bahnhof Schöneweide auch einige Restaurants. Klare Empfehlung ist das zauberhafte Kranhauscafé direkt an der Spree.

Karte
Pharus-Plan Berlin–Lichtenberg, Marzahn-Hellersdorf, 1:17 500

Information
Touristinformation Treptow-Köpenick
030 655 75 50/51
www.tkt-berlin.de

Eine gemütliche Radtour durch die vielleicht weniger bekannten Ecken von Lichtenberg. Es ist hier teilweise so grün, wie man es so nah am Stadtzentrum kaum vermuten würde. Warum in die Ferne schweifen, das Grüne liegt so nah.

Los geht es am S-Bahnhof Nöldnerplatz in Lichtenberg. Man radelt auf der Lückstraße Richtung Osten. Auf Höhe der Emanuelstraße führt rechts ein Fußweg in einen Park. An dieser

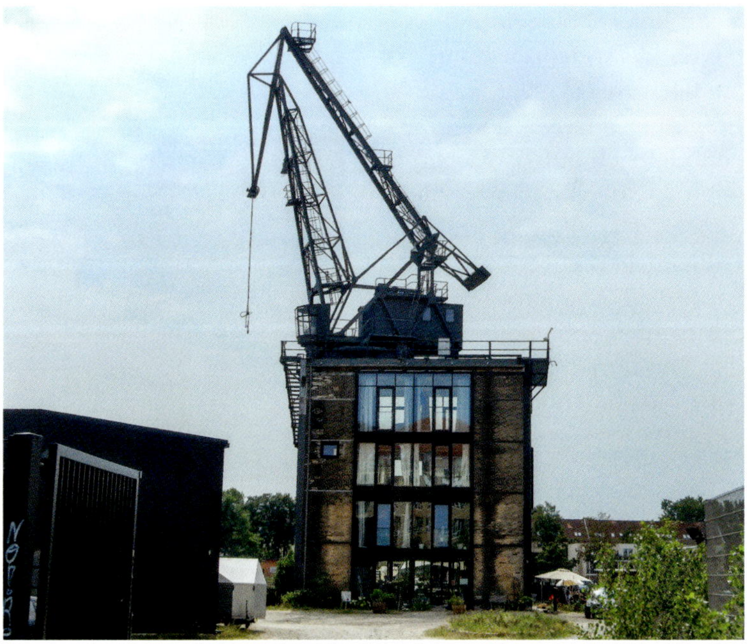

Stelle muss man sein Fahrrad über den Bordstein heben, dieser ist hier nicht abgesenkt.

Nach ca. 80 m links halten in eine Kleingartenanlage und vorbei an den idyllischen Schrebergärten mit Hollywoodschaukel und Obstbäumen. Am Ende der Anlage leicht links halten auf einen Fußweg entlang des Kraatz-Tränke-Grabens. Der kleine

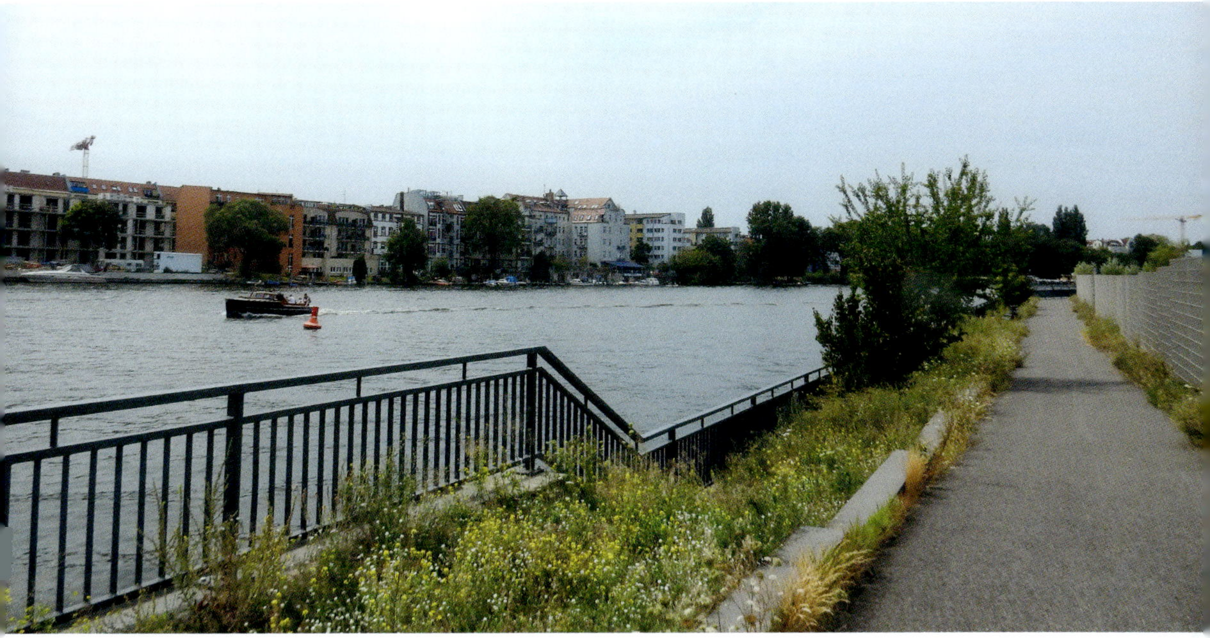

Bach ist umsäumt von Schatten spendenden Bäumen, links und rechts reihen sich flache Mehrfamilienhäuser aneinander.

Ein Stück entlang der Spree

Linke Seite: Das schnuckelige Kranhauscafé ist unbedingt einen Besuch wert.

Am Bahnhof Rummelsburg links abbiegen und weiter am Bach entlang. Die Umgebung wechselt zwischen Parkanlagen und grünen Wohngebieten ab. Es lässt sich wunderbar auf den teilweise asphaltierten oder sandigen Wegen radeln.

Kranhauscafé

Was passt besser zur Industriekultur von Schöneweide als ein Café in einem alten Kranhaus der Kabelwerke Oberspree (KWO)? Serviert werden leckere Kaffeespezialitäten, Kuchen, Panini oder Quiches. Alles mit Blick auf die Spree. Öffnungszeiten Di–So 10–20 Uhr.

Am Ende erreicht man die Erich-Kurz-Straße. Es folgt ein kurzes Stück durch ein Wohngebiet. An der nächsten Kreuzung rechts abbiegen und dem Straßenverlauf folgen zur Otto-Schmirgal-Straße. Dort links halten bis zur Straße am Tierpark. Wer möchte, kann dem Tierpark noch einen Besuch abstatten. Sonst rechts abbiegen und vorbei an der HTW fahren.

An der Kreuzung zur Waldowallee links einbiegen und dann die nächste gleich wieder links. Hier geht es durch eine idyllische Einfamilienhaussiedlung. In der Rheinstraße links befindet sich das Deutsch-Russische-Museum und passend dazu befinden sich an der nächsten Kreuzung alte Flugzeughallen. Viel mehr als die Kuppelhallen ist heute jedoch nicht übrig.

Es geht einmal um das Gelände herum und dann wieder zurück auf die Köpenicker Allee. Dort links schwenken und bis zum Ende radeln. Ein kleiner Fußweg führt auf die Rudolf-Rühl-Allee, dort weiter geradeaus halten. Ein Stück die Straße entlang, dann rechts über die Brücke über den Bahngleisen fahren. Hinter der Kurve links abbiegen und dann weiter links halten. Es geht geradewegs in die Wuhlheide.

Hinter der Steinbrücke, wo es linker Hand zum Kinderzentrum FEZ geht, nach rechts wenden auf einen Wanderweg. Dieses Teilstück führt auf verwunschenen Pfaden durch den naturbelassenen Park. Dort ist es so unglaublich grün; es fühlt sich an wie Brandenburg.

Der Weg ist eher ursprünglich über Stock und Stein. Unplattbar-Reifen sind hier auch empfehlenswert. Kurz vor der Straße An der Wuhlheide befindet

Waldfriedhof Oberschöneweide

Der Waldfriedhof wurde Anfang des 20. Jahrhunderts im Auftrag von Emil Rathenau errichtet. Und obwohl die Familie Rathenau nicht in Oberschöneweide wohnte, wurden alle Mitglieder auf diesem Friedhof beigesetzt. Die Anlage steht unter Denkmalschutz.

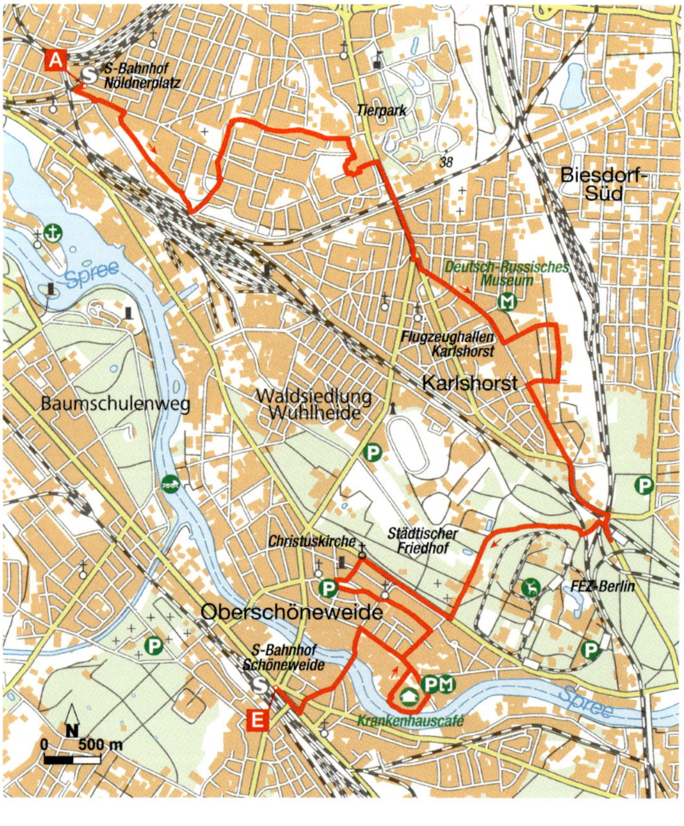

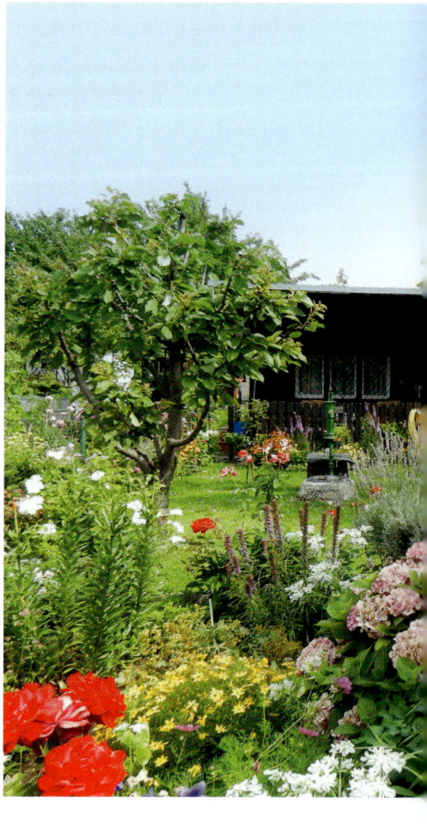

sich rechter Hand der Städtische Waldfriedhof Oberschöneweide. Hier liegt u. a. die Familie Rathenau begraben, darunter auch der Industrielle, Schriftsteller und ehemalige Außenminister Walther Rathenau.

Hinter dem Friedhof rechts abbiegen und an der Triniusstraße links in ein Wohngebiet fahren. Am Griechischen Park einmal halb herum radeln und weiter auf der Griechischen Allee. An der Firlstraße ragt die schöne Christuskirche zwischen den Altbauten empor. Der Straße weiter geradeaus bis zum Ende folgen, dann rechts schwenken. Am HTW-Gelände links abbiegen und in der Kurve rechts halten Richtung Spree.

Am Ufer befindet sich hier das wunderbare Kranhauscafé. Tolle Atmosphäre, leckere Kuchen. Dahinter rechts einbiegen und am Ufer entlang radeln. Vor der HTW-Mensa führt rechts ein Weg hinein, der zurück zur Wilheminenhofstraße führt. Dort links abbiegen. An der Lauffener Straße erneut nach links wenden und über den Kaisersteg fahren. Dem Straßenverlauf folgen und am Ende nach rechts schwenken zum S-Bahnhof Schöneweide.

Links: Kleingarten-Idylle

Entlang des Kraatz-Tränke-Grabens

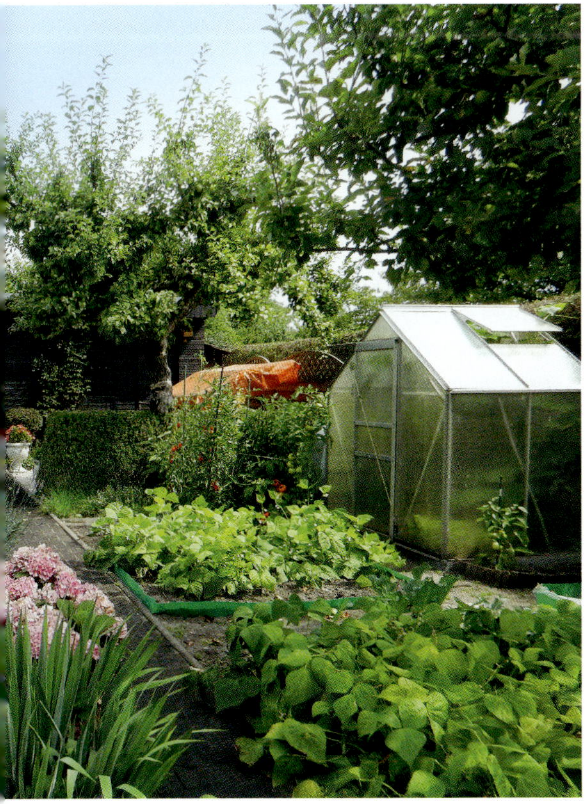

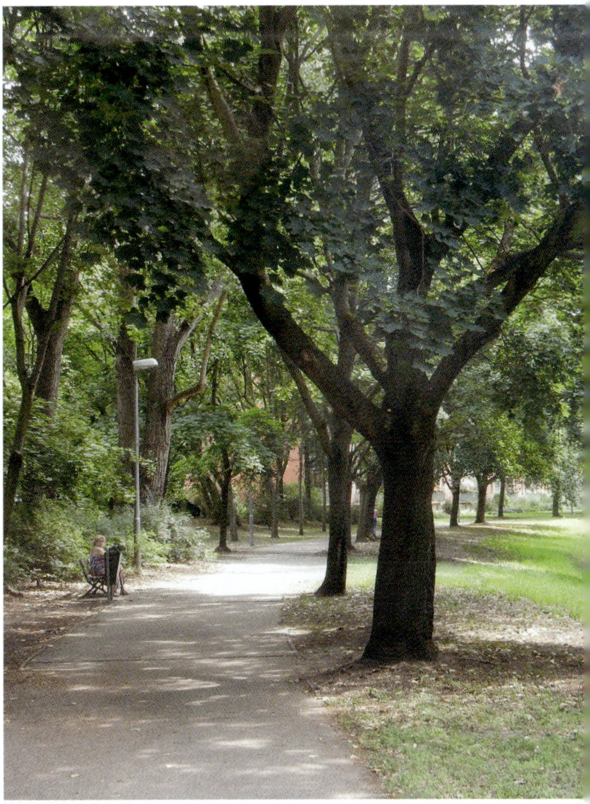

18 Zu den Gärten der Welt

Landschaftskunst aus fünf Kontinenten

Leicht | 17 km | ↑70 m ↓70 m | 1.30 Std.

Tourencharakter
Schöne abwechslungsreiche Einweg-Radtour von Mitte zu den Gärten der Welt. Sie führt entlang an Hauptstraßen mit Radweg oder durch ruhige Nebenstraßen. Aufgrund der Kürze und des Ziels eignet sie sich ideal für Familien mit Kindern.

Ausgangs-/Endpunkt
S+U-Bahnhof Alexanderplatz
U-Bahnhof Cottbusser Platz

GPS
52° 31‘ 18.77“ N
13° 24‘ 48.90“ E

Anfahrt
Bus/Bahn: Anreise S3, S5, S7, S9, S75 sowie Regionalverkehr bis S-Bahnhof Alexanderplatz. Rückreise U5 ab U-Bahnhof Cottbusser Platz.

Einkehr
Die meisten Einkehrmöglichkeiten finden sich noch in Friedrichshain. Danach wird es eher überschaubar. Auf dieser Radtour empfiehlt sich jedoch ganz klar ein Picknick in den Gärten der Welt. Daneben kann man aber auch in einem der dortigen Cafés einkehren.

Karte
Pharus-Plan Berlin – Mittlere Ausgabe, 1:16000

Information
visitBerlin
Tel. 030 25 00 23 33
www.visitberlin.de

Vom Alexanderplatz aus radelt man zu den Gärten der Welt in Marzahn, einem der wohl schönsten Parks der Stadt. Gärten sind in allen Kulturen ein Ort der Schönheit, des Friedens und der Glückseligkeit. Diese Gemeinsamkeit zeigt sich hier in den Gärten aus allen Kontinenten.

Die Tour beginnt am S+U-Bahnhof Alexanderplatz. Von dort fährt man zur Karl-Marx-Allee und radelt Richtung Osten. Bis zum Strausberger Platz erstrecken sich hier die berühmten Plattenbauten des 2. Bauabschnitts der Allee. Dieser dokumentiert eindrucksvoll den Paradigmenwechsel in der Stadtentwicklung in der DDR von »nationaler Tradition« (wie die Stalinbauten weiter hinten) zur »Moderne«. Eine offene und grüne Stadt war die Idee.

Museumswohnung WBS 70

In der Hellersdorfer Straße 179 können Sie in die Vergangenheit reisen. Eine Dreizimmerwohnung in einem DDR-Plattenbau wurde größtenteils in ihren Urzustand versetzt. Voll möbliert und eingerichtet, von der Schrankwand bis zum Salzstreuer. Öffnungszeiten Sonntags 14–16 Uhr (außer Feiertage), nur nach Absprache. Infos unter https://www.stadtundland.de/Unternehmen/Museumswohnung.php.

Fun Fact: Bei näherer Betrachtung fällt auf, dass die Plattenbauten alle symmetrisch angeordnet sind. Alle Wohnzimmer zeigen zur Südseite, um mehr Sonnenlicht reinzulassen und vermutlich auch Energie zu sparen. Die Wohnzimmer der 10-Geschosser auf der Nordseite sind gleichauf mit den Hausfluren der 10-Geschosser der Südseite. Damit es symmetrisch ist, haben die Hausflure ebenfalls große Fenster mit Ziergittern wie die Wohnzimmer auf der Nordseite.

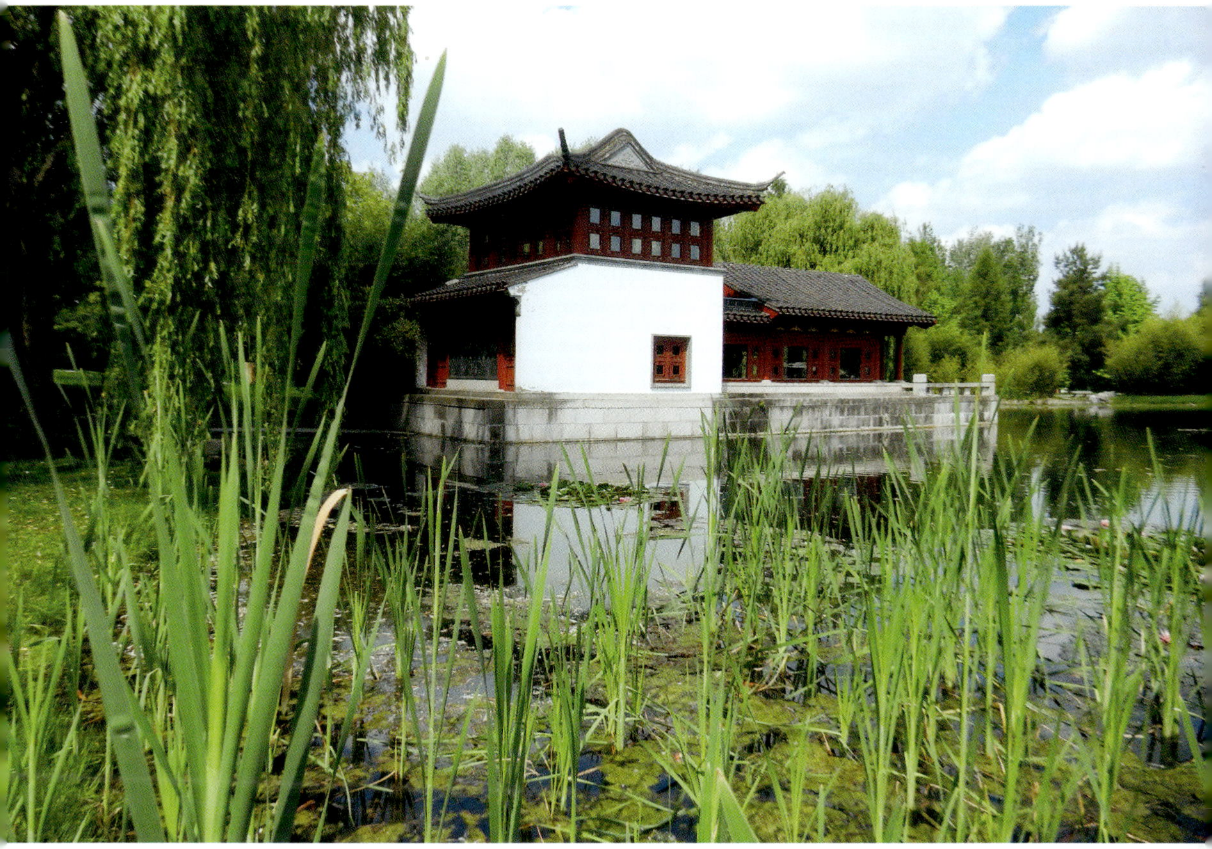

Der Chinesische Garten in den Gärten der Welt

Es geht vorbei am Kino International und dem Café Moskau. Die riesigen Plattenbauten sind in Weiß gehalten und weiter hinten platziert, um sie weniger groß wirken zu lassen und mehr Platz auf dem Bürgersteig zu haben. Die weiter vorne liegenden kleinen Würfel sind gelb und sollen die Aufmerksamkeit von den Plattenbauten weglenken.

Am Strausberger Platz angekommen, nimmt man die 3. Ausfahrt auf die Lichtenberger Straße. An der Palisadenstraße rechts schwenken. Benannt ist diese Straße nach den Verteidigungsanlagen, die hier um 1735 errichtet wurden. Vorbei an der Pius-Kirche und dem Umspannwerk.

An der Friedenstraße rechts einbiegen und gleich wieder links auf den Weidenweg. Über den Bersarinplatz hinweg weiter auf dem Weidenweg und über den Forckenbeckplatz. Der Wandel dieses Bezirks lässt sich wohl am besten anhand der Townhouses entlang der Eldenaer Straße beschreiben. An der Eldenaer Straße rechts abbiegen und immer geradeaus. Wer mag, kann an der Ruschstraße rechts abbiegen für einen Besuch im Stasi-Museum. Sonst führt der Weg geradeaus bis zum Ende. Dann links und gleich wieder rechts schwenken zum Landschaftspark Herzberge. Auf den Grünflächen hier grasen Rauhwollige Pommersche Landschafe, und das mitten in Lichtenberg.

Vor der Herzbergstraße rechts einbiegen und vorbei am Krankenhaus Königin Elisabeth. Man gelangt auf die Allee der Kosmonauten. Hier immer gerade aus. Wenn die Straße einen Knick macht, rechts schwenken auf die Eitelstraße. Nun geht es eine Weile geradeaus bis zum Blumberger Damm. Dort schräg rechts halten auf den Buckower Ring. Einmal quer durch das Wohngebiet bis zur Cecilienstraße. Dort nach rechts wenden.

Hinter der Wuhle führt linker Hand ein Rad- und Wanderweg entlang. Diesem folgt man bis zur Eisenacher Straße, wo man links abbiegt zu den Gärten der Welt. Das Fahrrad kann nicht mit in den Park genommen werden, dafür gibt es Abstellplätze.

Die verschiedenen Themengärten sind im Zuge der Berliner Gartenschau 1987 entstanden. Sie wurden als Gegenstück zum Britzer Garten im Westteil der Stadt errichtet. Wer eine schöne Aussicht genießen möchte, dem sei der Aufstieg auf den Kienberg empfohlen.

Gärten der Welt

Auf 43 ha laden zehn Themengärten, neun Gartenkabinette und zahlreiche weitere Attraktionen zum Verweilen ein. Seit 2018 gibt es mit der Seilbahn eine weitere Attraktion. Die Gärten sind im Sommer täglich von 9 Uhr bis zum Einbruch der Dunkelheit geöffnet. Eintritt Erwachsene 7 Euro, ermäßigt 3 Euro (exkl. Seilbahn). Veränderte Preise und Öffnungszeiten von November bis März.

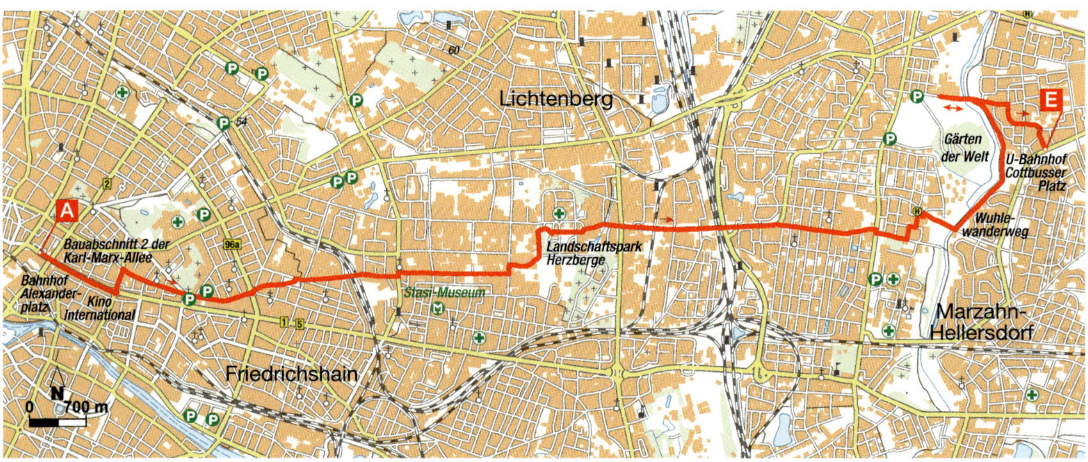

Die Gärten sind auch ideal für ein Picknick in der Sonne. Einige Spielplätze bieten Abwechslung für Kinder. Nach dem Besuch des Parks geht es zurück entlang der Eisenacher Straße. An der Gothaer Straße rechts abbiegen. Hinter der Alten Hellersdorfer Straße rechts schwenken und geradewegs zum U-Bahnhof Cottbusser Platz radeln, von wo aus die Heimreise angetreten werden kann.

Links oben: Der Urtypus eines Klostergartens: der Wandelgang. Rechts oben: Kaum zu glauben, dass man noch in Berlin ist. Rechts unten: Im orientalischen Garten dürfen Zitronenbäume nicht fehlen. Links unten: Der Park lädt zum Verweilen ein.

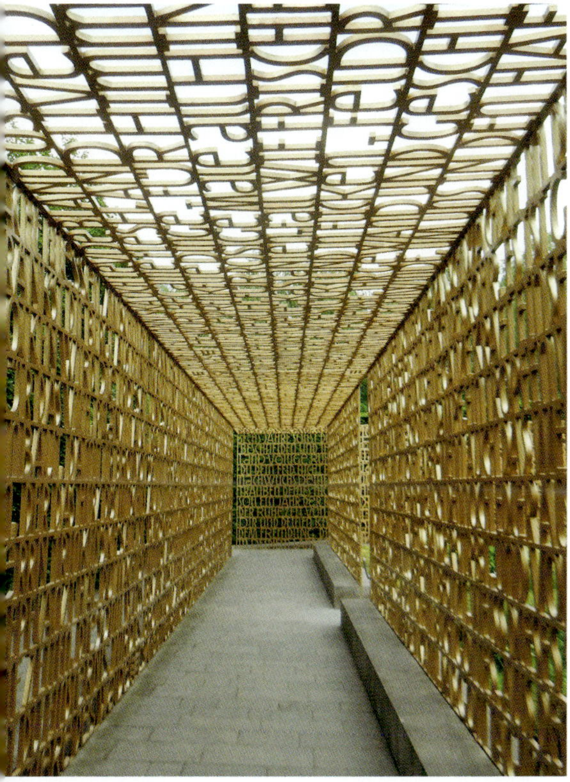

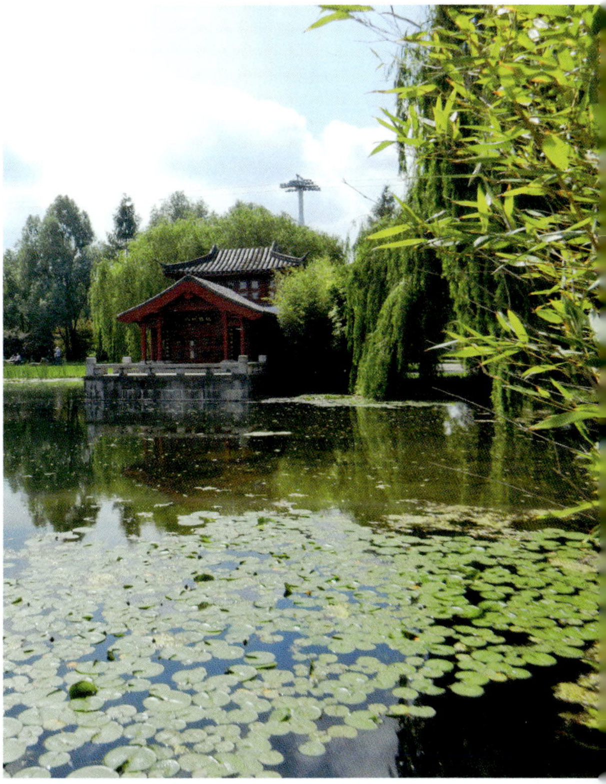

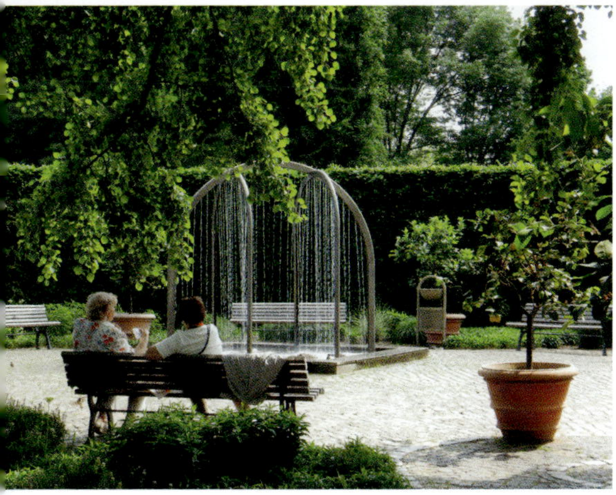

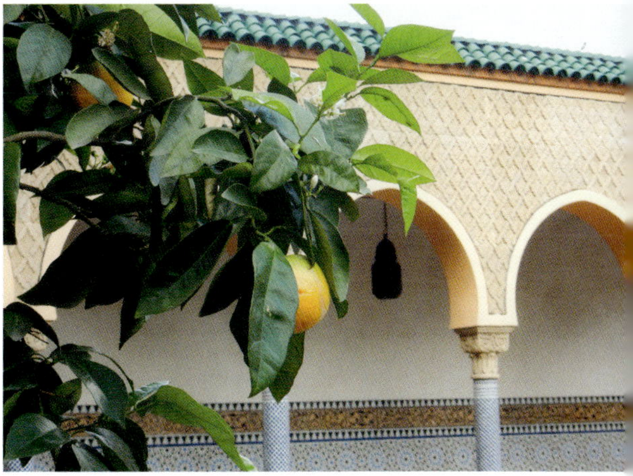

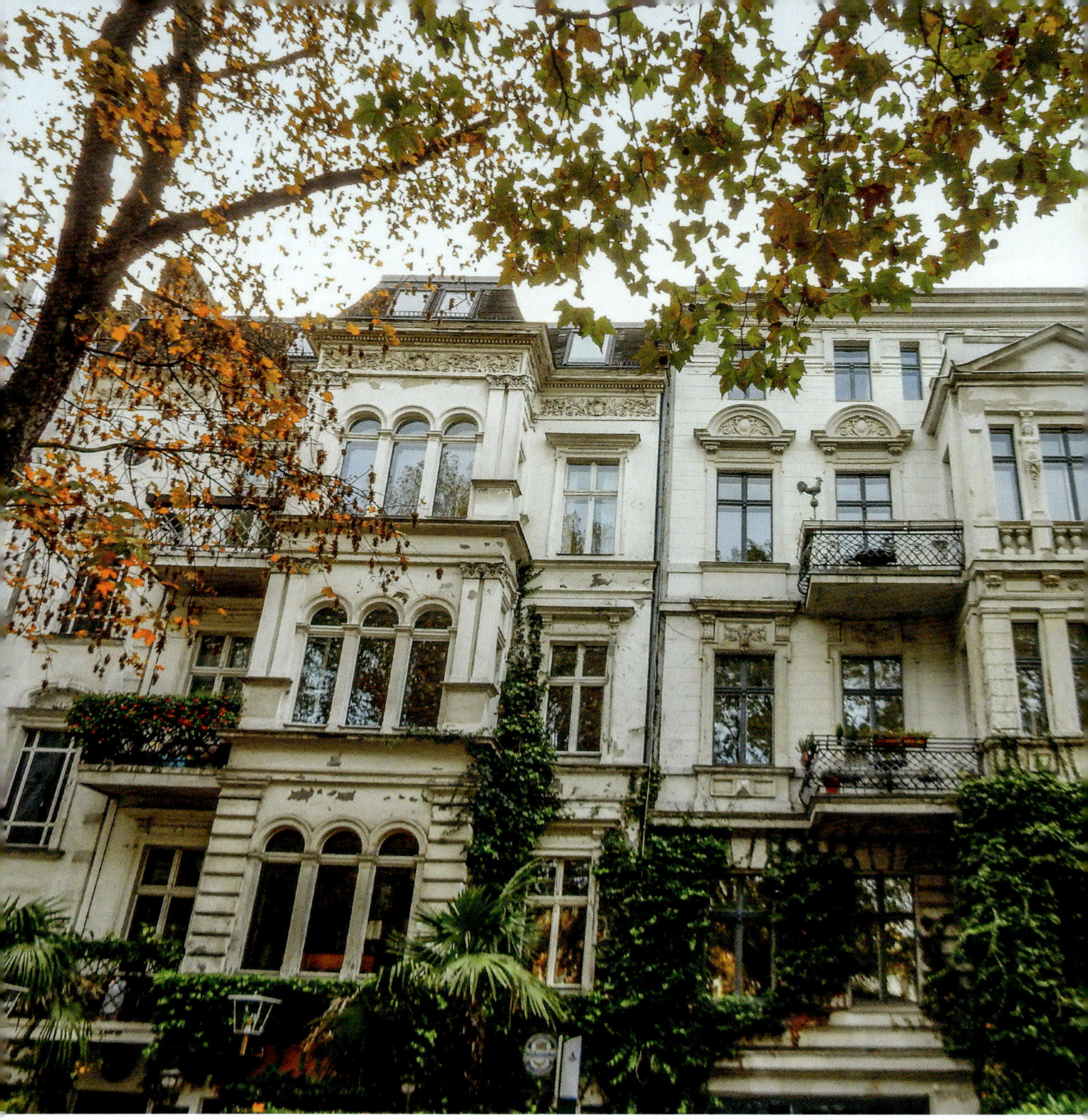

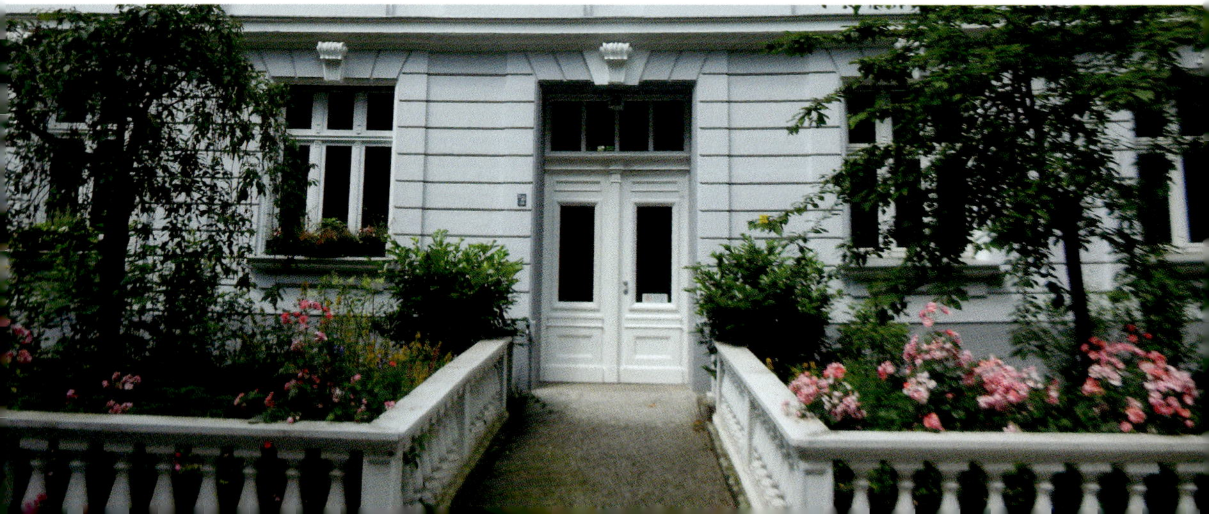

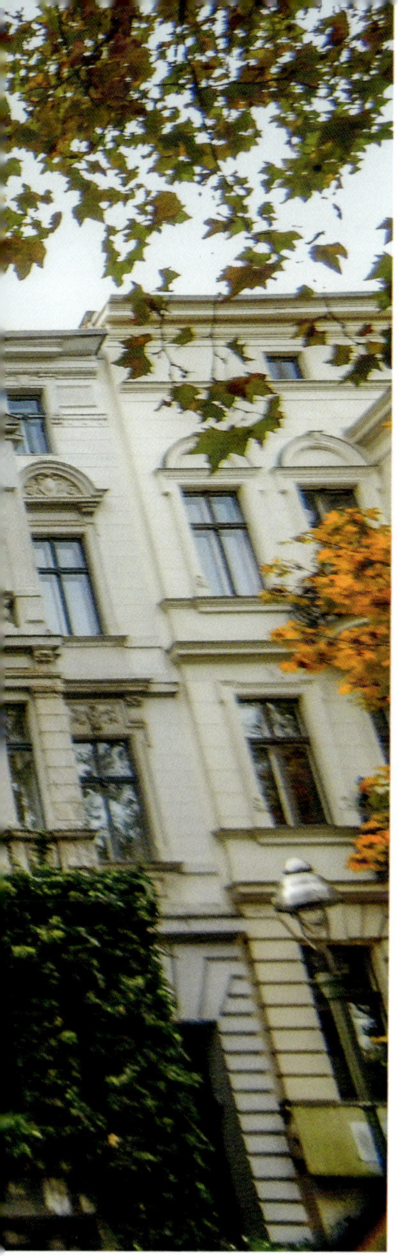

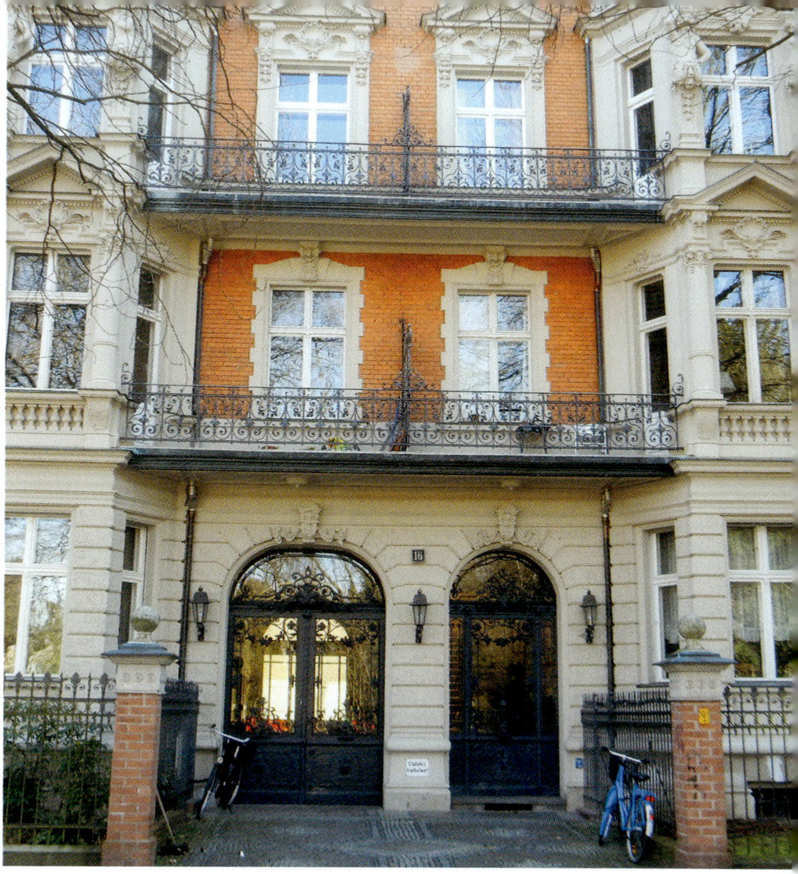

Villen und Gründerzeitbauten

Charlottenburg (Tour 19) (o. li.). Wilmersdorf (Tour 22) (o. re.). Steglitz (Tour 20) (u. re. und u. li.)

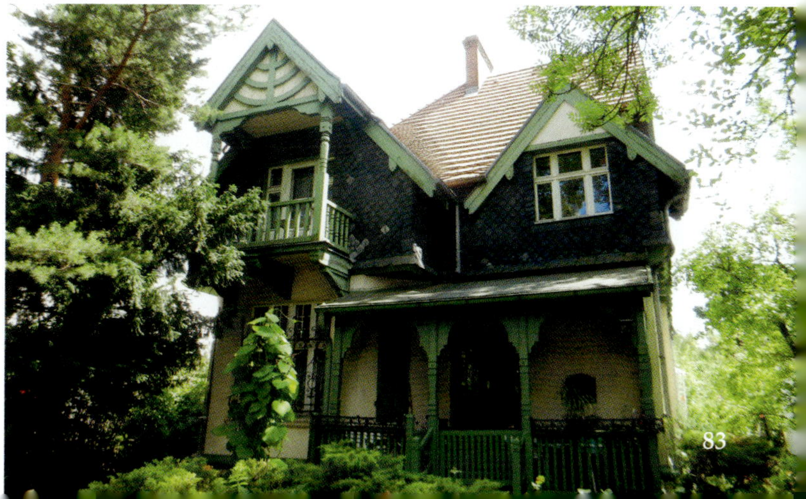

19 Charlottenburg

Großbürgerliche Altbauten, prachtvolle Villen

Mittel | 23 km | ↑100 m ↓90 m | 1.50 Std.

Tourencharakter
Mittelschwere Fahrradtour auf unterschiedlichen Untergründen – von Asphalt über Kopfsteinpflaster bis hin zu Waldboden ist alles vertreten. Sie führt überwiegend entlang ruhiger Nebenstraßen oder durch Parks.

Ausgangs-/Endpunkt
S-Bahnhof Zoologischer Garten

GPS
52° 30‘ 25.1“ N
13° 20‘ 01.1“ E

Anfahrt
Bus/Bahn: S3, S5, S7, S9, S75, U1, U2, U3, U9 sowie Regional- und Fernverkehr bis/ab S+U-Bahnhof Zoologischer Garten.

Einkehr
Diese Tour bietet eine Vielzahl von Einkehrmöglichkeiten entlang der Strecke. Vom Imbiss bis zum Nobelrestaurant ist alles dabei. Die meiste Auswahl gibt es rund um den Savignyplatz. Empfehlenswert sind neben dem Biergarten Schleusenkrug, die Schnitzelei am Iburger Ufer, das CapRivi an der gleichnamigen Brücke sowie das Schwarze Café an der Kantstraße.

Karte
Pharus-Plan Berlin – Mittlere Ausgabe, 1:16000

Information
visitBerlin
Tel. 030 25 00 23 33
www.visitberlin.de

Die meisten kennen wohl nur das schöne Schloss, aber dieser beschauliche Bezirk hat weitaus mehr zu bieten. Alles ist ein wenig stilvoller, traditionsbewusster und eleganter als sonst in Berlin.

Startpunkt ist der S-Bahnhof Zoologischer Garten. Zunächst geht es Richtung Norden auf den Fußweg zwischen Bahntrasse und Zoo. Man kann hier teilweise in die Gehege des angrenzenden Zoos hineinschauen. Vorbei am Biergarten Schleusenkrug und dem Gaslaternen-Freilichtmuseum zum Hansaviertel. Dieses Wohnviertel wurde im Rahmen der Interbau 1957 geplant und in den Folgejahren realisiert. Es gilt als Beispiel moderner Stadtplanung und Architektur jener Zeit. Man radelt entlang der Klopstockstraße. An der Flensburger Straße links schwenken und an der Lessingstraße erneut links zurück zur Straße des 17. Juni.

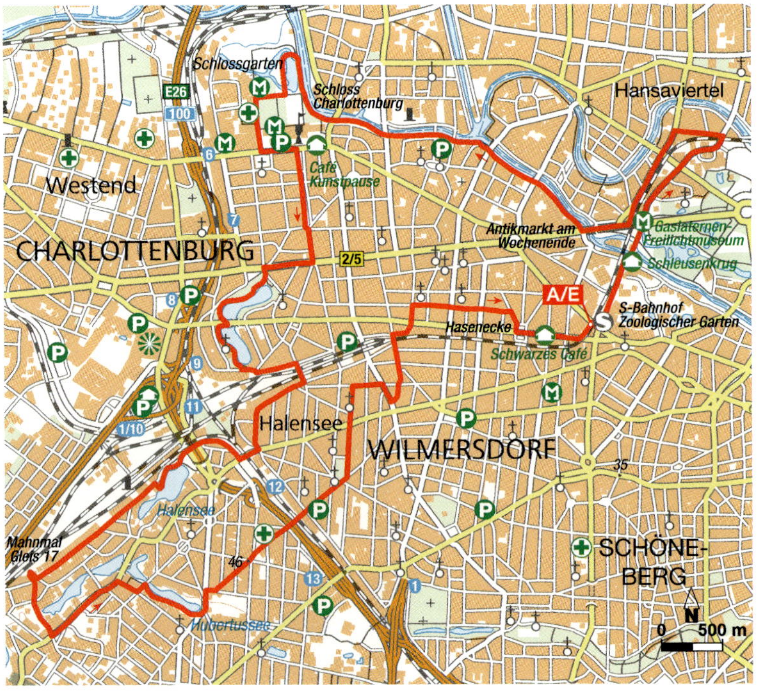

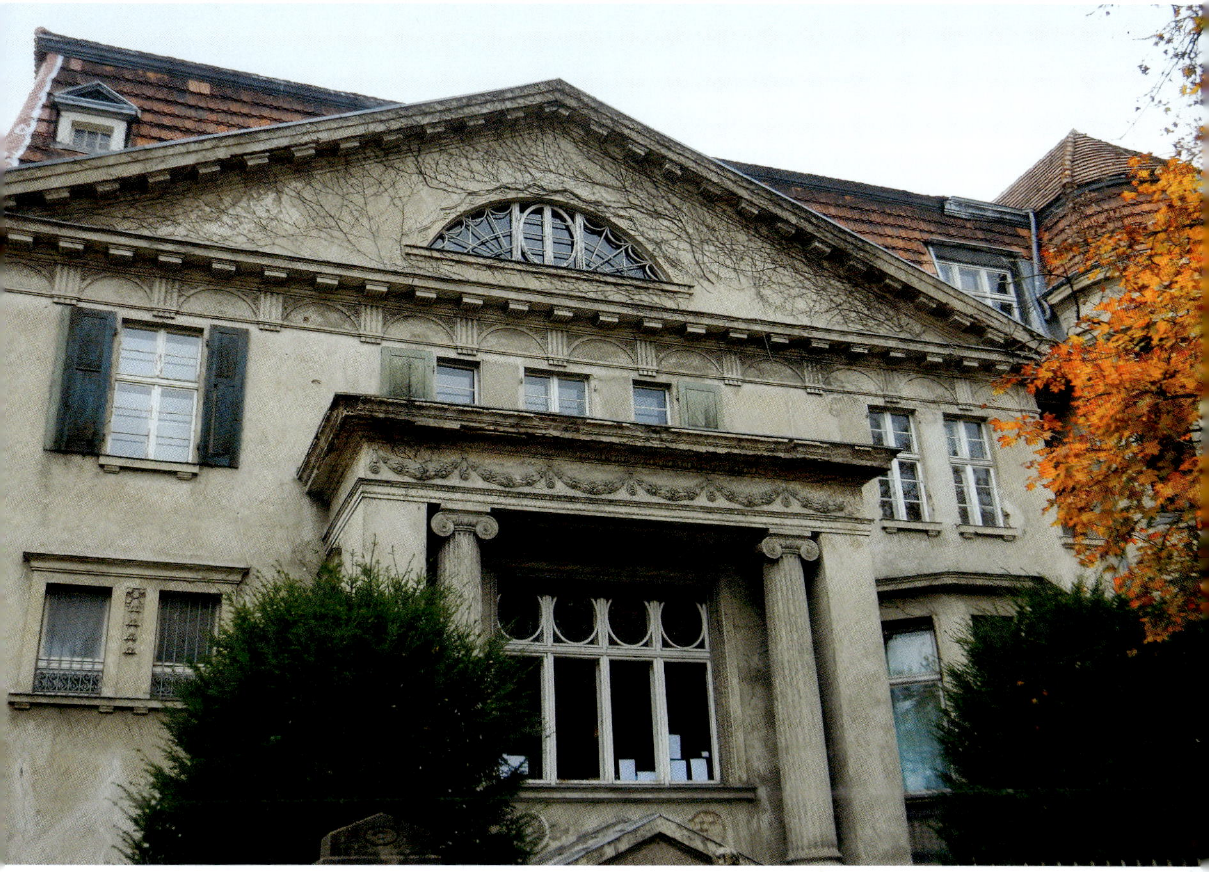

Villen gehören zum Stadtbild von Charlottenburg.

Hier findet jedes Wochenende der wohl größte Antikmarkt Berlins statt. Weiter über den Landwehrkanal und dahinter rechts auf den Fußweg entlang des Ufers. Man kann hier bis zum Schloss Charlottenburg wunderbar am Wasser entlang radeln.

An der Marchstraße links und die nächste gleich wieder rechts durch beschauliche Wohngebiete. Vorbei an Alt-Lietzow bis zur Wintersteinstraße. Dort rechts halten und weiter am Ufer entlang fahren. Der Weg führt nahtlos in den Schlossgarten vom Schloss Charlottenburg.

Frühstück den ganzen Tag

Das Schwarze Café ist rund um die Uhr geöffnet und konnte bereits David Bowie und Iggy Pop als Gäste begrüßen. Die entspannte Atmosphäre wird von einer großen Auswahl an Speisen und Getränken begleitet – und eben einem ganztägigen Frühstücksangebot.

Der Schlossgarten (Eintritt frei) ist zu jeder Jahreszeit magisch. Es geht eine Runde durch den Park. Von der Brücke am Karpfenteich hat man einen tollen Blick auf das Schloss. Wieder zurück zum Spandauer Damm. Dort links einbiegen

Architektur-Fans kommen hier auf ihre Kosten.

und an der Schloßstraße rechts. Direkt vorn befindet sich im Museum Scharf-Gerstenberg das Museumscafé Kunstpause, welches auch ohne Eintritt zugänglich ist und zu einer Pause einlädt. Auf der Schloßstraße wechseln tolle Gründerzeitbauten mit der einen oder anderen Bausünde. Das gibt dieser Straße ein besonderes Flair. Man fährt bis zum anderen Ende

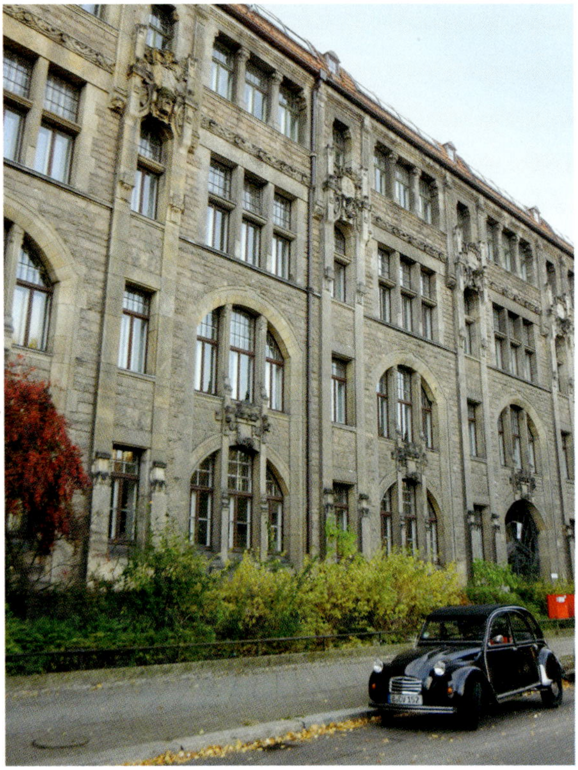

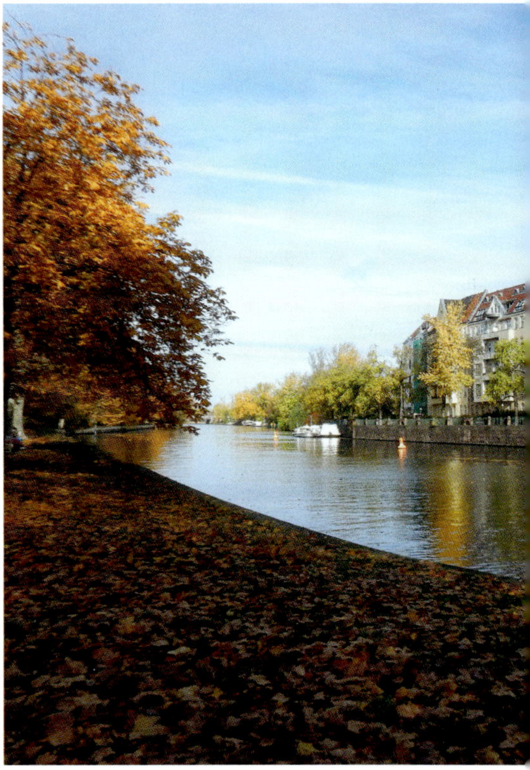

Gleis 17

Während des Zweiten Weltkriegs wurden 50.000 Juden vom Bahnhof Grunewald deportiert. Auf beiden Seiten der Gedenkstätte Gleis 17 wurden Platten verlegt, die in chronologischer Reihenfolge die Deportationen dokumentieren. Das Mahnmal wurde am 27. Januar 1998, dem Jahrestag der Befreiung von Auschwitz, eingeweiht und ist öffentlich zugänglich.

der Schloßstraße und schwenkt am Kaiserdamm nach rechts. Nach etwa 500 m geht es nach links entlang der Westseite des pittoresken Lietzensees. Die schönen Altbauten rings herum sind magisch. An der Südseite verlässt man den Park und fährt links auf die Suarezstraße und weiter auf der Rönnestraße.

Einmal um das Westkreuz herum, daher nun immer rechts halten. Man überquert die A100 und radelt in den Park am Halensee. Man kann hier auch ein Stück am Ufer entlang fahren.

Entlang der Trabener Straße zum Bahnhof Grunewald mit dem Mahnmal Gleis 17. Es geht weiter entlang von Fontanestraße, Königsallee und Delbrückstraße zum Hubertussee. Dieser See ist zauberschön. Man kann auch hier ein Stück am Südufer entlangradeln, der Weg ist allerdings unbefestigt. Am Ende des Sees links und dann rechts auf die Paulsborner Straße. Hier

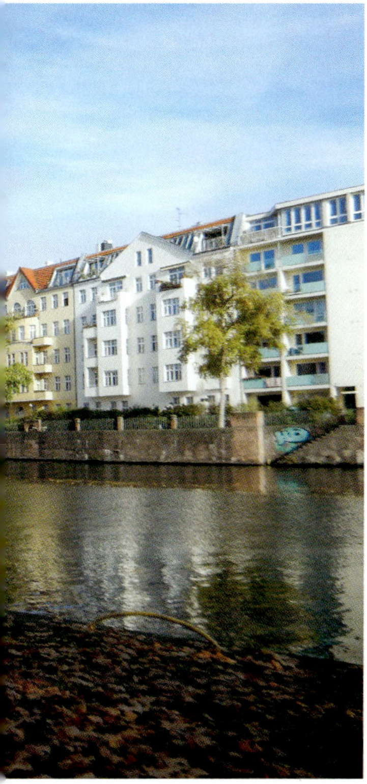

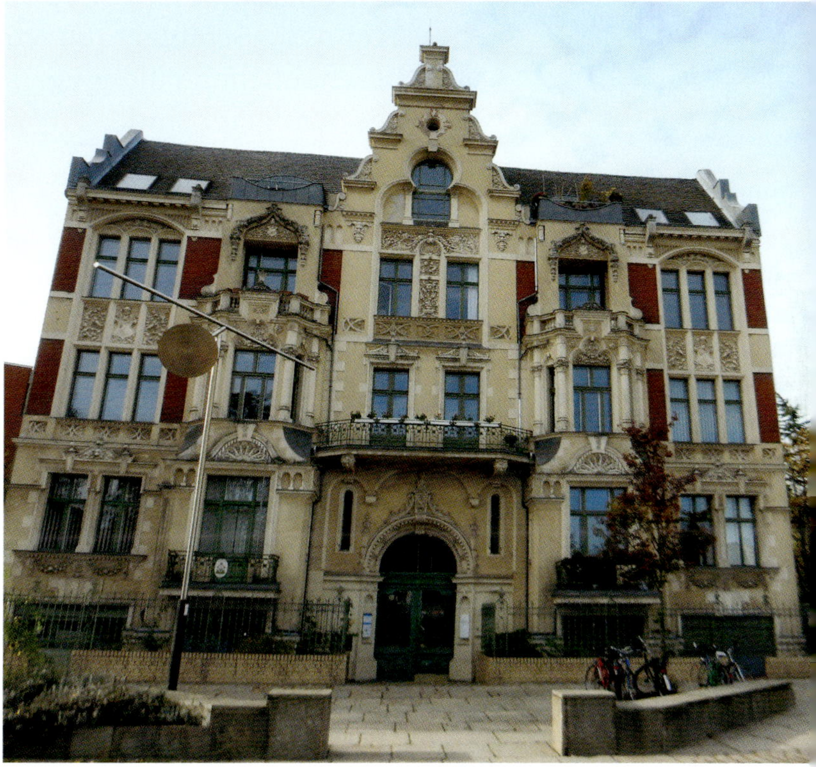

und da stehen ein paar schöne Villen. An der Cicerostraße links schwenken, bis zum Ende dann rechts. Ein kleiner Schlenker über die Lewishamstraße und dann links auf die Wilmersdorfer Straße.

Die Altbauten auf dieser Tour sind eine Pracht.

Links: Der Schlosspark Charlottenburg ist zu allen Jahreszeiten einen Besuch wert.

An der Krumme und Pestalozzistraße rechts abbiegen. Am Karl-August-Platz findet samstags immer ein Wochenmarkt statt. Bis zum Ende radeln und dann erneut rechts. Der Savignyplatz darf auf einer Radtour durch Charlottenburg nicht fehlen. Am Imbiss Hasenecke kann man sich zur Currywurst auch einen Champagner bestellen. Willkommen in Charlottenburg. Und das Schwarze Café hat nicht nur rund um die Uhr geöffnet, sondern serviert auch ganztägig Frühstück. Über die Kantstraße geht es zurück zum S-Bahnhof Zoologischer Garten.

20

Steglitz

Von der Schloßstraße zur Stadtgrenze

Mittel | 25 km | ↑46 m ↓45 m | 1.30 Std.

Tourencharakter
Auf Radwegen und Nebenstrecken geht es kreuz und quer durch Berlin-Steglitz. Teilweise muss man Kopfsteinpflasterstraßen durchqueren, wird aber mit dem Ausblick auf schöne Villen belohnt.

Ausgangs-/Endpunkt
S-Bahnhof Feuerbachstraße

GPS
52° 27' 50.3" N
13° 19' 59.1" E

Anfahrt
Bus/Bahn: S 1 bis/ab S-Bahnhof Feuerbachstraße

Einkehr
In den beschaulichen Wohngebieten um Lichterfelde und Steglitz finden sich hier und da immer wieder wahre gastronomische Kleinode. So z. B. das Kaffeehaus Frau Lüske, das Weiße Rössl mit bayerischen Gerichten oder das Eiscafé Eskimo.

Karte
Bikeline Radkarte Berlin Südwest, 1:60 000

Information
visitBerlin
Tel. 030 25 00 23 33
www.visitberlin.de

Diese Radtour ist genau richtig für einen Sonntag. Wenn die Schloßstraße wunderbar leer ist und die beschaulichen Villengegenden in Lichterfelde noch beschaulicher sind.

Ausgangspunkt der Radtour ist der S-Bahnhof Feuerbachstraße. Über die gleichnamige Straße geht es von dort aus zur Schloßstraße. Wer hier an einem Sonntag entlangradelt, wird die sonst so belebte Schloßstraße quasi wie ausgestorben erleben.

Hinter dem ach so hübschen Bierpinsel geht es rechts in die Ahornstraße. Vorne links geht ein Fußweg rein mit beschaulichen Altbauten. Hier wird der Kontrast von Steglitz bereits sehr deutlich. Wunderschöne Altbauten stehen hier gegenüber von 1970er-Jahre-Häusern. Solche Kontraste gibt es wohl nur in Berlin.

Über Forst- und Paulsenstraße geht es weiter, an der Grillparzer Straße rechts schwenken. Hier stehen dann schon beschauliche Einfamilienhaus-Siedlungen samt Kopfsteinpflasterstraße. Auf der Grillparzerstraße geht es links in die Wohnsiedlung Steglitz II hinein. Diese Wohnanlage ist ein frühes Beispiel für eine großstädtische Siedlungsanlage in Berlin. Die Eingänge und Fassaden sind mit Bildhauerarbeiten von Walter Schmarje gestaltet. Man gelangt am Ende auf die Rückerstraße. Dort rechts schwenken zur Brentanostraße. Zwischen zwei weißen Mehrfamilienhäusern führt ein Fußweg zum Gustav-Mahler-

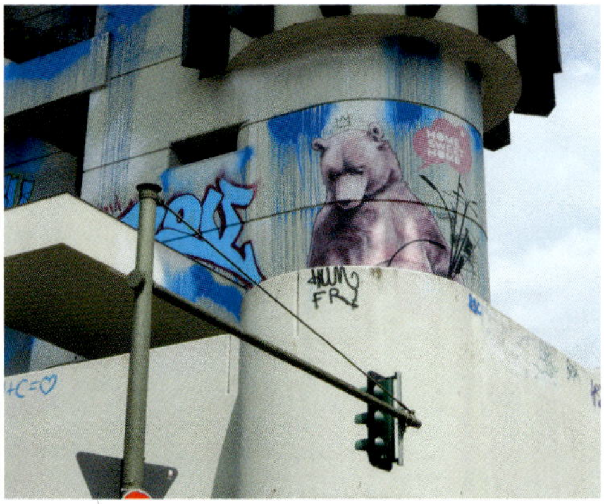

Der Bierpinsel

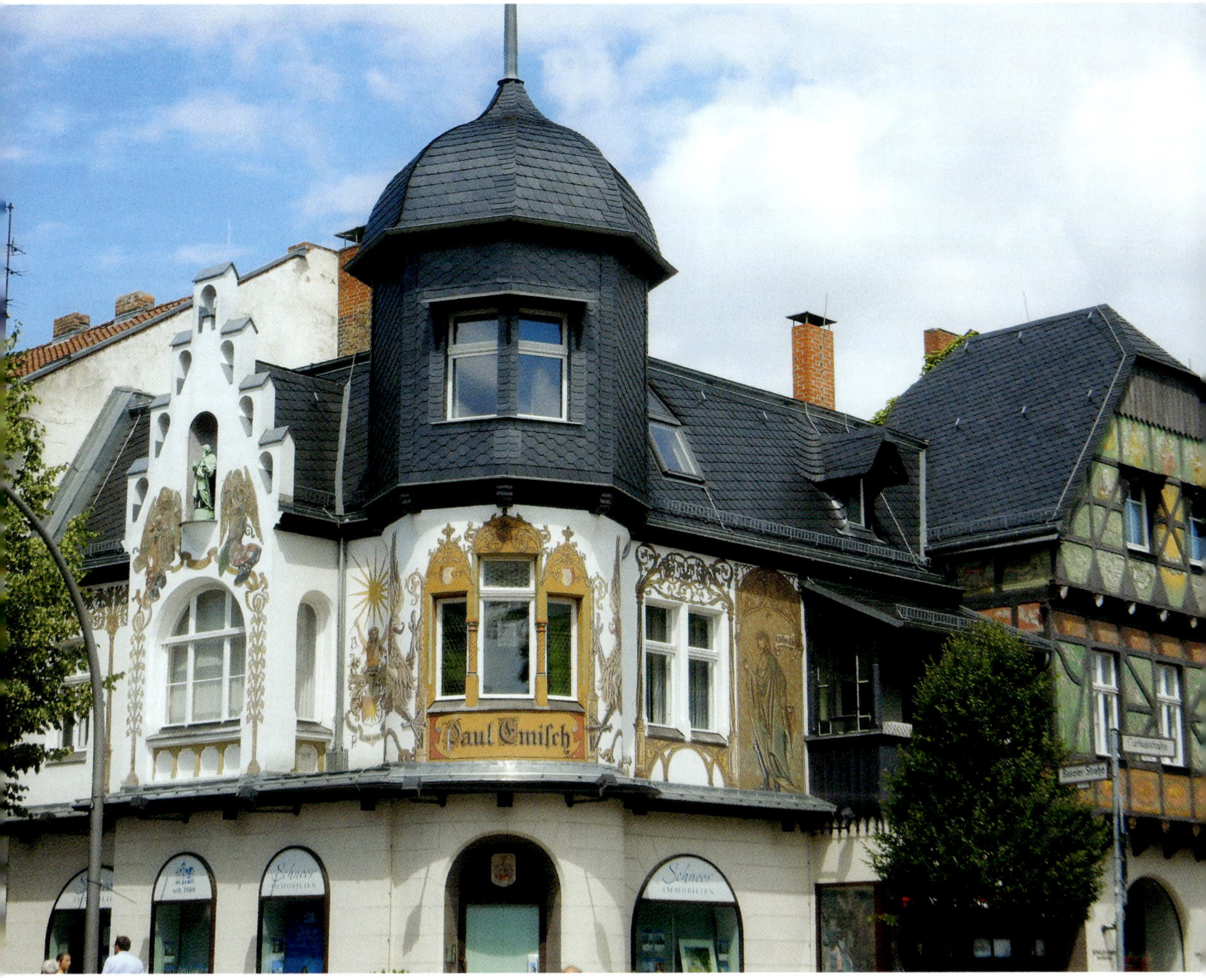

Russische Gebäude am S-Bahnhof Lichterfelde West

Platz. Ein schöner kleiner Park mit einem kleinen Teich. Davor links einbiegen.

Über die Grunewaldstraße geht es zurück zur Schloßstraße, die später zu Unter den Eichen umfirmiert. Rechter Hand befindet sich dann der Botanische Garten, der zu allen Jahreszeiten einen Besuch wert ist.

An der Drakestraße nach links schwenken zum S-Bahnhof Lichterfelde West. Vom Bahnhof geht ein kleines Nahversorgungszentrum ab mit zahlreichen Geschäften. Beeindruckend sind die Gebäude, die alle leicht russisch anmuten.

Zu Gast bei Frau Lüske

Avocado-Ciabatta, Reis-Edamame-Bowl und Pancakes, dazu vielleicht hausgemachte Zitronenlimonade, Beereneistee oder Bio-Eis. Wem das wie Musik in den Ohren klingt, der sollte dem Kaffeehaus Frau Lüske in der Baseler Straße 46 einen Besuch abstatten. Mo–Sa 9–23 Uhr, So 9–18 Uhr.

Japanische Kirschblüten

Entlang des Berliner Mauerwegs und an weiteren Orten in Berlin wurden nach der Wiedervereinigung Tausende von japanischen Kirschbäumen gepflanzt, dank einer großen Spendenaktion durch einen japanischen Fernsehsender, bei der 1 Million Euro zusammenkamen.

Auf der kopfsteinbepflasterten Baseler Straße zeugen die typischen Lichterfelder Villen mit ihren Spitzgiebeln und Türmchen von den Repräsentationsansprüchen des Bürgertums damals. Es geht nun kreuz und quer durch die Villenkolonie Lichterfelde-West. Man trifft hier immer wieder auf riesige Villen.

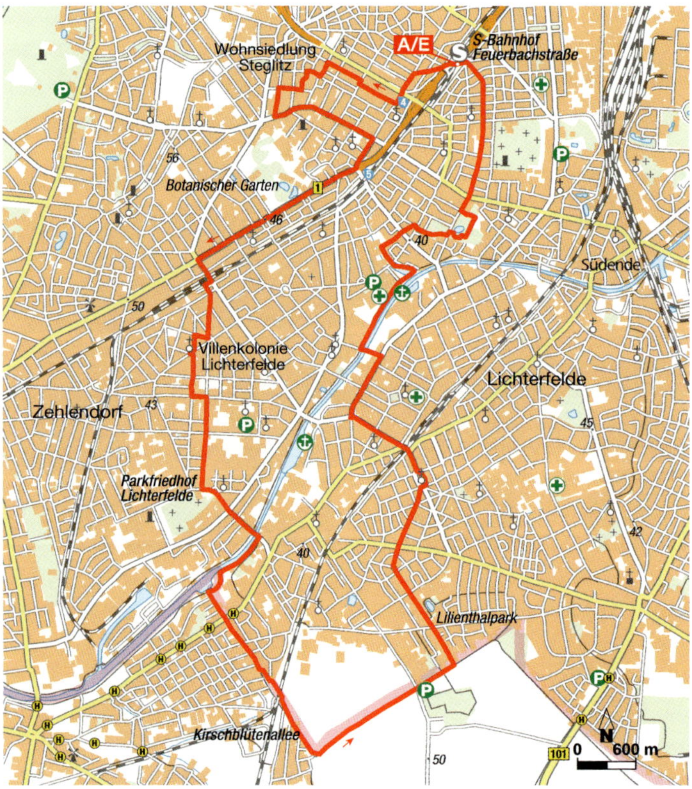

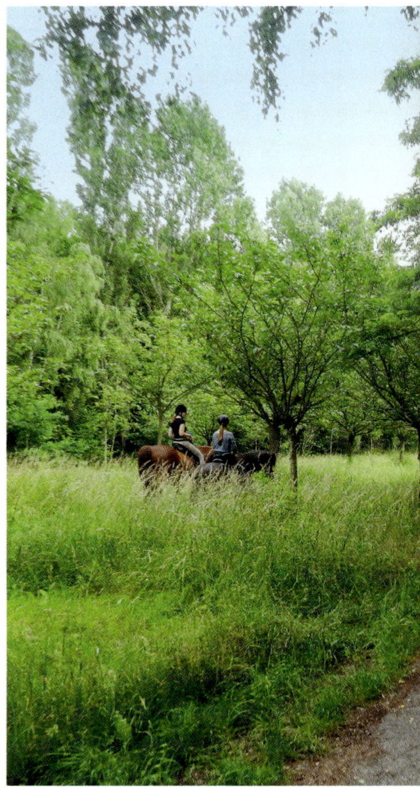

Rechts: Auf dem Berliner Mauerweg im Süden der Stadt

An der Friedrichstraße rechts abbiegen und die Nächste links auf die Kommandantenstraße. Bis zur Finkensteinstraße fahren, dort links einbiegen und gleich wieder rechts. Am Ende gelangt man zum Parkfriedhof Lichterfelde. Ein Spaziergang über den Friedhof ist zu empfehlen.

Sonst links schwenken und weiter über den Teltowkanal. Danach gleich rechts. Hier kann man auf einem Fußweg wunderbar am Teltowkanal entlangfahren. Über die Paul-Gerhardt-Straße geht es zur Kirschblütenallee. Der Weg ist wunderschön und endet an einem Feld. Links dem Weg folgen und ein Stück durch den Wald. An der Schütte-Land-Straße links einbiegen zum Lilienthalpark. Die Anhöhe wurde von Otto Lilienthal angelegt, der sie für Flugversuche nutzte.

Es geht wieder zurück Richtung Teltowkanal. An der Heinersdorfer Straße rechts halten. Bis zum Ende dann am Oberhofer Platz halb herumradeln auf den Oberhofer Weg. An der Königsberger Straße links einbiegen und am Ostpreußendamm rechts schwenken. Hinter der Boothstraße führt linker Hand

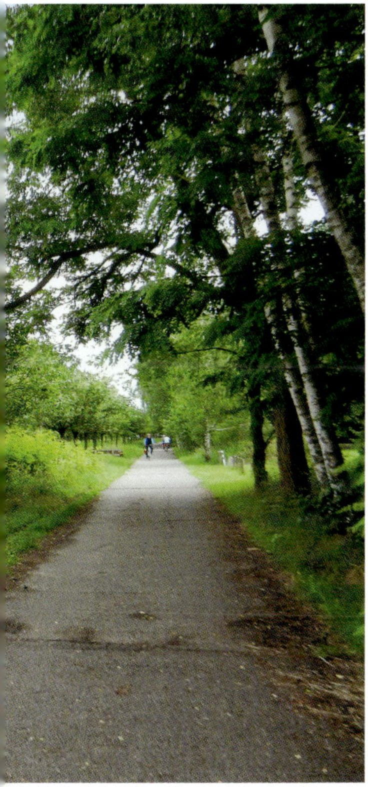

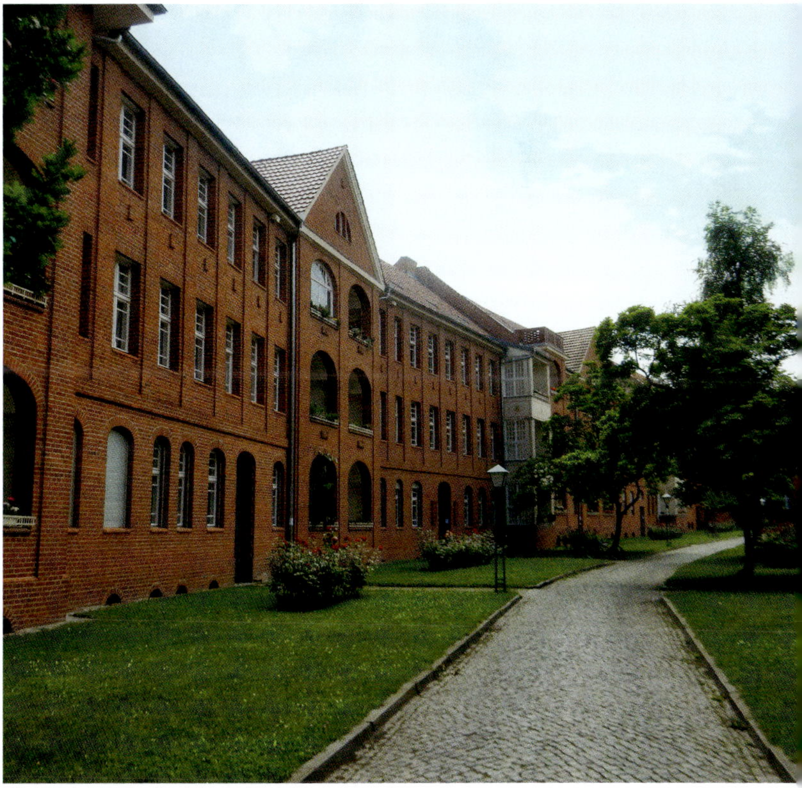

Wohnsiedlung Steglitz II

eine Fußgängerbrücke über den Teltowkanal. Dahinter rechts abbiegen am Ufer entlang, hinter dem Krankenhaus links einbiegen entlang der Bäke und am Ende rechts halten zum Stadtpark Steglitz. Dann bis zum Hauptweg fahren und hier links schwenken.

Ein Stück hinter dem Brunnen wieder links schwenken zur Sedanstraße und weiter über die Lauenburger Straße geradewegs zurück zum S-Bahnhof Feuerbachstraße.

21 Tempelhof

Berliner Flugzeuggeschichte

Mittel | 25 km | ↑240 m ↓240 m | 2 Std.

Tourencharakter
Mittelschwere Fahrradtour auf überwiegend befestigten Wegen. Aufgrund einiger Anhöhen ist eine gute Grundkondition vorteilhaft.

Ausgangs-/Endpunkt
U-Bahnhof Platz der Luftbrücke

GPS
52° 29‘ 06.1“ N
13° 23‘ 09.8“ E

Anfahrt
Bus/Bahn: U6 bis/ab U-Bahnhof Platz der Luftbrücke

Einkehr
In den Wohngebieten von Tempelhof findet man etwas abseits der Radtour gemütliche Cafés und Restaurants. Empfehlenswert sind das Café Luftbrücke, das Eiscafé Fräulein Frost oder das Fischrestaurant Marti auf einem Boot im Tempelhofer Hafen.

Karte
Pharus-Plan Berlin – Mittlere Ausgabe, 1:16000

Information
visitBerlin
Tel. 030 25 00 23 33
www.visitberlin.de

Vom ehemaligen Flughafen Tempelhof zum Fliegerviertel, zum Geschichtsquartier Südkreuz – der Bezirk Tempelhof zeugt an vielen Stellen von der Geschichte der Berliner Luftfahrt und zeigt obendrein, wie unterschiedlich der Bezirk doch sein kann.

Die Tour beginnt am U-Bahnhof Platz der Luftbrücke. Dieser Platz ist irgendwie schrecklich aufgrund des Verkehrsknotens und irgendwie toll zugleich aufgrund der einzigartigen Architektur. Mit dem Namen des Platzes wird an die Berliner Luftbrücke von 1948/1949 erinnert. Dazu auch das 1951 errichtete Luftbrückendenkmal (auch »Hungerharke« genannt).

Hier geht es auf den Tempelhofer Damm – das Nadelöhr zur Autobahn. Aber nur kurz, denn am Wolffring geht es rechts rein in die Gartenstadt Tempelhof, besser bekannt als das Fliegerviertel. Und hier ist man wie in einer anderen Welt. Eben

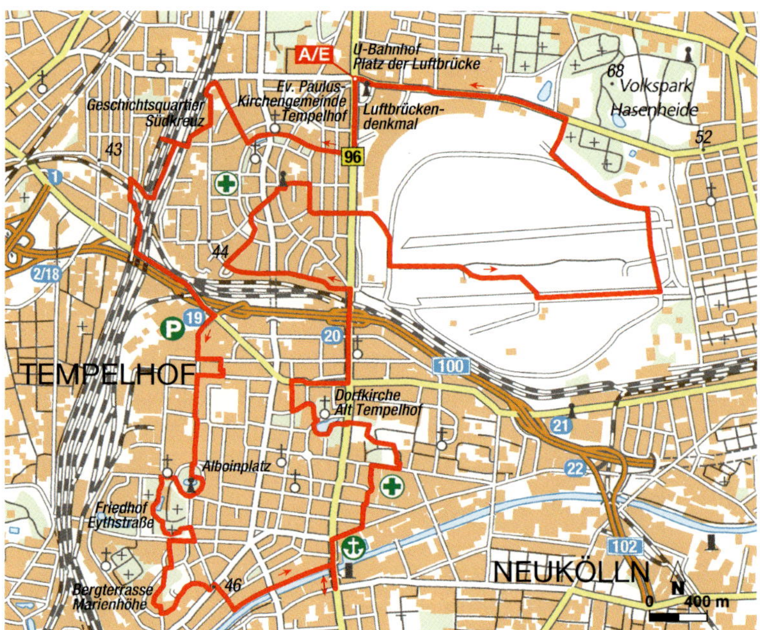

noch Verkehr und Lärm, jetzt Einfamilienhäuser mit großen Gartengrundstücken.

Auf der rechten Seite befindet sich die Ev. Paulus-Kirchengemeinde. Eine solche Rundkirche sieht man nicht alle Tage. Dazu der Kynastteich davor – Idylle pur. Weiter bis zum Loewen-

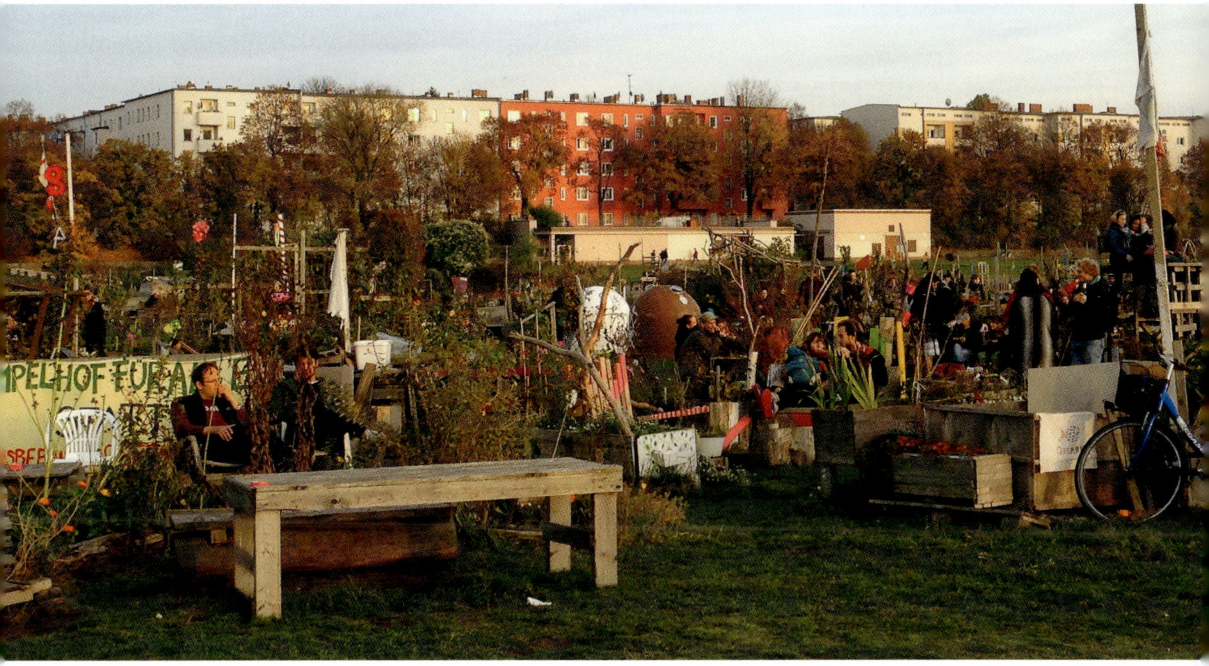

hardtdamm, hier rechts schwenken. An der General-Pape-Straße scharf links und dann gleich links in eine Kleingartenkolonie hinein. Hier befindet sich das Geschichtsquartier Südkreuz. Ein Schild erinnert daran. Am Schild rechts.

Urban Gardening auf dem Tempelhofer Feld

Über den Alfred-Lion-Steg mit Blick auf den Bahnhof Südkreuz geht es auf einem Fahrradweg entlang der Schienen nach Süden. Am Ende gelangt man auf die Wilhelm-Kabus-Straße, dort links schwenken. Links auf den Bahnhofsvorplatz wechseln und am Parkhaus vorbeiradeln bis zum Sachsendamm. An der Alboinstraße dann rechts.

Fliegerviertel

Die Straßen hier sind alle nach Piloten des Ersten Weltkriegs benannt. Dieses Viertel wurde in den 1920er-Jahren errichtet. Man wollte den Mietskasernen in Neukölln und Kreuzberg eine aufgelockerte, mit Gärten durchsetzte Bauweise entgegensetzen. Eine Oase der Ruhe mitten in der Stadt.

An der Eresburgstraße lohnt sich der Schlenker, da die Häuser dort sehr schön sind. Sonst weiter geradeaus zum Alboinplatz. Der Platz mit dem Stier, der über dem kleinen See thront, ist sehr schön. Die Gebäude drum herum ebenfalls.

Über die Eythstraße geht es links auf den gleichnamigen Friedhof. Die hohen Bäume und die tief stehende Sonne ergeben hier noch mal einen ganz besonderen Charme. Inmitten des Friedhofes befindet sich auch ein kleiner See. An der Ostseite geht es wieder raus. Hier rechts abbiegen und an der Arnulfstraße erneut rechts. Die nächste links und dann gleich wieder rechts auf einem Fußweg zur Marienhöhe. Am Gerdsmeyerweg rechts und dann links in den Park hineinfahren. Der Name Marienhöhe ist Programm, es ist ganz schön steil. Die Häuser am Marienhöher Weg sind dafür aber wirklich schön. Dazu lädt der Biergarten Marienhöhe zu einer Pause ein. Einmal zu drei Vierteln herumfahren und den Park nach links auf den Marienhöher Weg verlassen. Weiter Richtung Teltowkanal. Am Wulfila-Ufer links einbiegen. Hier lässt es sich wunderbar am Ufer entlangradeln.

Geschichtsquartier Südkreuz

Verschiedene Punkte erinnern hier an den Militärstandort General-Pape-Straße. Wo heute der Weg zwischen idyllischen Kleingärten verläuft, sollte nach dem Willen Hitlers und seines Architekten Albert Speer ein riesiger Triumphbogen stehen: 170 Meter breit und fast 120 Meter hoch.

Über den Tempelhofer Damm geht es nach links zum Tempelhofer Hafen. Dahinter rechts und gleich wieder links abbiegen. Um den Metzplatz herum und weiter zum Franckepark. Und siehe da: Rehe mitten in Tempelhof. Berlin überrascht mal wieder. Am Ende des Franckeparks geht es weiter zum Alten Park mit dem Klarensee und der alten Dorfkirche von Tempelhof. Am Wilhelmteich links halten und an der Stolbergstraße rechts.

Über Alt-Tempelhof geht es zurück zum Tempelhofer Damm, dort links schwenken. Hinter dem S-Bahnhof erneut links auf die Hoeppnerstraße wechseln. Zurück ins Fliegerviertel. Sehr idyllisch. Tolle alte Häuser und eine Ruhe. Nach 1 km rechts einbiegen und immer geradeaus fahren bis zum Werner-Voß-Damm. Rechts schwenken und am Adolf-Scheidt-Platz rechts auf die Paradestraße wechseln. Rechts wenden am Bundesring und dahinter links zum Tempelhofer Damm. Als krönenden Abschluss geht es nun auf das Tempelhofer Feld. Diese Weite hier ist einmalig. Es ist nicht ohne Grund die größte innerstädtische Freifläche der Welt. Familien, Radfahrer, Skater, Kiteboarder uvm. Es ist wunderbar zum Leute beobachten, aber auch wieder so groß, dass man da gut seine Ruhe haben kann. Dazu immer auch noch der traumhafte Sonnenuntergang. Wer mag, kann im Biergarten Luftgarten die Radtour gemütlich ausklingen lassen. Über den Columbiadamm geht es zurück zum Platz der Luftbrücke.

Links oben: 1960er-Jahre-Architektur. Rechts oben: Gründerzeitbauten. Unten: Die größte innerstädtische Freifläche der Stadt

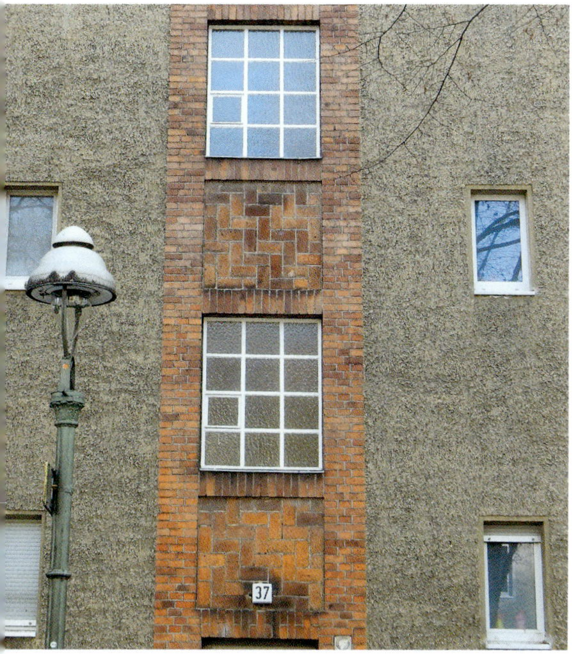

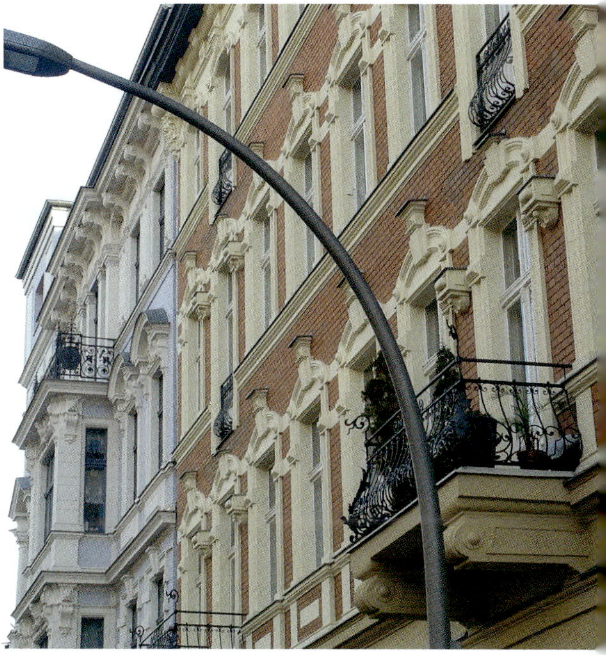

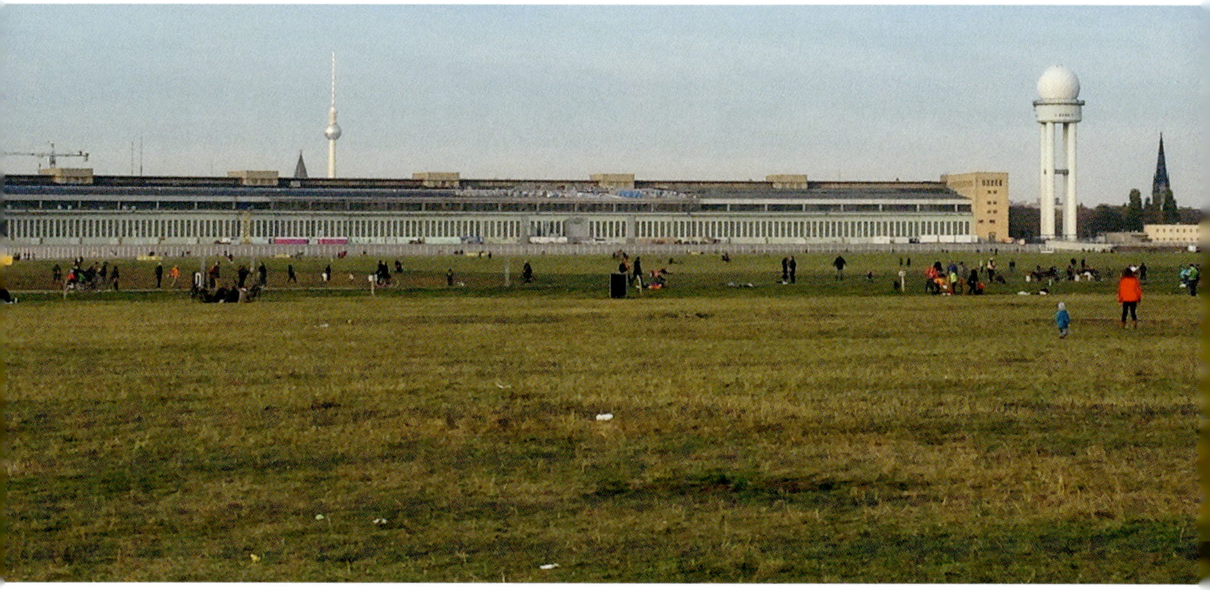

22

Wilmersdorf

Grüne und beschauliche Eleganz

Mittel | 20 km | ↑60 m ↓70 m | 1.30 Std.

Tourencharakter
Liebhaber von Architektur und alten Gebäuden kommen auf dieser Rundtour durch Wilmersdorf voll auf Ihre Kosten. Gründerzeitbauten, Remisen und alte Gutshäuser reihen sich hier aneinander.

Ausgangs-/Endpunkt
U-Bahnhof Augsburger Straße

GPS
52° 30‘ 01.8“ N
13° 20‘ 11.5“ E

Anfahrt
Bus/Bahn: U1, U2 und U3 bis/ab U-Bahnhof Augsburger Straße

Einkehr
Diese Tour führt mitten durch den Bezirk und bietet daher eine Vielzahl an Einkehrmöglichkeiten. Vom Imbiss bis zum Nobelrestaurant ist alles dabei. Viele schöne Cafés gibt es am Ludwigkirchplatz. Die Thaiwiese im Preußenpark ist jedoch die Empfehlung Nummer 1 für diese Tour.

Karte
Pharus-Plan Berlin – Mittlere Ausgabe, 1:16000

Information
visitBerlin
Tel. 030 25 00 23 33
www.visitberlin.de

Wilmersdorf besticht durch seine vornehme Eleganz und seine wunderschöne Architektur. Diese Radtour führt vorbei am Viktoria-Luise-Platz, zum Rüdesheimer Platz, zur Thaiwiese und zu den zahlreichen Parks des Bezirks.

Los geht es am U-Bahnhof Augsburger Straße. Weiter Richtung Süden und an der Lietzenburger Straße dann links. An der Ansbacher Straße rechts einbiegen und gleich wieder links zu den schönen Bauten der Fuggerstraße. An der Welser Straße wieder rechts geradewegs zum pittoresken Viktoria-Luise-Platz. Diesen Platz kann man einfach nur lieben. Der Springbrunnen in der Mitte und die schönen Häuser ringsherum zeugen von den alten Tagen der Stadt.

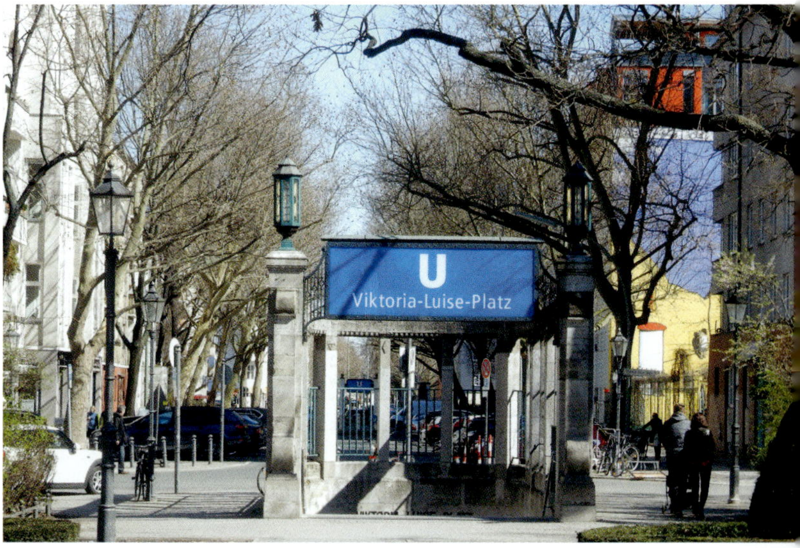

Der Viktoria-Luise-Platz zählt zu den schönsten Plätzen Berlins.

Auf der Vicki dann rechts und wieder links zurück auf die Ansbacher Straße. Immer geradeaus zum Bayerischen Platz. Hier rechts herum über die Grunewaldstraße hinweg in die Meraner Straße. Geradewegs zum schönen Rudolph-Wilde-Park. Man

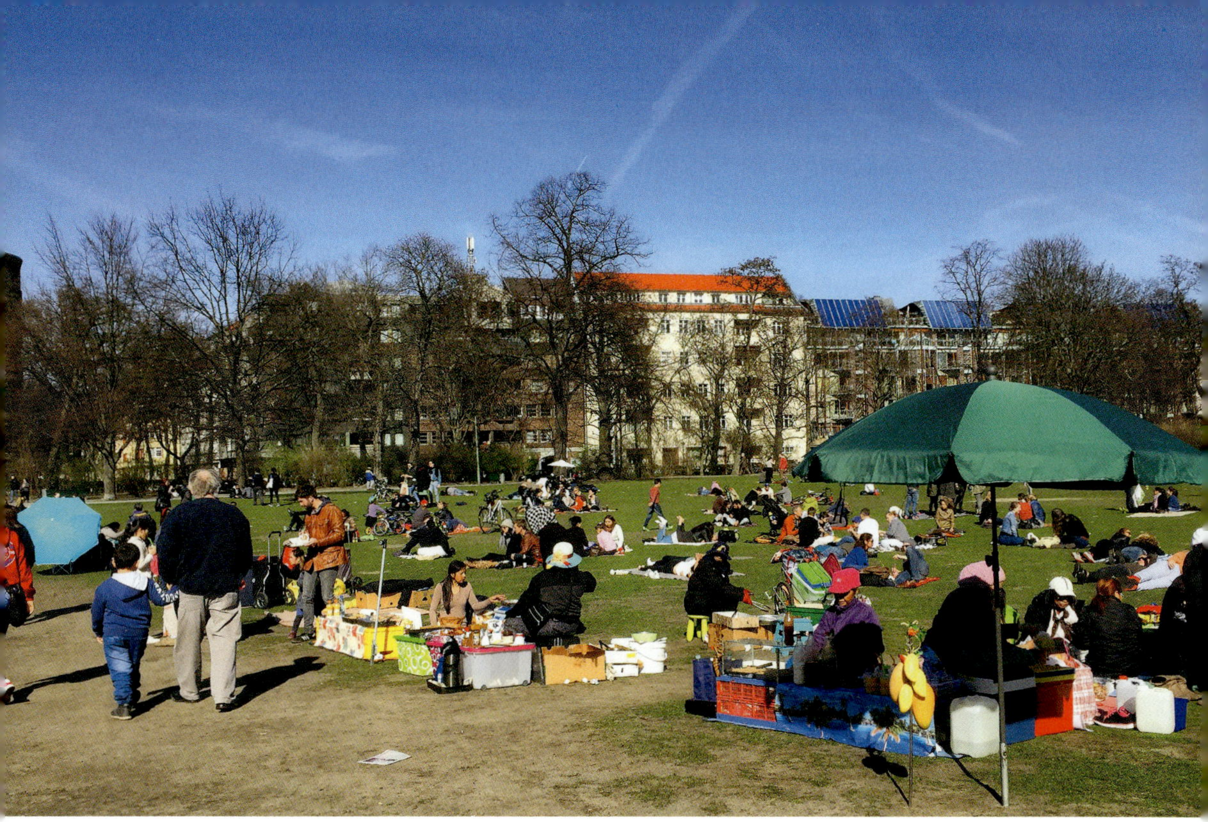

radelt einen Schlenker nach links zum Bahnhof Rathaus Schöneberg samt Ententeich, dem wohl schönsten Bahnhof Berlins.

Wem nach thailändischem Essen ist, der sollte die Thaiwiese im Preußenpark besuchen.

Dann wieder zurück ein Stück durch den Park. An der Prinzregentenstraße links. Ein Stück die Straße entlang bis zum Perelsplatz. Hier einmal herum.

Weiter südlich entlang der Handjerystraße. Zwischen den ohnehin schon zauberhaften Altbauten stehen hier kleinere Stadtvillen. Tipp: Ein Abstecher in die Schnackenburg- oder die Schmargendorfer Straße lohnt sich. Hier stehen noch einige dieser Gutshäuser.

Weiter entlang der Handjerystraße bis zur Bundesallee. Dort rechts schwenken. Auf dem Friedrich-Wilhelm-Platz thront die schöne Nathanael-Kirche. Weiter Richtung Westen. In der Bäckerei Wieslau an der Wiesbadener/Laubacher Straße kann man eine Pause einlegen mit Blick auf die schöne St.-Marien-Kirche.

Thaiwiese

Die Thaiwiese im Preußenpark ist mittlerweile kein Geheimtipp mehr. Liebhaber der thailändischen Küche kommen hier an verschiedenen Essenständen auf ihre Kosten. Bei Pad Thai in der Sonne kann man wunderbar das Treiben beobachten.

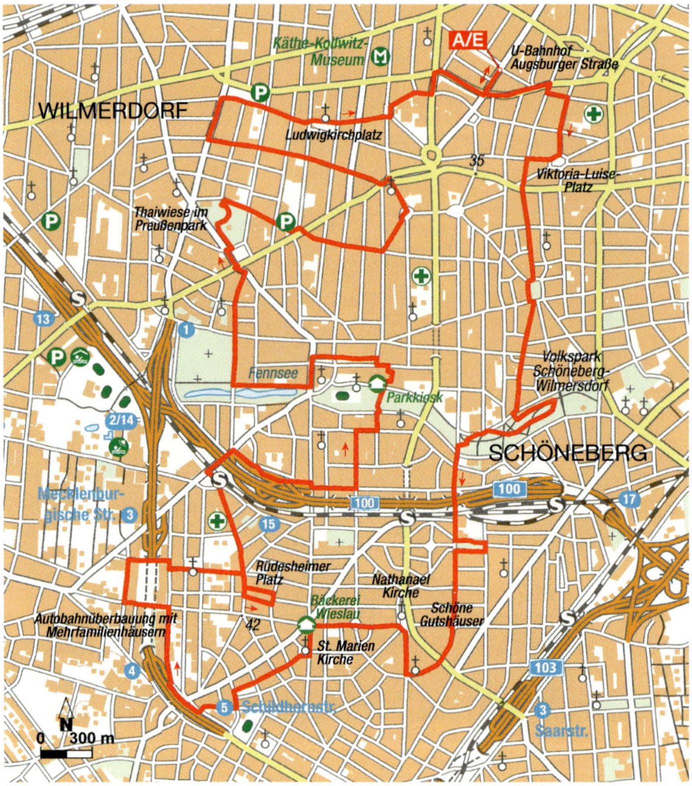

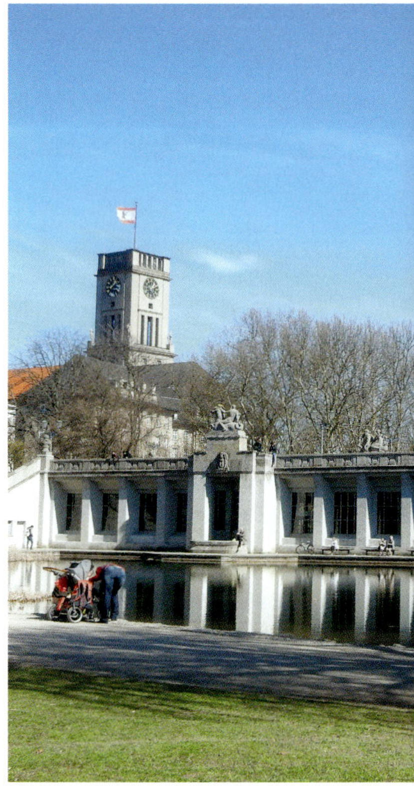

Rheingauviertel

Dieses Viertel (auch Rheinisches Viertel genannt) entstand in Berlin vor dem Ersten Weltkrieg als größte einheitliche Mietshausbebauung. Die Häuser sind im englischen Stil angelegt und haben leicht ansteigende Grünflächen mit Beeten davor. Der Rücksheimer Platz ist sehr schön bepflanzt mit Blumenrabatten und im Herbst findet ein Weinfest statt.

Auf der Wetzlarer Straße bis zum Ende dann links und gleich wieder rechts zum Breitenbachplatz. Hier auch rechts schwenken und an der Schlangenbader Straße ebenfalls rechts. Dort steht die berühmte Autobahnüberbauung mit Mehrfamilienhäusern. Von außen betrachtet sieht man davon nicht viel. Ein Stück weiter geht es links durch die Fußgängerunterführung und hier hört man dann schon das Rauschen der vorbeiziehenden Autos oben drüber. Dahinter rechts und dann wieder rechts ins schöne Rheingauviertel samt Rüdesheimer Platz. Es geht einmal um den Platz und dann nach rechts zum Heidelberger Platz.

Hinter der Autobahn nach rechts auf die Detmolder Straße wechseln. Immer geradeaus. An der Kurve auf der Aachener Straße weiter geradeaus halten und ein Stück auf dem Gehweg

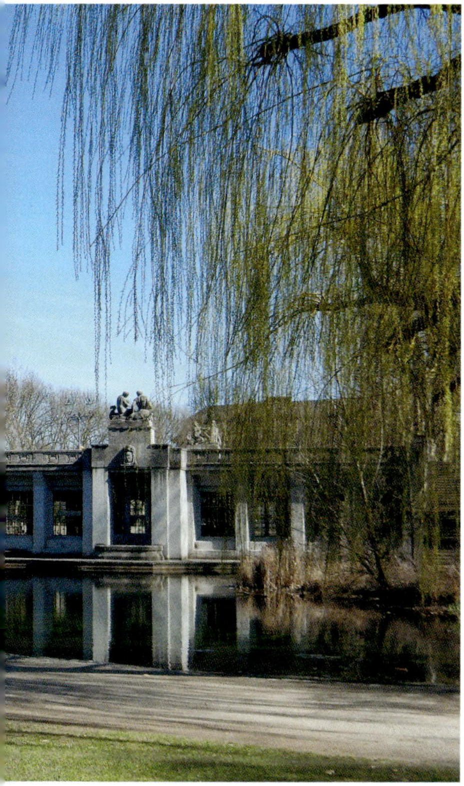

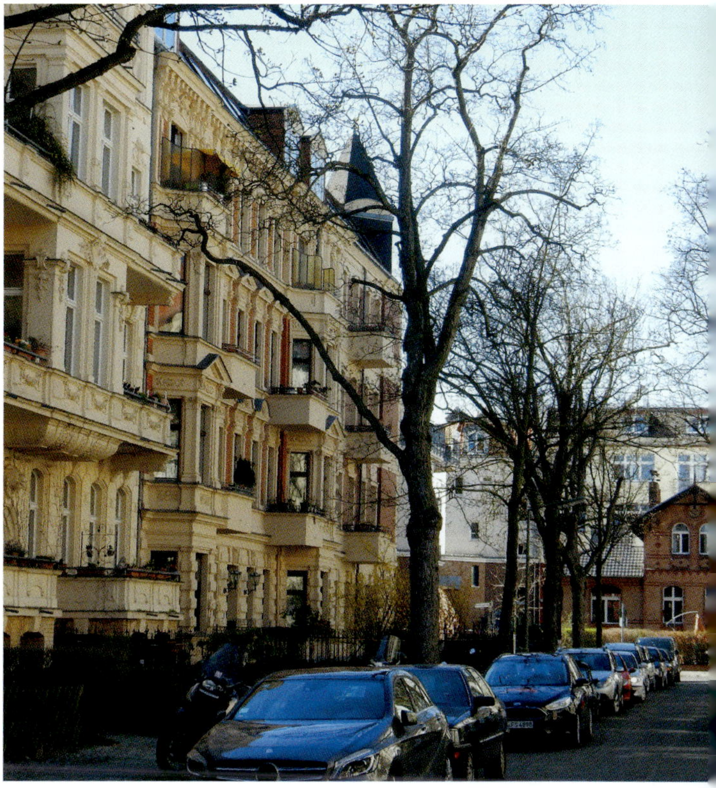

fahren. Über die Blissestraße hinweg und an der Weimarischen Straße links radeln. Bis zum Ende dann rechts und gleich wieder links durch den Volkspark Wilmersdorf und den Schoelerpark. Im Parkkiosk in der Straße am Schoelerpark gibt's Eis und man kann wunderbar draußen sitzen.

Gutshäuser mitten in Berlin

Links: U-Bahnhof Rathaus Schöneberg

Über die sehr beschauliche Wilhelmsaue und die Blissestraße geht es in den anderen Teil des Volksparkes mit dem Fennsee. An der Barstraße rechts einbiegen und weiter zum Fehrbelliner Platz. Links auf die Brandenburgische Straße wechseln und dann rechts abbiegen zur Thaiwiese im Preußenpark.

Einmal durch den Preußenpark und dahinter rechts schwenken. Über den Hohenzollerndamm weiter auf der Güntzelstraße radeln. Jeweils links schwenken an der Trautenaustraße und am Nikolsburger Platz und weiter auf der Düsseldorfer Straße. An der Konstanzer Straße rechts abbiegen zum Olivaer Platz. Davor nach rechts wenden zum Ludwigkirchplatz. In den zahlreichen Cafés am Platz ist es im Sommer prall gefüllt. Über den Fasanenplatz auf die Schaperstraße wechseln. An der Bundesallee links und dann gleich rechts zurück zur U-Bahn.

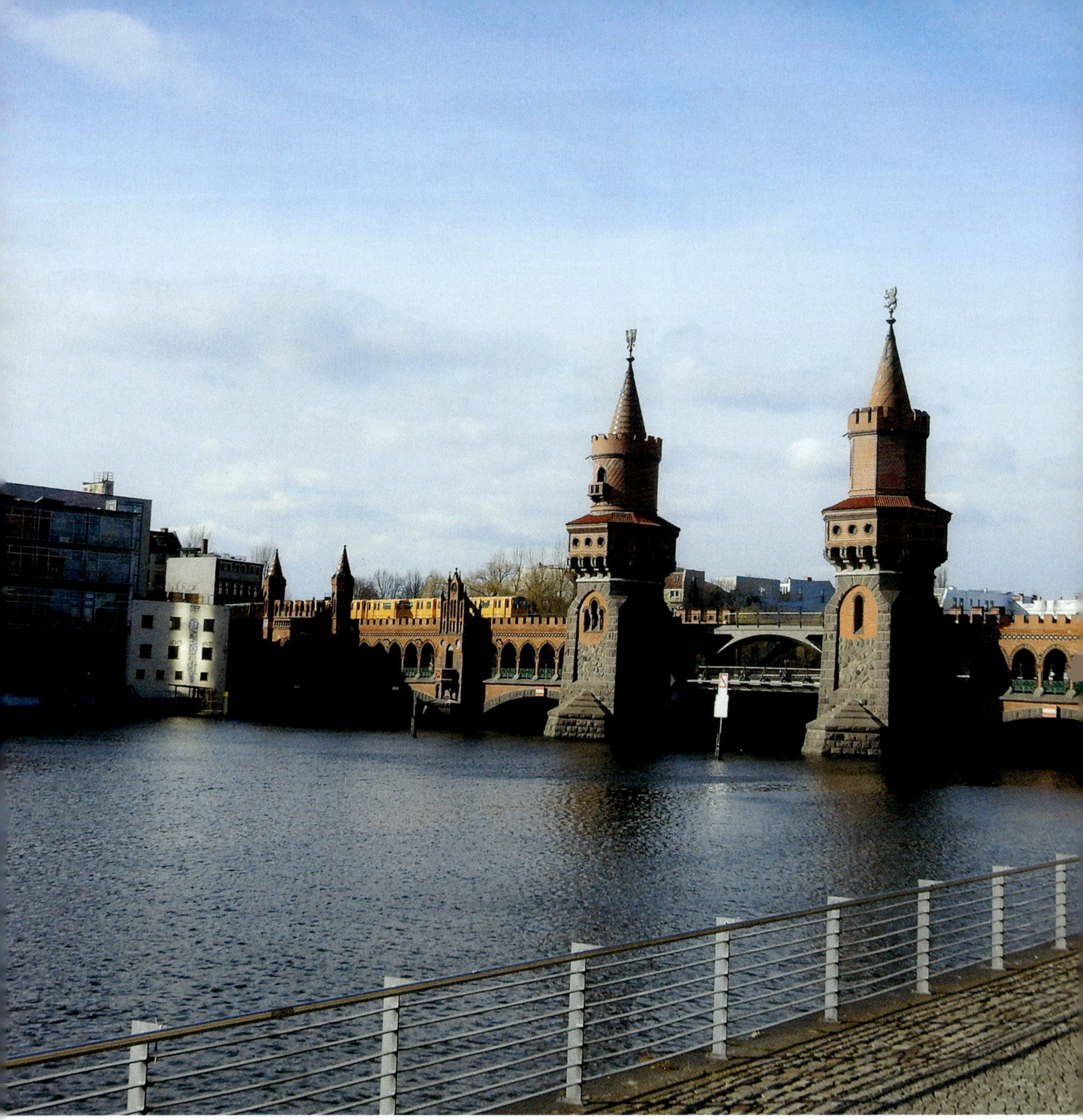

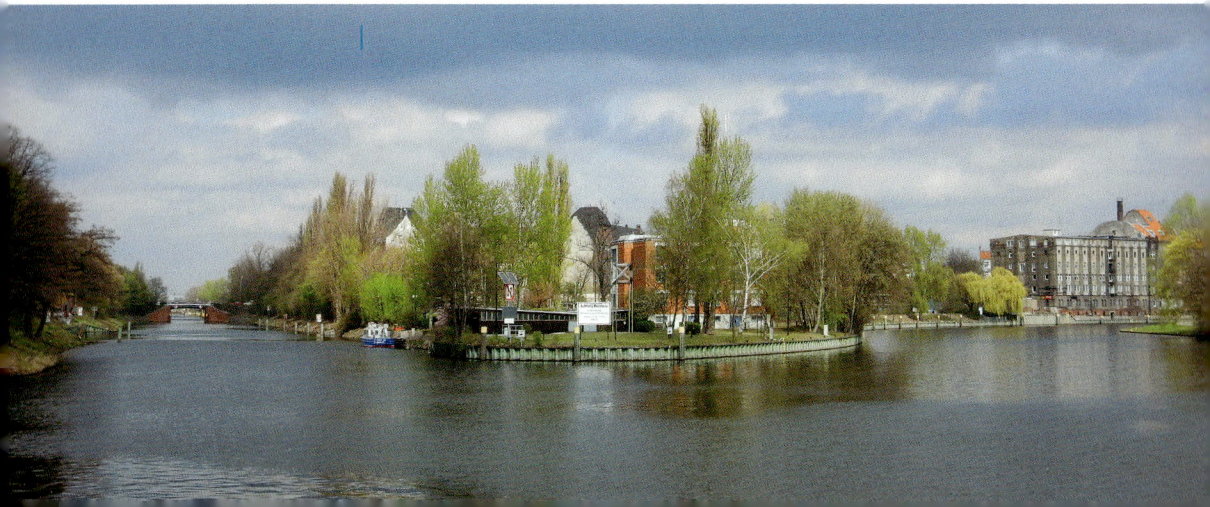

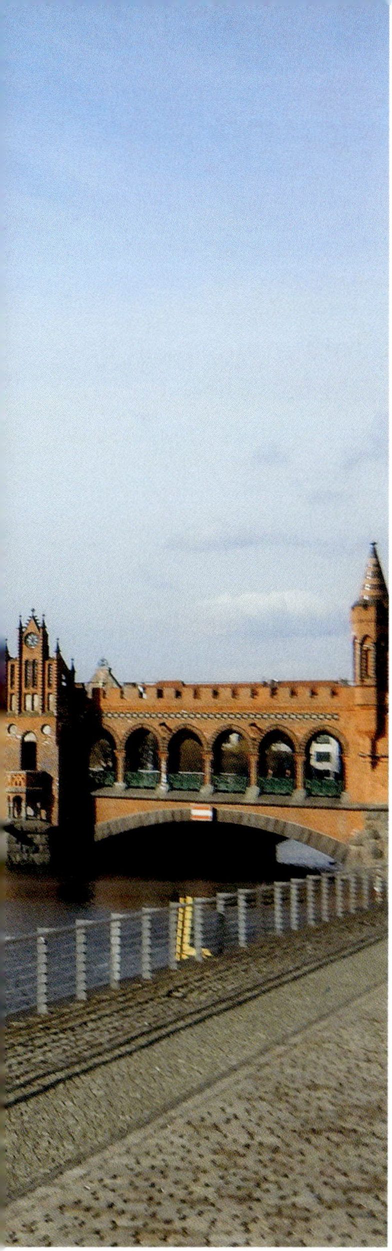

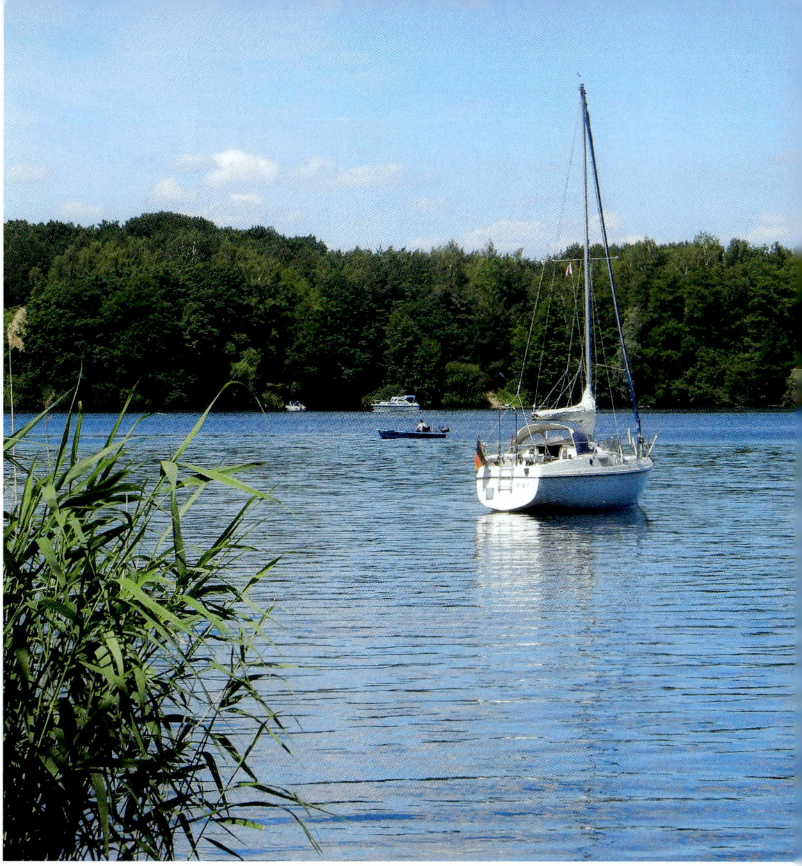

Am Wasser

Spree (Tour 23) (o. li.). Havel (Tour 29) (o. re.). Tegeler See (Tour 28) (u. re). Landwehrkanal (Tour 24) (u. li.)

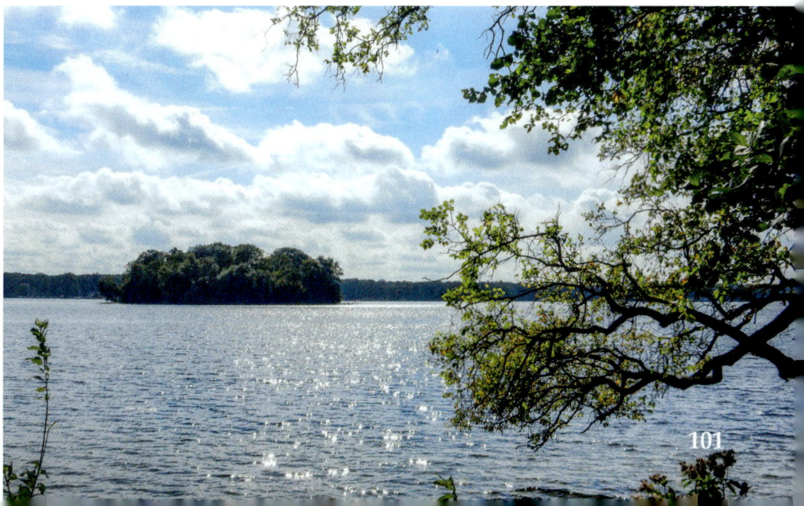

23 Berliner Brücken

Mehr als in Venedig

Leicht | 19 km | ↑80 m ↓80 m | 1.15 Std.

Tourencharakter
Leichte Radtour durch die Stadt vorbei an zahlreichen Sehenswürdigkeiten. Die Wege sind meist gut befestigt, wenige Sandwege.

Ausgangs-/Endpunkt
S-Bahnhof Westend
S-Bahnhof Treptower Park

GPS
52° 31' 06.8" N
13° 17' 03.2" E

Anfahrt
Bus/Bahn: Anreise S 41 und S 42 bis S-Bahnhof Westend. Rückreise S 8, S 9, S 41, S 42 und S 85 ab S-Bahnhof Treptower Park.

Einkehr
Auf dieser Tour durch die Innenstadt finden sich zahlreiche Möglichkeiten zur Einkehr. Besonders schön ist der Biergarten Zollpackhof auf der nördlichen Spreeseite nähe Hauptbahnhof. Unter den riesigen Kastanienbäumen hat man eine tolle Aussicht auf den Fluss. Auch empfehlenswert ist das Museumscafé im Bode-Museum, welches ohne Eintritt besucht werden kann und mit einem Blick auf die imposante Kuppelhalle belohnt.

Karte
Pharus-Plan Berlin – Mittlere Ausgabe, 1:16 000

Information
visitBerlin
Tel. 030 25 00 23 33
www.visitberlin.de

In Berlin gibt es über 900 Brücken – und somit über doppelt so viele wie in Venedig. Diese Radtour führt entlang der Brücken der Berliner Innenstadt von Charlottenburg bis nach Treptow.

Die Radtour beginnt am S-Bahnhof Westend. Entlang des Spandauer Damms kann man auf der linken Seite schon das Schloss Charlottenburg bewundern. Wer möchte, kann hier noch einen Abstecher machen und Schloss samt Schlossgarten besuchen. Am Luisenplatz fährt man zum Charlottenburger Ufer.

Am südlichen Ufer der Spree führt die Tour nun auf einem Sandweg entlang. An der Galvanistraße über die Dovebrücke. Nach rund 200 Metern läuft von links ein Fußweg herein, der

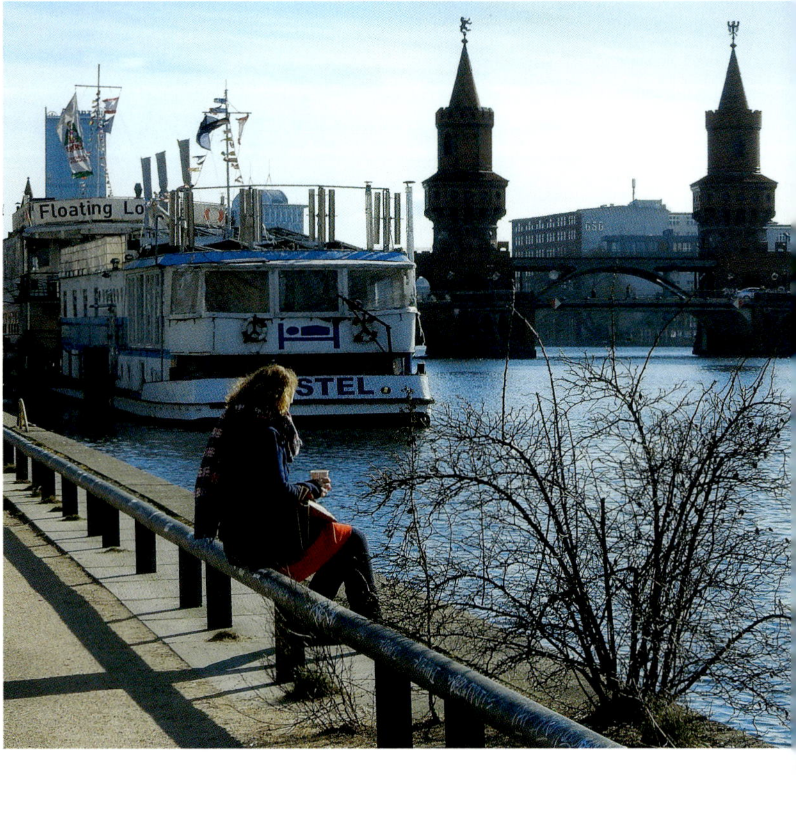

am Ende wieder auf die Spree zuführt. Hier fährt man einmal um die Halbinsel herum bis zur Gotzkowskybrücke. Entlang der Lewetzkostraße radelt man direkt zum berühmten Hansaviertel. Dieses Wohnviertel gilt als Beispiel moderner Architektur der 1960er-Jahre.

Hinter der Brücke nach links wenden. Ab hier fährt man auf einem gut ausgebauten Radweg direkt am Spreeufer entlang. Zunächst führt dieser durch den Tiergarten mit Ausblick auf das Haus der Kulturen der Welt und das Kanzleramt. Gegenüber auf der anderen Spreeseite befindet sich der schöne Biergarten Zollpackhof. Vorbei am Hauptbahnhof geht es Richtung S-Bahn Friedrichstraße und weiter zur Museumsinsel.

Am Bode-Museum radelt man über die Monbijoubrücke in den gleichnamigen Park. Im

Links: Von der Oberbaumbrücke hat man einen grandiosen Ausblick.

Unten: An der Fischerinsel kann man so manche architektonische Highlights entdecken.

Märkisches Museum

In dem schönen Gebäude mit markantem Backsteinturm an der Spree wird ein vielfältiger Einblick in Kultur, Geschichte und Alltag von Berlin gewährt. In der Dauerausstellung kann man Berliner Straßen und Viertel erkunden und sehen, wie sich Berlin im Laufe der Jahrhunderte entwickelt hat. Daneben gibt es auch immer wieder Sonderausstellungen.

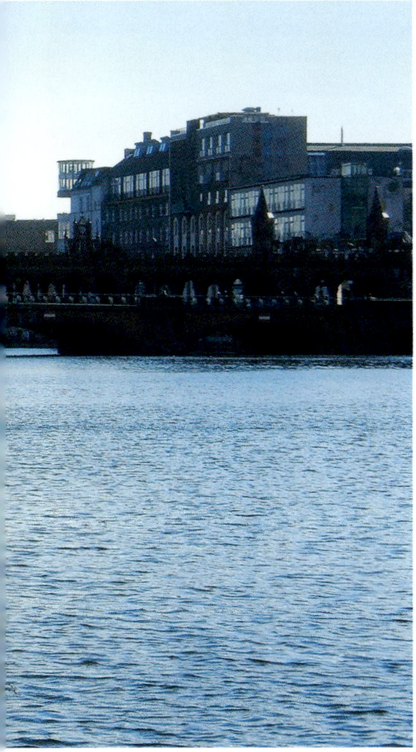

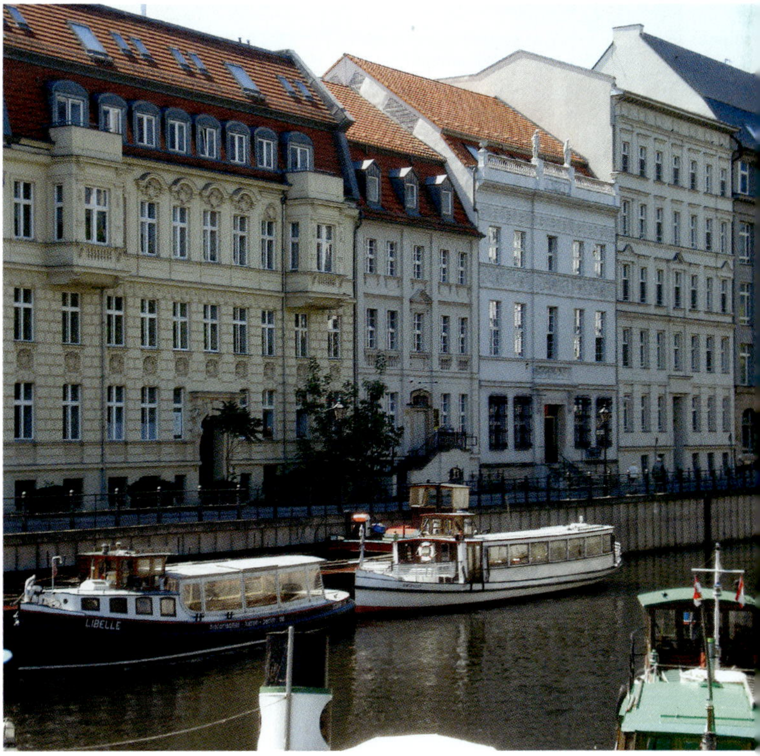

Sommer kann man hier im Park wunderbar picknicken und das Treiben beobachten.

Auf der neuen Friedrichsbrücke hat man einen tollen Ausblick auf die Museumsinsel und den Berliner Dom. An Letzterem führt die Radtour auch vorbei. Am Schlossplatz muss man sein Fahrrad schieben. Zunächst über die Ampel, dann über die schöne Schlossbrücke mit den weißen Skulpturen. Dahinter direkt links auf den neu angelegten Schinkelplatz. Ab hier kann man wieder aufs Fahrrad steigen.

Die letzte noch erhaltene Klappbrücke in Berlin

An der nächsten Brücke wechselt man dann auf die andere Uferseite und fährt weiter zur wunderschönen Jungfernbrücke, der ältesten noch erhaltenen Brücke in Berlin. Zudem ist sie auch die letzte noch erhaltene Klappbrücke der Stadt.

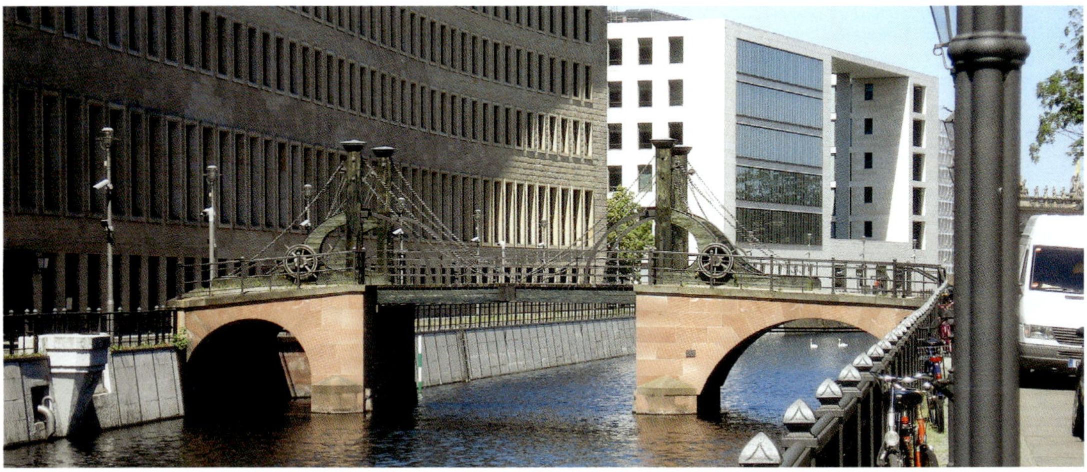

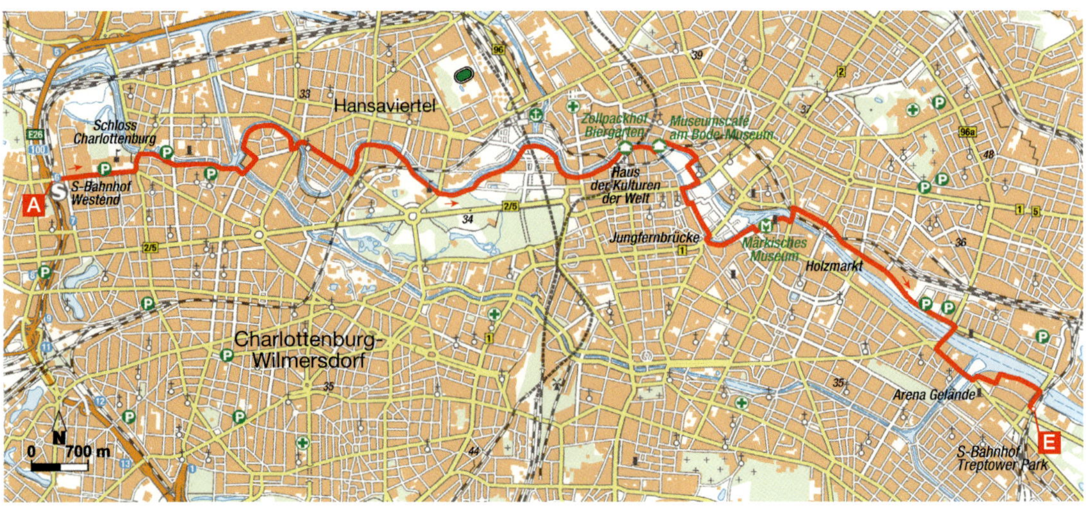

Immer weiter geradeaus vorbei am Spittelmarkt zur Fischerinsel. Entlang der Spree stehen hier wunderschöne Altbauten, sodass Berlin sich ein weiteres Mal von einer anderen Seite zeigt. An der Spitze der Spreeinsel geht es über die Brücke, dahinter gleich links entlang des Märkischen Ufers. Hier liegen noch einige Lastkähne vor Anker. Einige wurden zu Restaurants oder Hausbooten umgebaut.

Vorbei am Märkischen Museum radelt man über die Jannowitzbrücke. Nach dem Bahnhof rechts auf die Holzmarktstraße. Hinter der Bahnunterführung befindet sich rechts das Gelände des Holzmarktes. Eine Art Künstlergelände

Einkehr

Biergarten Zollpackhof direkt an der Spree (nähe Moltkebrücke). Im Sommer kann man unter den Kastanienbäumen sitzen und das Treiben auf der Spree beobachten.

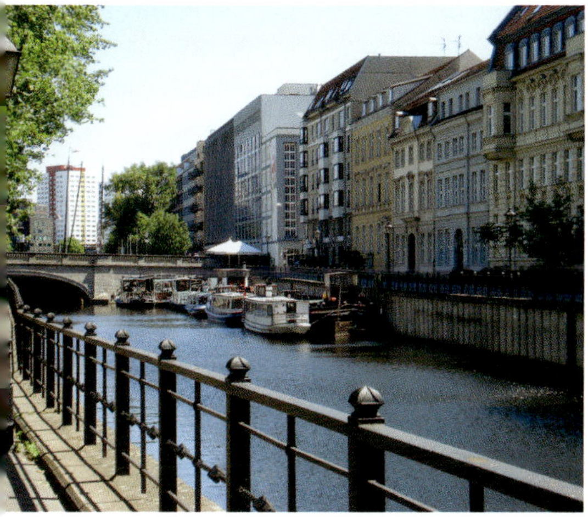

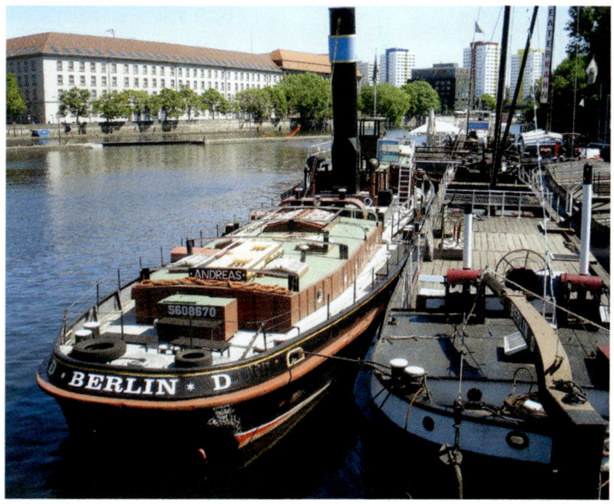

Am Märkischen Ufer ankern Hausboote und umgebaute Lastkähne.

Links: Entlang des Ufers lässt es sich wunderbar radeln.

mit verschiedenen Geschäften, Musikschule, Proberäumen, Technologiezentrum, Open-Air-Bar und Kulturprogramm. Die bunten Häuser entlang der Straße sind nicht zu verfehlen.

Ein Stück weiter landet man an der berühmten East Side Gallery. Über die Oberbaumbrücke Richtung Schlesische Straße fahren. Hinter der Tankstelle links abbiegen auf das Arena Gelände. Das Grundstück gehörte früher der Allgemeinen Berliner Omnibus AG und ist heute eine Event Location mit Badeschiff, Bars und Restaurants. Die Radtour führt einmal durch das Gelände. An der Eichenstraße links zur Uferpromenade. Hier hat man einen tollen Blick auf den Molecule Man sowie das Schiffswrack »Dr. Ingrid Wengler«. Die Tour endet am S-Bahnhof Treptower Park.

24

Landwehrkanal

Einmal quer durch die Stadt

Leicht | 19 km | ↑90 m ↓60 m | 1.30 Std.

Tourencharakter
Sehr leichte Radtour, welche die meiste Zeit auf Sandwegen direkt am Kanal oder entlang gut ausgebauter Straßen führt. Durch die Nähe zum Landwehrkanal fällt die Navigation sehr leicht.

Ausgangs-/Endpunkt
U-Bahnhof Schlesisches Tor
S-Bahnhof Olympiastadion

GPS
52° 29‘ 50.7“ N
13° 26‘ 54.9“ E

Anfahrt
Bus/Bahn: Anreise U 1 bis U-Bahnhof Schlesisches Tor. Rückreise S 3, S 5, S 7 und S 75 ab S-Bahnhof Olympiastadion.

Einkehr
Von Kreuzberg bis zum Schloss Charlottenburg gibt es zahlreiche Restaurants und Cafés direkt am Ufer. Die Ankerklause am Kottbusser Damm ist legendär. Im Van Loon Restaurantschiff kann man gemütlich drinnen sitzen und bei Gerichten mit maritimem Touch auf den Urbanhafen schauen.

Karte
Kompass-Wanderkarten, Band 700, Berlin und Umgebung, 1:50 000

Information
visitBerlin
Tel. 030 25 00 23 33
www.visitberlin.de

Diese Tour ist sehr abwechslungsreich, da man durch die unterschiedlichen Bezirke Berlins fährt. Vom hippen Kreuzberg über den grünen Tiergarten bis zum mondänen Charlottenburg.

Die Tour startet an der Verbindung von Landwehrkanal und Spree an der Köpenicker Straße in Kreuzberg am Heckmannufer. An der Lohmühleninsel geht es zum Görlitzer Ufer und zum gleichnamigen Park. Der Görli passt perfekt zu Berlin, hier ist für jeden etwas dabei: Familien besuchen den Kinderbauernhof, Hipster relaxen in der Sonne und Rentner spazieren mit ihren Hunden.

Hinter der Kurve geht es weiter zum Paul-Lincke-Ufer. An der Glogauer Straße lohnt sich ein Abstecher zum Martha Pfarramt. Auf der gegenüberliegenden Seite am Maybachufer findet am Dienstag, am Freitag und an Wochenenden ein Wochenmarkt statt.

Weiter Richtung Kottbusser Damm. Hier an der Ecke liegt die legendäre Kneipe Ankerklause. Sie ist längst kein Geheimtipp mehr und bei Touristen und Berlinern sehr beliebt. Man radelt geradeaus Richtung Böcklerpark. Auf der anderen Seite des Urbanhafens befindet sich das Restaurantschiff Van Loon mit tollem Ausblick und gemütlicher Atmosphäre.

Am Halleschen Tor geht es auf die Gitschiner Straße. Man kann hier fast immer unter der Bahntrasse entlangfahren. Immer geradeaus und weiter am Reichpietschufer entlang.

An der Klingelhöfer Straße schräg geradeaus auf die Corneliusstraße und geradewegs zum Tiergarten. Hier kann man einen Blick auf Tiere des angrenzenden Zoos werfen. An der Lichtensteinbrücke kann man nach rechts radeln zum idyllischen Café am Neuen See. Man fährt weiter über die Straße des 17. Juni auf das Einsteinufer. Auf Sandwegen führt dieser Weg direkt zum Schloss Charlottenburg. Die Radtour verläuft durch den

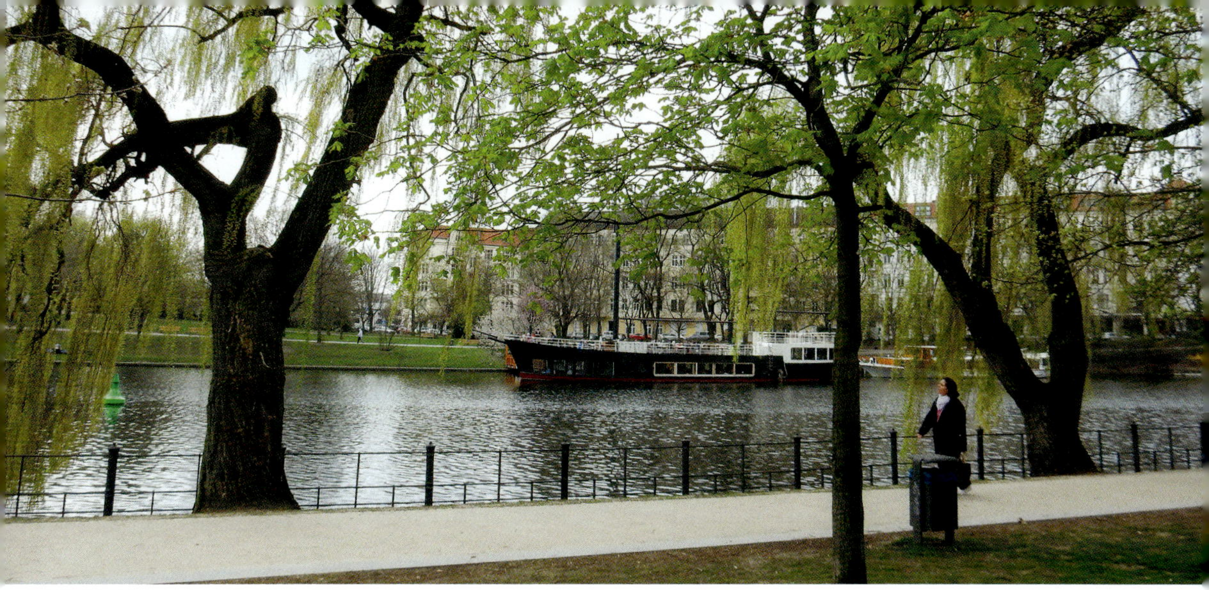

schönen Schlossgarten. Auf der Brücke gegenüber dem Schloss hat man einen traumhaften Ausblick.

Das Van Loon Restaurantschiff am Urbanhafen

Hinter dem Schlossgarten mündet der Landwehrkanal auch wieder in die Spree. Es empfiehlt sich jedoch, noch ein Stück entlang der Spree zu radeln. Auf Sandwegen fährt man hier vorbei an Schrebergärten.

Am Wiesendamm geht es nach links zum Spandauer Damm. Hier biegt man rechts ab und die Nächste gleich wieder links auf die Rominter Allee. Diese führt dann vorbei am Olympiastadion zum gleichnamigen S-Bahnhof.

Speisen auf dem Schiff

Das interessante Van Loon Restaurantschiff am Urbanhafen bietet einen tollen Ausblick auf den Landwehrkanal in gemütlicher Atmosphäre. Dazu gibt es leckere Speisen und Getränke.

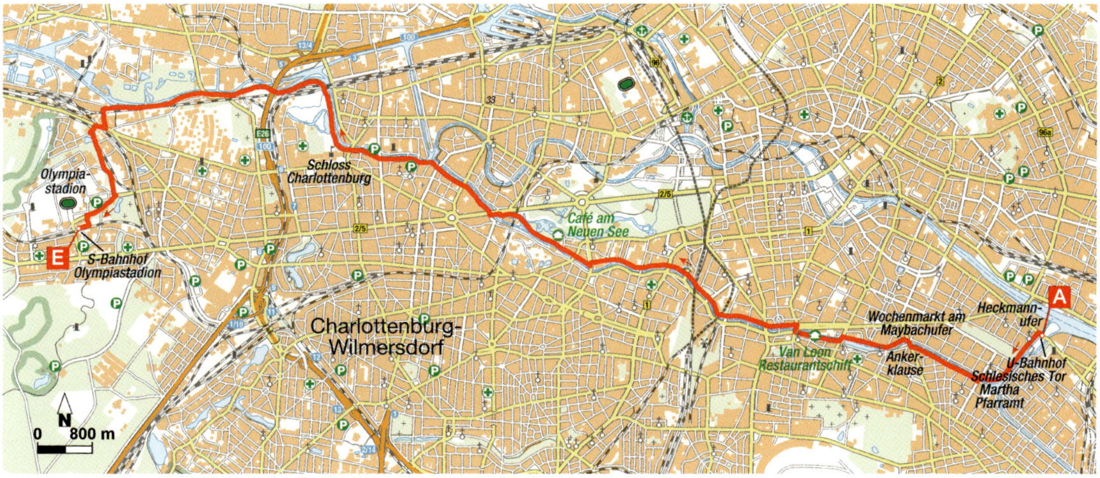

25

Von Treptow bis Köpenick

Immer entlang der Spree

Leicht | 14 km | ↑40 m ↓40 m | 1 Std.

Tourencharakter
Diese Route ist fast durchgehend autofrei. Sie verläuft sowohl auf asphaltierten als auch unbefestigten Wegen.

Ausgangs-/Endpunkt
S-Bahnhof Treptower Park
S-Bahnhof Köpenick

GPS
52° 29' 37.9" N
13° 27' 42.6" E

Anfahrt
Bus/Bahn: Anreise S8, S9, S41, S42 und S85 bis S-Bahnhof Treptower Park. Rückreise S3 ab S-Bahnhof Köpenick.

Einkehr
Direkt entlang der Route gibt es nur das Gasthaus Zenner im Treptower Park, erst zum Ende der Tour in Köpenick gibt es weitere Restaurants und Cafés.

Karte
Pharus-Plan Berlin–Treptow-Köpenick, 1:17 500

Information
Touristinformation Berlin Treptow-Köpenick
Tel. 030 655 755 50/51
www.tkt-berlin.de

An lauen Sommerabenden genießen im Treptower Park Berliner und Touristen das schöne Wetter. Es wird gegrillt, relaxt und auf das Leben angestoßen. Daher eignet sich diese Tour sehr gut, um sie mit einem Picknick zu verbinden.

Ausgangspunkt ist der S-Bahnhof Treptower Park. Aus dem Bahnhofsgebäude geht es Richtung Uferpromenade. Vorbei am Kassenhäuschen der Stern- und Kreisschifffahrt. Von hier starten zahlreiche Schiffstouren, die übrigens auch für Berliner sehr zu empfehlen sind. Entlang des Spreeufers führt hier ein asphaltierter Weg entlang. Im Sommer sind hier allerdings zahlreiche Ausflügler und Spaziergänger anzutreffen, sodass man sein Fahrrad eventuell schieben muss.

Immer geradeaus vorbei an vielen Wiesen und dem ehemaligen Gasthaus Zenner. Gegenüber befindet sich die Insel der

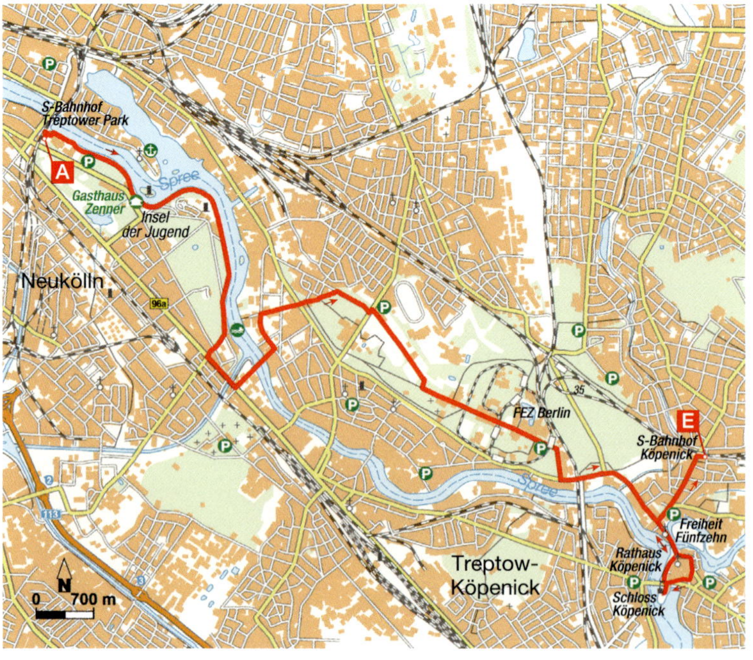

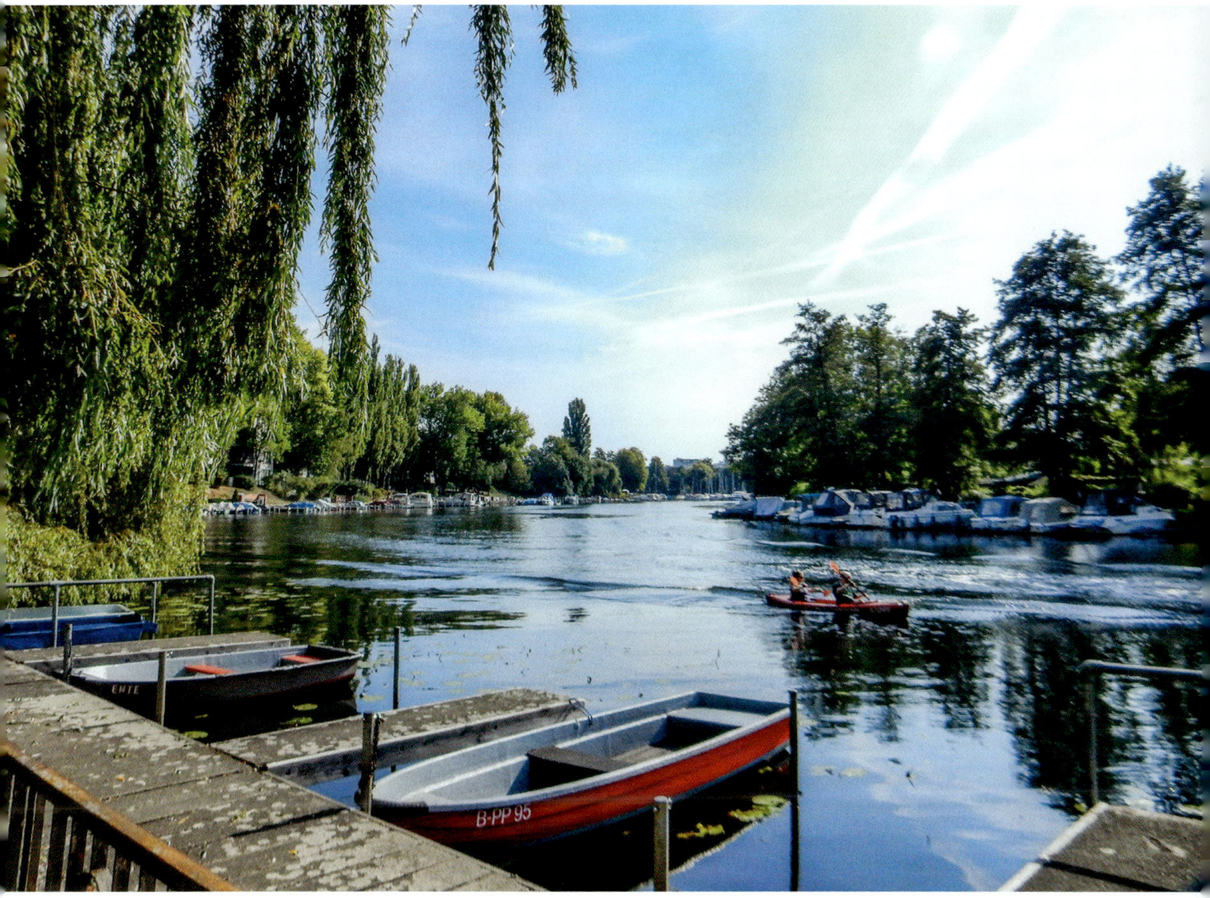

Jugend. Ein Abstecher über die schöne Abteibrücke ohne Fahrrad ist empfehlenswert. Im Sommer kann man sich auch in einem der zahlreichen Bootsverleihe Tretboote, Ruderboote oder Kajaks ausleihen.

Berlin am Wasser ist immer eine gute Idee.

Die Tour führt weiter immer entlang der Spree. Auf der rechten Seite kann man noch einen Blick auf den ehemaligen Freizeitpark »Spreepark« erhaschen. Bis zum südlichen Ende des Treptower Parks, dann in die Baumschulenstraße. An der Köpenicker Landstraße links und hinter dem Britzer Verbindungskanal gleich links über die Minna-Todenhagen-Brücke.

Spreepark Berlin

Der wohl berühmteste Lost Place in Berlin kann auf einer Führung besichtigt werden. In den kommenden Jahren soll hier ein neuer öffentlicher Park entstehen.

Nach der Brücke gleich links in die Nalepastraße und durch eine kleine Einfamilienhaussiedlung. Am Fritz-König-Weg nach rechts wenden, vorbei am

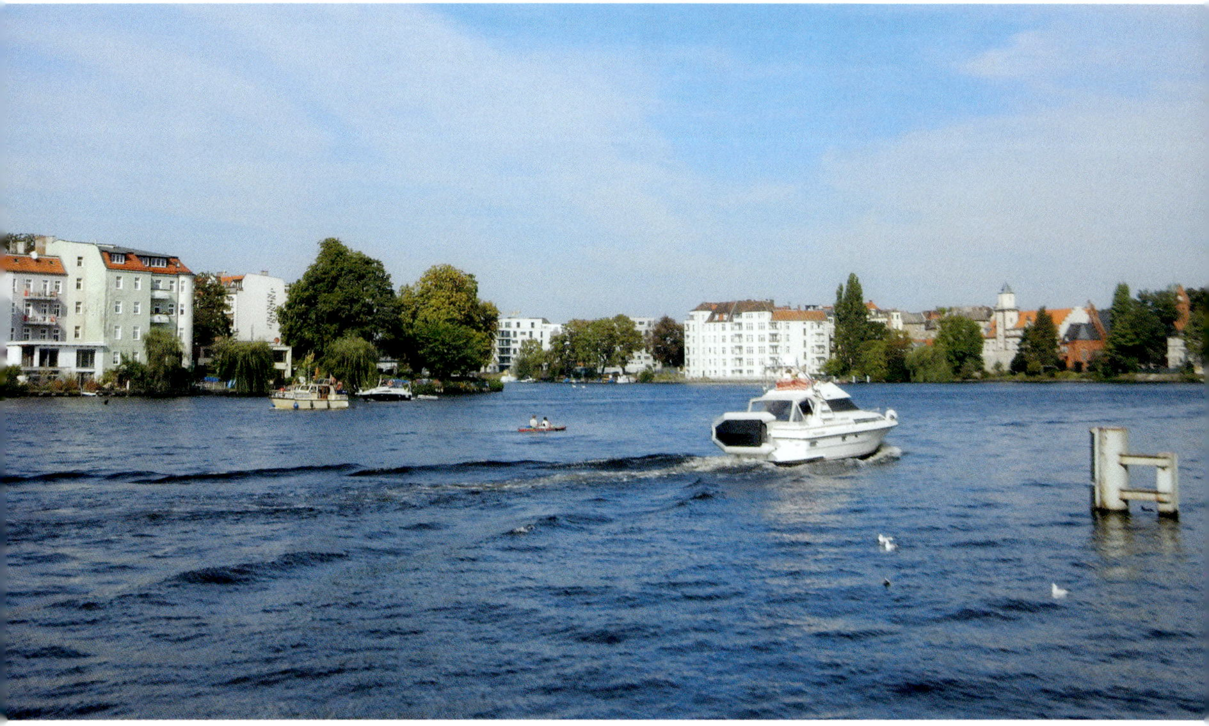

Motor- und Segelboote tummeln sich im Sommer auf den Berliner Gewässern.

Umspannwerk. Über die Rummelsburger Landstraße hinweg radelt man auch schon mitten hinein in die Wuhlheide, ein riesiges Waldgebiet mitten in Berlin.

Zu Beginn fährt man noch auf einem Waldweg. Nach 500 Metern rechts auf den Hegemeisterweg. Hinter der Treskowallee geht es dann weiter auf einem asphaltierten Weg. An dessen Ende rechts und dann gleich wieder links auf das Eichgestell. Man erreicht das 1951 eröffnete Kinder- und Freizeitzentrum Wuhlheide (FEZ). Das Gelände war eine der größten Anlagen dieser Art in der DDR. Bis heute gilt es als Europas größtes Kinder-, Jugend- und Familienzentrum.

Weiter geht es auf dem Eichgestell bis zum Ende, dann rechts schwenken. Auf der Straße An der Wuhlheide fährt man links und dann weiter gerade direkt bis zur Altstadt Köpenick. Hier ist es ratsam, das Fahrrad stehen zu lassen und die schöne Altstadt samt Schloss Köpenick zu Fuß zu erkunden.

Köpenick war die dritte mittelalterliche Stadt von Groß-Berlin, neben Spandau und Cölln. Auf der kleinen Insel zwischen Spree und Dahme kann man bis heute die mittelalterlichen Straßenzüge sehen. Dank der Nähe zum Wasser tummeln sich

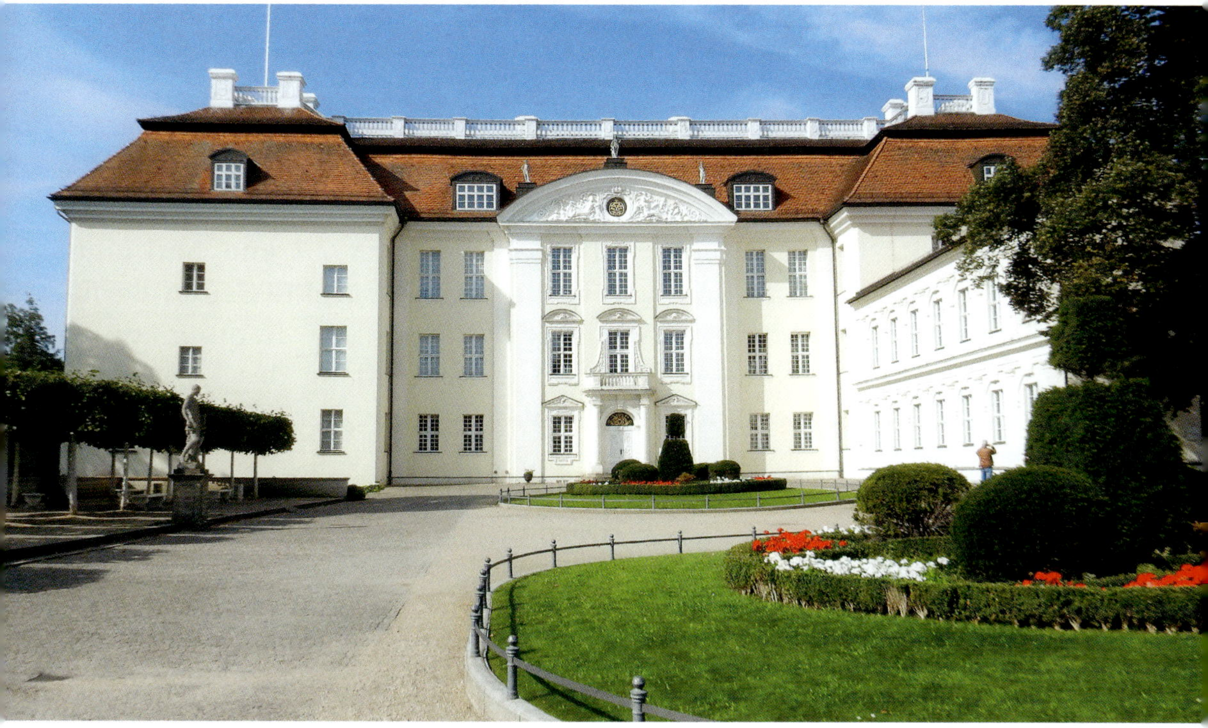

Das schöne Schloss Köpenick

bei schönem Wetter zahlreiche Ausflügler. Empfehlenswert für eine Rast ist der Biergarten Freiheit Fünfzehn.

Viele Häuser der Altstadt wurden in den letzten Jahren aufwendig restauriert und versprühen ein ganz besonderes Flair.

Schloss Köpenick

Im eindrucksvollen Schloss der Hohenzollern ist ein Teil des Kunstgewerbemuseums untergebracht. Zu sehen sind Möbel, Kunstgegenstände und Bildteppiche aus Barock, Rokoko und Renaissance. Im Sommer finden hier zahlreiche Veranstaltungen und Konzerte statt. Öffnungszeiten Di.–So. 11–17 Uhr. Eintrittspreise: 6 Euro, ermäßigt 3 Euro.

Bekannt wurde dieser Stadtteil durch den Hauptmann von Köpenick. Die wahre Geschichte handelt vom Schuster Wilhelm Voigt, der auf die schiefe Bahn geriet und im Gefängnis landete. Nach seiner Entlassung wollte er zunächst ein ehrliches Leben führen, er hatte jedoch weder Arbeit noch Wohnung. Schließlich erwarb er die alte Uniform eines Hauptmanns und stürmte mit zwölf Soldaten das Rathaus von Köpenick. Er stahl die Stadtkasse und verschwand. Als nach dem Dieb gefahndet wurde, stellte sich Voigt und landete erneut im Gefängnis.

Zurück geht es über die Dammbrücke, dann rechts auf die Bahnhofstraße. Diese führt geradewegs zum S-Bahnhof Köpenick.

26 Um den Müggelsee

Venedig mitten in Berlin

Leicht | 25 km | ↑80 m ↓80 m | 2 Std.

Tourencharakter
Sehr schöne Rundtour über flaches Gelände mit zahlreichen Möglichkeiten zum Baden oder Picknicken. Größtenteils asphaltierte Wege oder Feldwege, viel Schatten.

Ausgangs-/Endpunkt
S-Bahnhof Friedrichshagen

GPS
52° 27' 25.0" N
13° 37' 32.2" E

Anfahrt
Auto: Über die B 1 bis Dahlwitz, weiter auf der Friedrichshagener Chaussee. Die Straße führt direkt zum Bahnhof.
Bus/Bahn: S 3 und Regionalverkehr bis/ab Bahnhof Erkner.

Einkehr
Direkt am Müggelsee gibt es lediglich die Restaurants Neu Helgoland und Rübezahl auf der Südseite des Sees. Ideal für diese Tour ist jedoch ein gut gefüllter Picknickkorb, denn es gibt jede Menge schöne Rastplätze entlang des Ufers.

Karte
Radwander- und Wanderkarte Müggelsee und Umgebung, Verlag Dr. Barthel, 1:35 000

Information
Touristinformation Berlin Treptow-Köpenick
Tel. 030 655 755 50/51
www.tkt-berlin.de

Der Große Müggelsee ist mit 7,7 km² und einer Uferlinie von fast 15 km der größte See in Berlin. Von Friedrichshagen führt die Radtour durch Neu-Venedig und weiter entlang des Europaradwegs R1 durch den Müggelheimer Forst.

Es geht los am S-Bahnhof Friedrichshagen. Vom Bahnhofsgebäude geht es rechts in die Bölschestraße. Friedrichshagen und vor allem die Bölschestraße sind sehr beschaulich. Schöne Altbauten säumen die Straße und mit Metzgerei, Cafés, Buchhandlung und Kiezbäcker gibt es hier noch eine florierende Ladenkultur.

Immer geradeaus bis zum Müggelseedamm. Dort nach links abbiegen. Die Tour führt hier zunächst ein Stück an der Straße entlang. Kurz vor dem Berliner Stadtforst gibt es einen Feldweg auf der rechten Seite. Dieser Teil der Strecke ist etwas holprig, dafür radelt man im Grünen. Am Strandbad Müggelsee, das

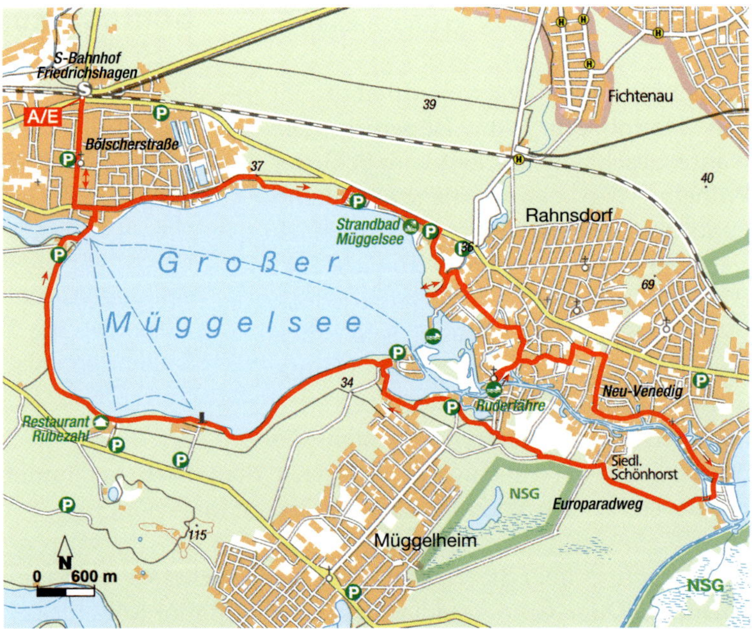

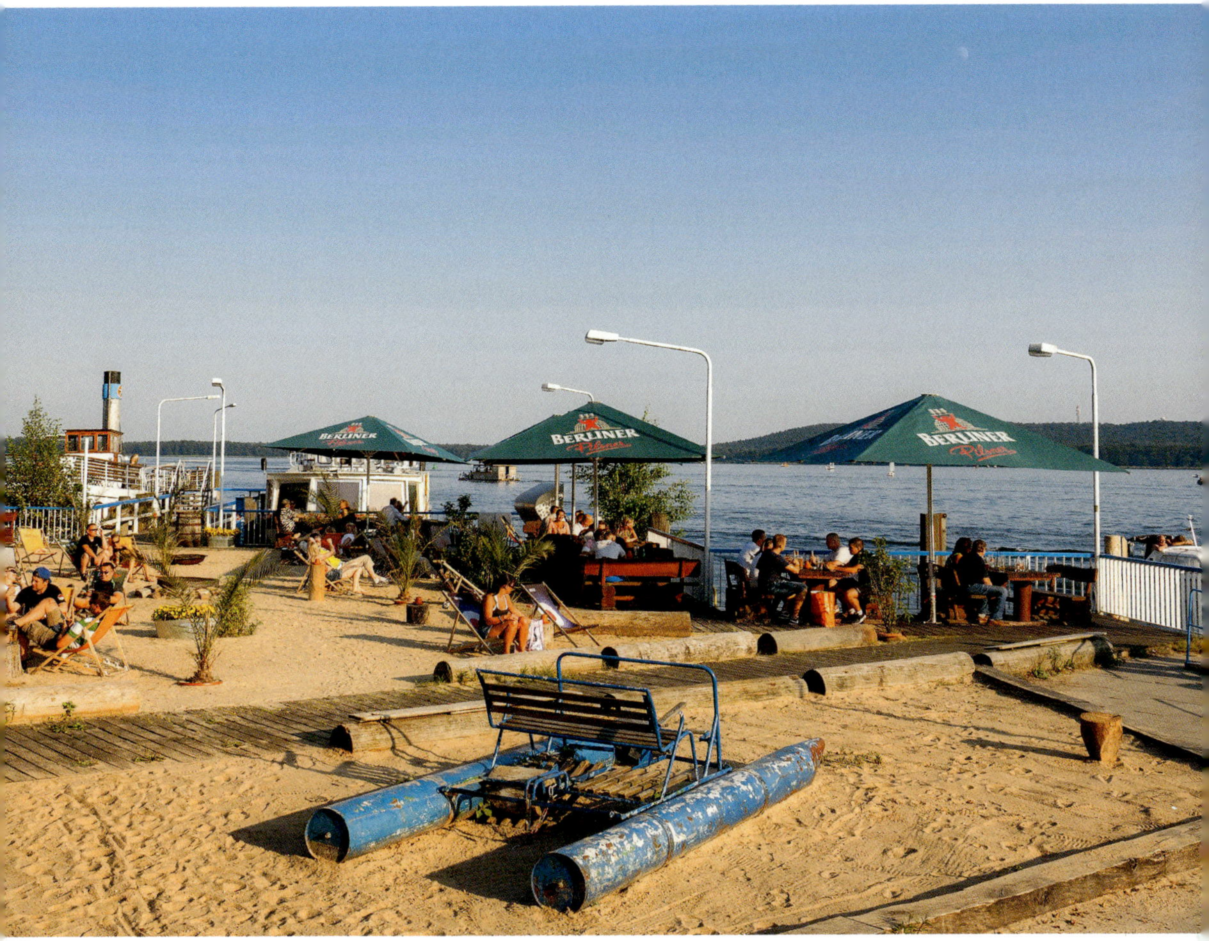

bereits seit 1912 Badegäste aus Berlin und Umgebung empfängt, endet der Feldweg und man fährt weiter entlang des Fürstenwalder Damms.

Strandbars am Müggelsee laden zu einer Pause ein.

Hinter dem Strandbad geht rechts ein Wanderweg hinein, der zum Müggeleck führt. Ein wunderbarer Ort mit tollem Blick auf den See.

Restaurant Rübezahl

Das Restaurant Rübezahl mit Biergarten liegt am Müggelsee und bietet einen tollen Ausblick auf den See. Im Sommer gibt es auch einen Bootsverleih.

Ein Stück zurück entlang des kleinen Bachs. Über eine kleine Brücke, über die man sein Fahrrad leider tragen muss, gelangt man nach Neu-Venedig, dessen Wege so schöne Namen tragen wie Lachsfang, Hechtstraße oder Quappenzeile. Man fährt über die Brückenstraße und weiter auf der Wiesenstraße. Am Lachsfang rechts und geradeaus auf die Dorfstraße. Man gelangt nach

Rahnsdorf, wo es Berlins einzige Ruderfähre gibt. Weiter auf der Straße 546 und der Dora-Mendler-Straße, am Schleiengang links und jeweils rechts an Plutoweg und Rialtoring. So schlängelt sich die Tour durch das schöne Neu-Venedig. Es fällt schwer zu glauben, dass man noch in Berlin ist.

Rechts: Am Restaurant Rübezahl

Unten: Der Name »Neu-Venedig« ist Programm.

Am Ende geht es über die Triglawbrücke. Ab hier kann man der Beschilderung des Europaradwegs R1 folgen. Die Strecke ist in weiten Teilen asphaltiert.

Ruderfähre F24 in Rahnsdorf

In Rahnsdorf gibt es die kleinste Fähre Berlins mit dem Namen »Paule III«. Fährmann Ronald Kebelmann bringt Ausflügler mit nur zwölf Ruderschlägen an Wochenenden (Mai–Okt.) von Rahnsdorf nach Müggelheim. Acht Personen passen an Bord sowie bis zu drei Fahrräder. Fährzeiten: 11–19 Uhr. Es gelten BVG-Tickets und -Abos.

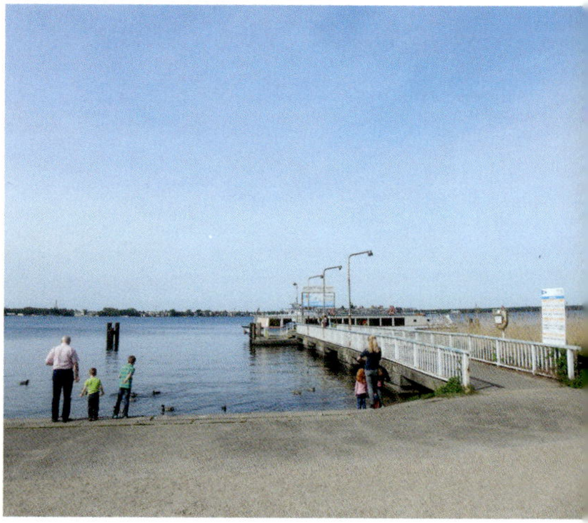

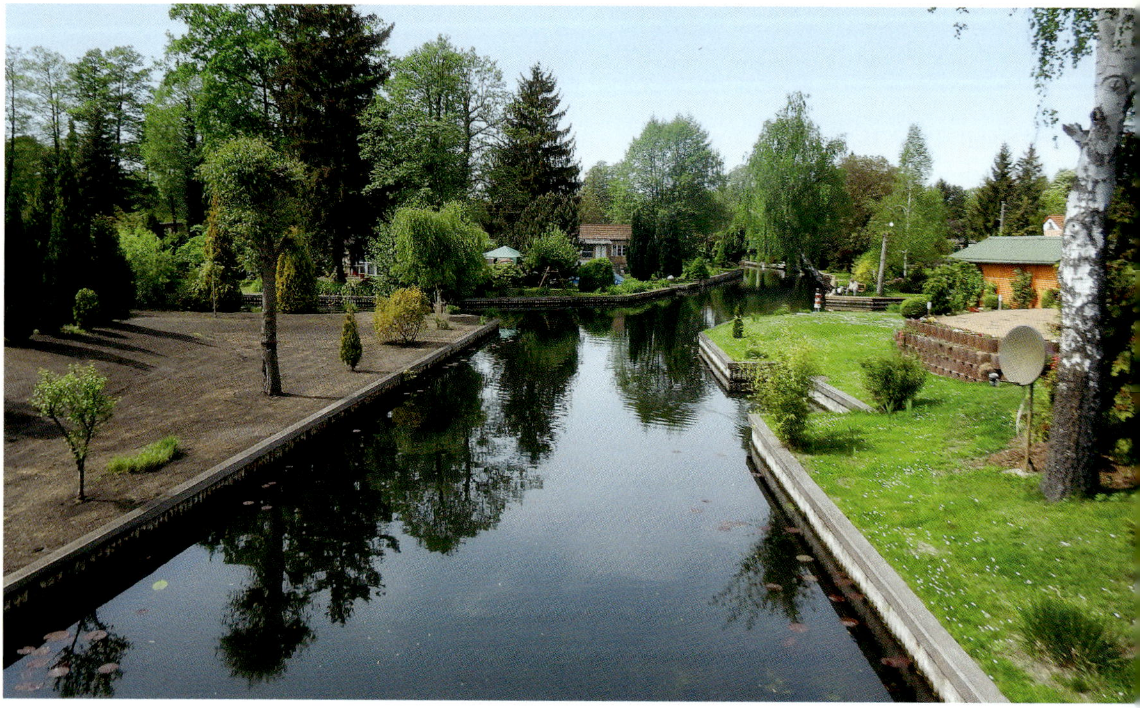

Vorbei am kleinen Müggelsee, dann nach rechts, um auf den Wanderweg ans Ufer des Großen Müggelsees zu gelangen. Im Sommer kann man an den kleinen Buchten überall ins Wasser springen oder picknicken. Die großen Bäume entlang des Ufers spenden Schatten.

Die Radtour führt immer entlang des Müggelsees, vorbei am Restaurant Rübezahl bis zum Spreetunnel und schließlich wieder über die Bölschestraße zum S-Bahnhof Friedrichshagen.

Viel Natur entlang des Müggelsees

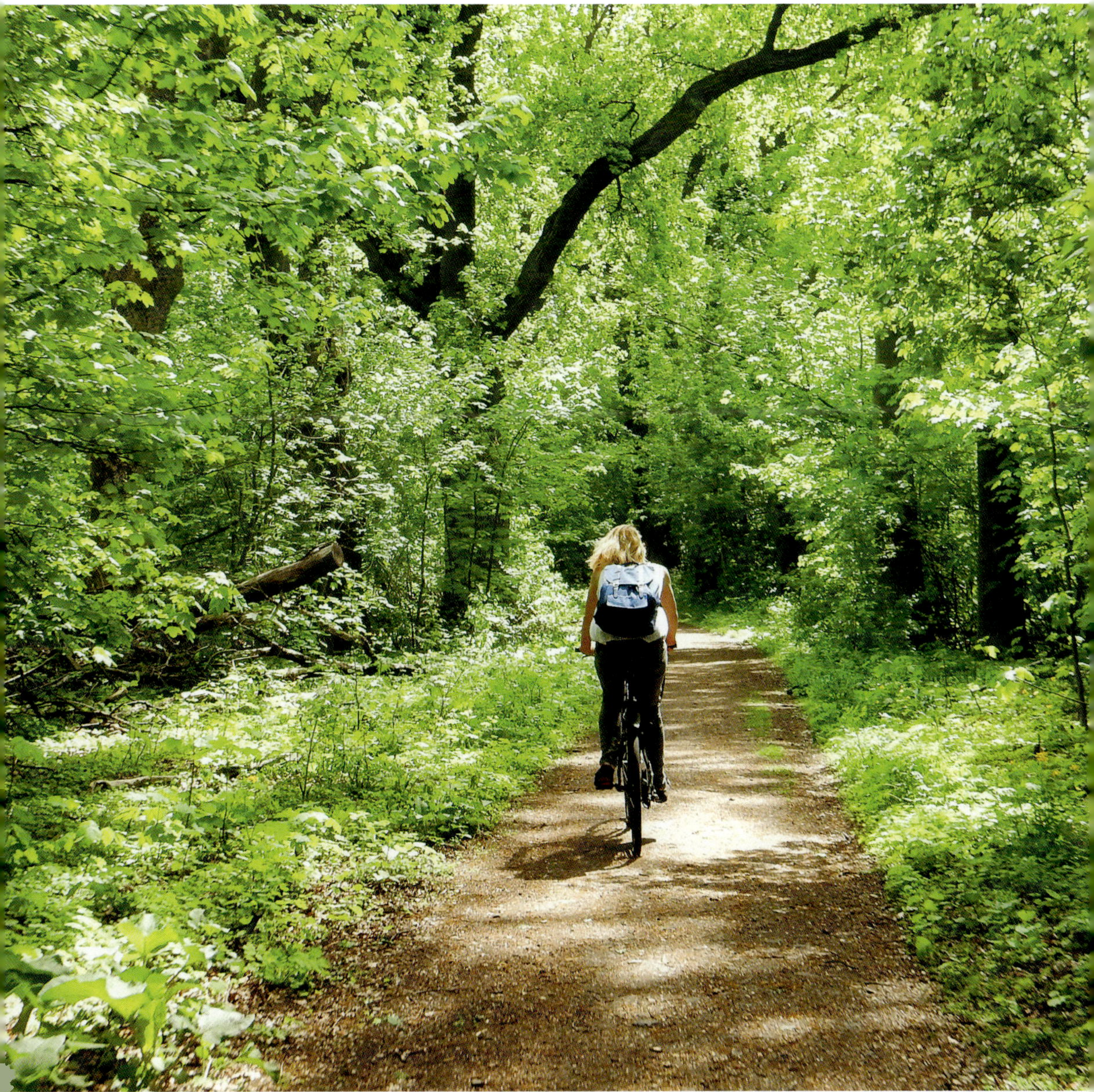

27

An der Spree nach Spandau

Immer nah am Wasser

Leicht | 16 km | ↑40 m ↓50 m | 1 Std.

Tourencharakter
Fahrradtour mit sehr schöner Aussicht, überwiegend durch Parks und Nebenstraßen. Lediglich hinter dem Schloss Charlottenburg geht es entlang größerer Straßen mit Fahrradweg. Daher ist diese Tour auch gut mit Kindern zu bewältigen.

Ausgangs-/Endpunkt
S+U-Bahnhof Potsdamer Platz
S-Bahnhof Spandau

GPS
52° 30‘ 34.5“ N
13° 22‘ 35.5“ E

Anfahrt
Bus/Bahn: Anreise S 1, S 2, S 25, S 26 und U 2 bis S+U-Bahnhof Potsdamer Platz. Rückreise S 3, S 5 und S 9 ab S-Bahnhof Spandau.

Einkehr
Direkt entlang der Route gibt es nur eine Handvoll Einkehrmöglichkeiten. Man kann jedoch immer einen Abstecher einlegen und findet aufgrund der Innenstadtlage dann einige Möglichkeiten. Empfehlenswert sind der Biergarten Schleusenkrug am Landwehrkanal sowie das Brauhaus Spandau nördlich der Altstadt Spandau.

Karte
Pharus-Plan Berlin – Mittlere Ausgabe, 1:16 000

Information
visitBerlin
Tel. 030 25 00 23 33
www.visitberlin.de

Die Radtour führt vom quirligen Potsdamer Platz bis ins ruhige Spandau. Berlin zeigt sich hier von seiner wohl grünsten Seite. Auf der Tour folgt man dem Verlauf der Spree, was die Orientierung sehr leicht macht.

Start der Tour ist der S+U-Bahnhof Potsdamer Platz mit der historischen Ampelanlage. Man lässt die Hektik des Platzes hinter sich und radelt über die Bellevuestraße zum Tiergarten. An der Lennéstraße links und hinter dem Tiergartentunnel gleich rechts in den Park hinein. Hier lässt es sich wunderbar radeln.

Nach ein paar Metern links halten auf die Achse, die zum Schloss Bellevue führt. Nach weiteren 400 m links einbiegen.

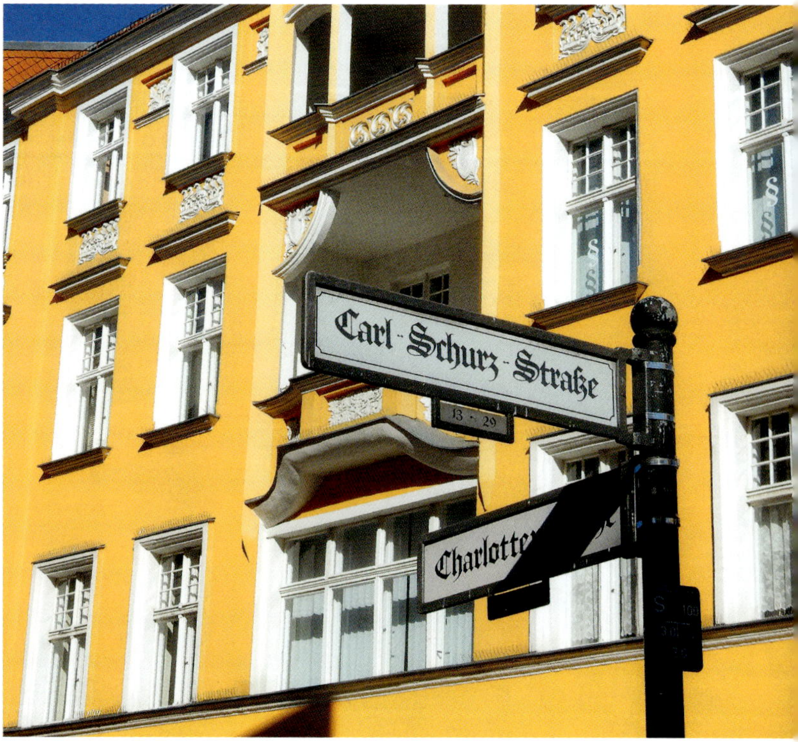

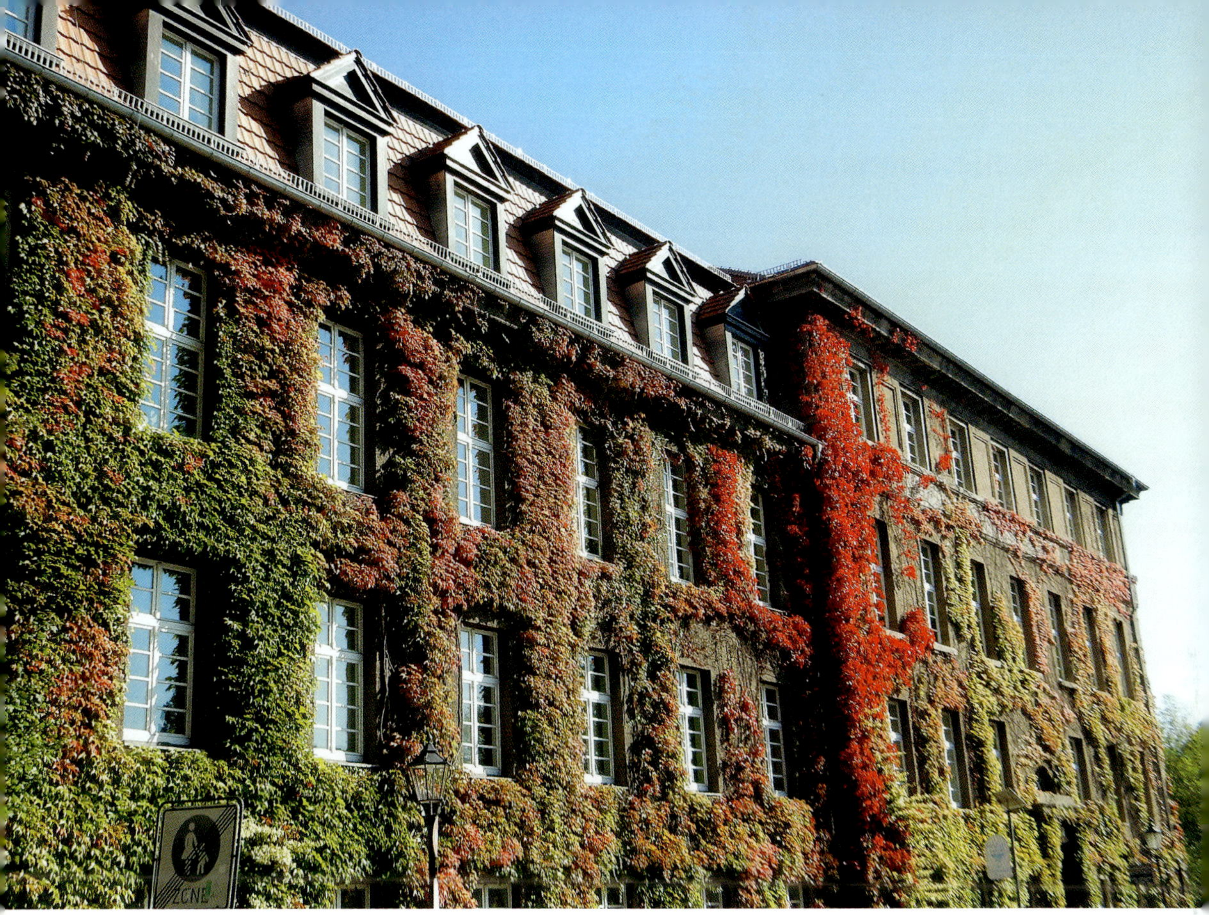

Farbenschauspiel im Herbst

Dem Weg folgen, vorbei am Rosengarten und einem der Seen des Parks. Es fühlt sich teilweise mal wieder so an, als wäre man in Brandenburg. Wenn der Wind günstig steht, hat man völlige Ruhe. Weiter bis zur zweireihigen Fasanenallee. Dort links schwenken und gleich wieder rechts auf den Großen Weg.

Man kann hier auch ein Stück geradeaus radeln zum schönen Café am Neuen See. Sonst weiter den Weg entlang zum Gaslaternen-Freilichtmuseum. Hier kann man die schönen alten Laternen noch bestaunen. Ein Stück geradeaus lädt der Biergarten Schleusenkrug zu einer Rast ein. Sonst hinter dem Freilichtmuseum nach rechts wenden und am Landwehrkanal entlangfahren.

Brauhaus Spandau

Im Brauhaus Spandau nördlich der Altstadt kann man im Sommer schön draußen und im Winter zwischen den Braukesseln gemütlich drinnen sitzen. Gebraut wird selbst und das Essen ist zünftig.

An der Straße des 17. Juni links abbiegen und dahinter rechts entlang des Einsteinufers. Dieser Weg führt direkt zum schönen

Linke Seite: In der Altstadt Köpenick

Zitadelle Spandau

Eine der besterhaltenen Festungen aus der Hochrenaissance in ganz Europa. Sie ist umgeben von einem Wassergraben. Im Restaurant kann man ritterlich speisen und die zahlreichen Veranstaltungen locken jährlich viele Besucher an. Schön ist auch der alljährliche Weihnachtsmarkt. Noch dazu dient die Zitadelle bis zu 10.000 Fledermäusen als Winterquartier.

Schlosspark Charlottenburg. Diese wunderschöne Parkanlage ist nicht nur im Sommer ein Genuss. Von der Brücke am Karpfenteich hat man einen traumhaften Blick auf das Schloss.

Es geht immer weiter an der Spree entlang. Man verlässt den Schlossgarten Richtung Norden und fährt weiter vorbei an der Rudolf-Wissel-Brücke.

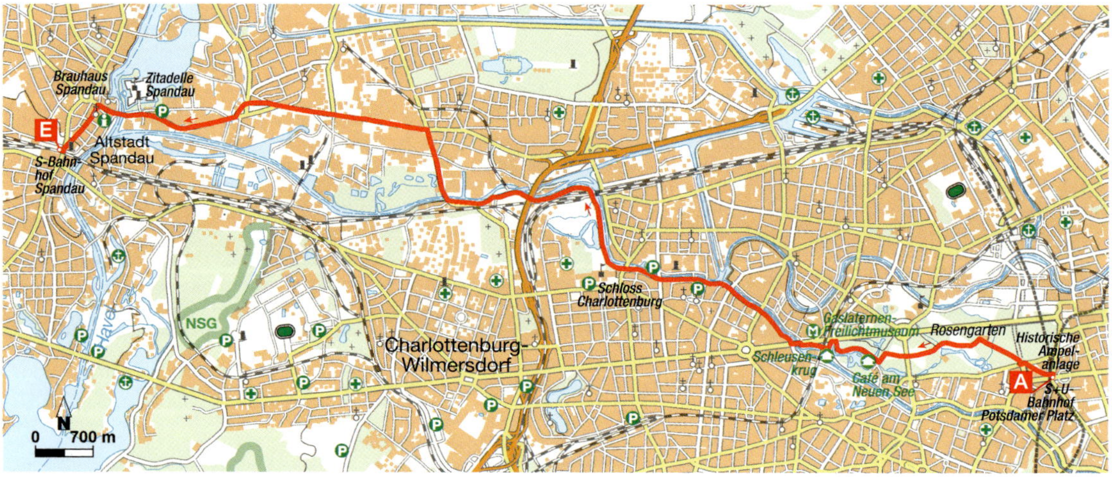

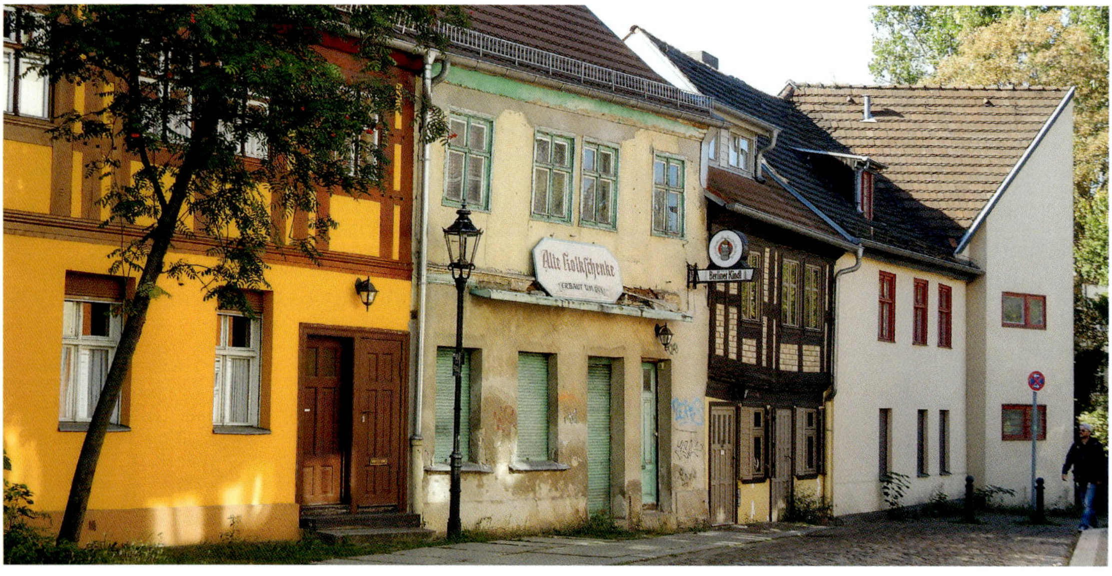

Am Rohrdamm dann rechts einbiegen. Ab hier wird es etwas unspektakulär. An der Nonnendammallee links schwenken.

Immer geradeaus fahren. Ein Besuch der Zitadelle und des stadtgeschichtlichen Museums sind empfehlenswert. An der Carl-Schulz-Straße gelangt man linker Hand in die Altstadt Spandau. Man kann hier aber auch einen Abstecher nach rechts zum Brauhaus Spandau machen. Zünftiges Essen und eigenes Bier bilden einen schönen Abschluss der Radtour.

Sonst geht es auf der Carl-Schulz-Straße einmal quer durch die Altstadt zum S-Bahnhof Spandau, von wo die Rückreise angetreten werden kann.

Linke Seite: Die Straße Kolk in Spandau verfügt über sehr alte Gebäude.

Immer entlang der Spree

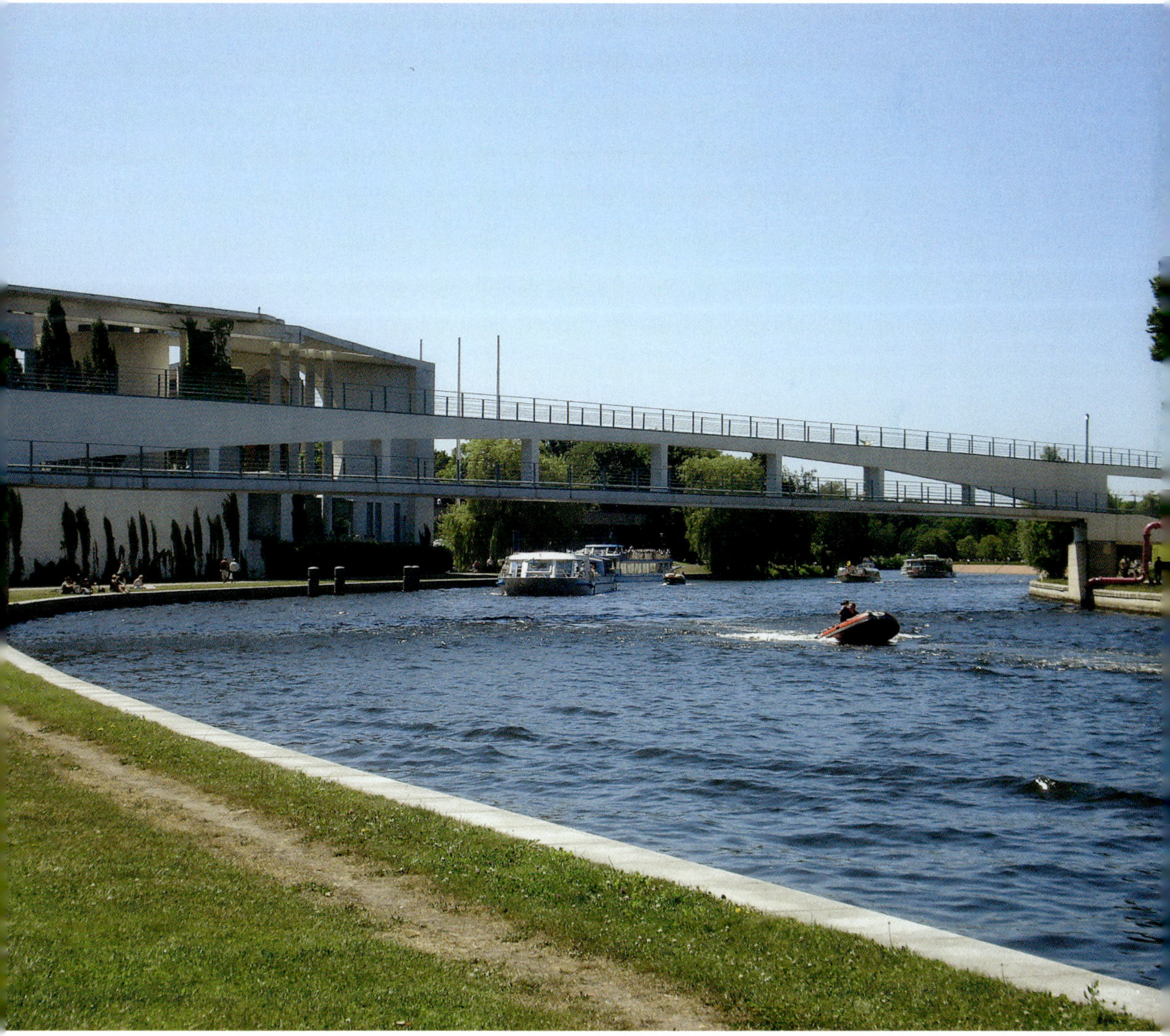

28 Um den Tegeler See

Badespaß und Naturfreude

Leicht | 16 km | ↑70 m ↓70 m | 1 Std.

Tourencharakter
Sehr leichte und an schönen Aussichten reiche Fahrradtour am Tegeler See entlang. Viele Möglichkeiten zum Baden, und daher bestens geeignet für Familien mit Kindern.

Ausgangs-/Endpunkt
S-Bahnhof Tegel

GPS
52° 35‘ 18.5“ N
13° 17‘ 18.9“ E

Anfahrt
Auto: Über A 111 bis zur Ausfahrt Waidmannsluster Damm/Hermsdorfer Damm. Weiter auf Waidmansluster Damm und Buddestraße.
Bus/Bahn: S 25 bis/ab S-Bahnhof Tegel

Einkehr
Es gibt ein paar Einkehrmöglichkeiten direkt in Tegel oder an der Jungfernheide. Empfehlenswert sind das Café im Bienenstock mit kleinem Außenbereich oder das Fährhaus Saatwinkel mit Biergarten direkt am See.

Karte
Pharus-Plan Berlin–Reinickendorf und Glienicke/Nordbahn, 1:16 000

Information
Tourismusverein Berlin – Reinickendorf e.V.
Tel. 30 291 17 73
www.tourismusinfo-berlin.de

Die perfekte Fahrradtour für einen Badeausflug zum Tegeler See. Man radelt entspannt am Ufer entlang und es gibt zahlreiche Gelegenheiten zum Abkühlen oder Einkehren in einem der Biergärten.

Man startet am S-Bahnhof Tegel. Vom Bahnhofsgebäude aus links halten und geradeaus in die Brunowstraße fahren. Bis zum Ende und dann nach rechts schwenken in den Eisenhammerweg. An der Dorfkirche Alt-Tegel links einbiegen auf den Fußweg Richtung Greenwichpromenade. Wer hier noch nicht war, der sollte erst einmal den traumhaften Blick auf den Tegeler See genießen. Außerdem tummeln sich hier Ausflügler, Hundebesitzer, Schwäne und allerhand Boote.

An der Promenade radelt man nach rechts zur Sechserbrücke. Auf Schienen an den Seiten kann man hier sein Fahrrad bequem über die Brücke schieben. Dahinter lädt das kleine Café zu einer ersten Pause am See ein.

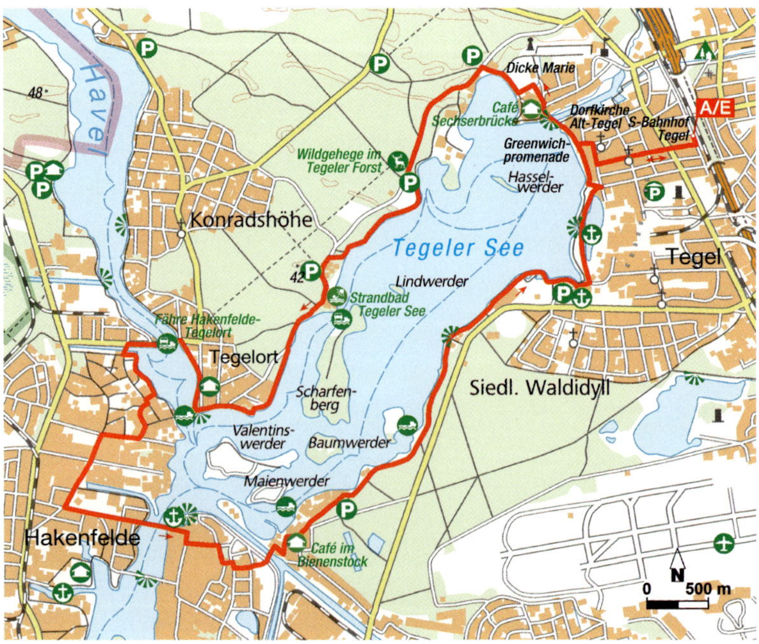

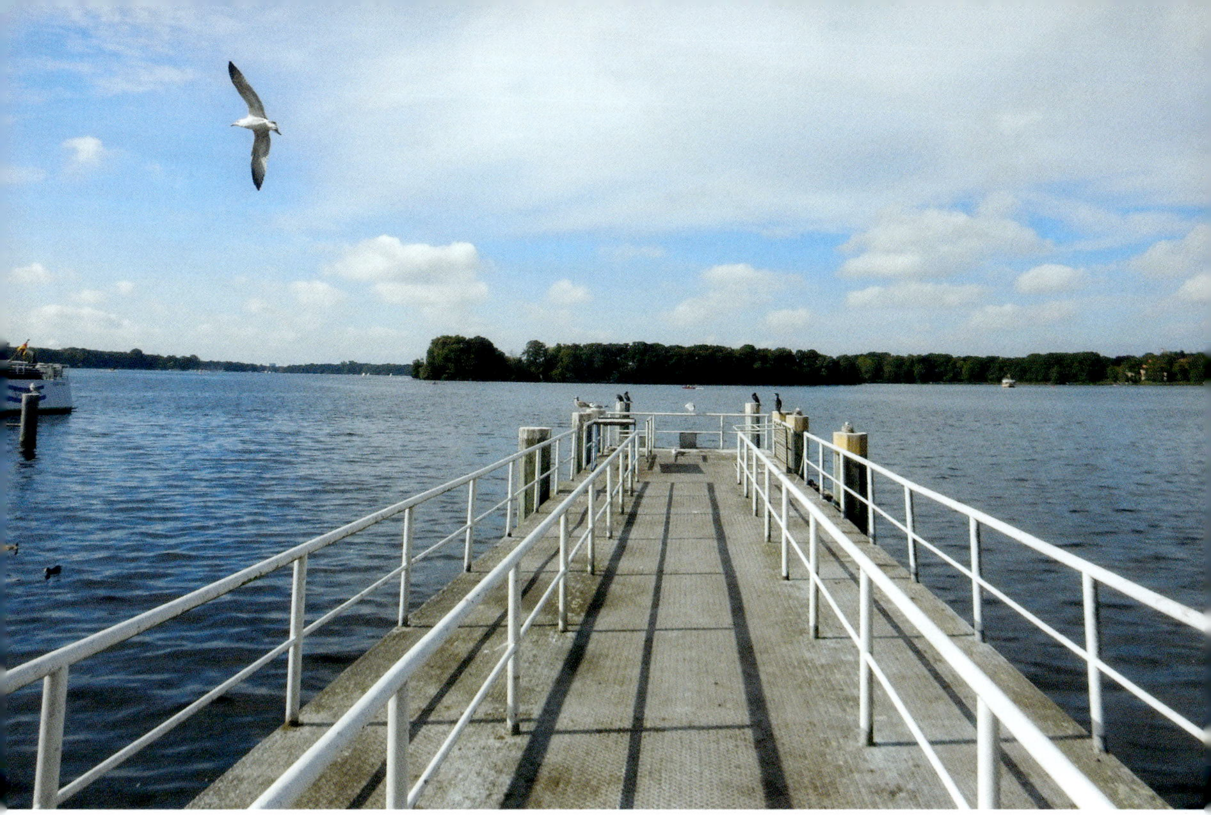

Ein Stück geradeaus und dann dem Weg An der Malche folgen. Der Weg macht einen Knick und verläuft anschließend direkt am Ufer des Sees entlang. Nach etwa 600 Metern befindet sich auf der rechten Seite die Dicke Marie. Berlins ältester Baum steht seit 1107 hier in Tegel und wurde von den Gebrüdern Humboldt, die ganz in der Nähe wohnten, scherzhaft nach ihrer korpulenten Köchin benannt.

Diese Tour eignet sich sehr gut für Familien mit Kindern.

Moby Dick

Wer nach der Radtour noch Zeit und Lust hat, dem sei eine Schiffstour mit dem Dampfer Moby Dick über den Tegeler See ans Herz gelegt. Von der Greenwichpromenade geht es bis nach Spandau und zurück.

An der T-Kreuzung biegt man links in den Schwarzen Weg ein. Weiter geht es über einen asphaltierten Weg durch den Tegeler Forst. Es lässt sich hier wunderbar radeln. Hinter der Halbinsel Reiherwerder befindet sich rechter Hand ein Wildtiergehege. Es lohnt sich, vom Rad abzusteigen. Gegenüber dem Gehege führt die Tour weiter auf einen Feldweg am Ufer des Tegeler Sees entlang. Man kann hier wunderbar den Blick schweifen lassen.

Man folgt dem schönen Uferweg und gelangt nach rund einem Kilometer wieder auf den asphaltierten Schwarzen Weg. Es

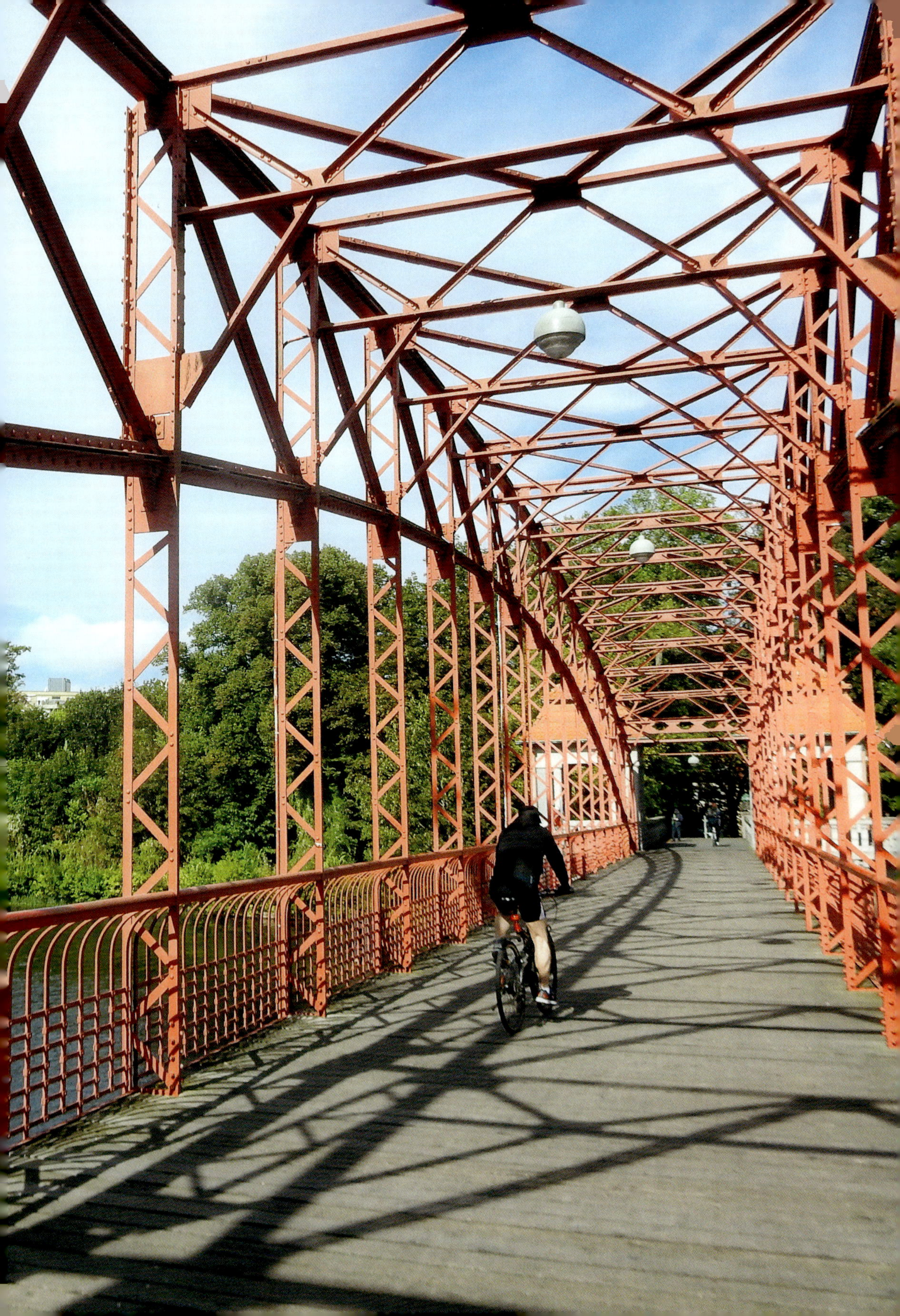

geht vorbei am Strandbad Tegeler See und weiter an einer idyllischen Badestelle mit Blick auf die Insel Scharfenberg.

Am Ende des Uferweges gelangt man auf die Straße Tegelorter Ufer. An der nächsten Kreuzung biegt man nach links auf die Scharfenberger Straße und dann wieder links auf einen Uferweg.

Entlang der Havel kann man hier wunderbar radeln, tolle Ausblicke inklusive. An der Jörsstraße befindet sich Berlins einzige Autofähre. Mit dieser fährt man auf die andere Seite nach Hakenfelde (1 Euro pro Person und Fahrrad). Kurz hinter der Fähre führt links eine Rampe zu einer Brücke über den Aalemannkanal. Ab hier kann man der Beschilderung nach Spandau folgen. Immer geradeaus und nach etwa 300 Metern biegt man nach rechts ab. Am Elkartweg links schwenken bis auf die Werderstraße.

Café im Bienenstock

Am Parkplatz an der Lindenallee gibt es das süße kleine Café im Bienenstock. Bei Kaffee und Kuchen kann man hier schön draußen sitzen und die Sonne genießen.

An der Kreuzung zur Goltzstraße links einbiegen, an der Rauchstraße erneut nach links und weiter über die Wasserstadtbrücke. Hinter dem Kölpinseeweg nach links auf einen Fußweg wenden und nach 150 Metern erneut nach links radeln über den Saatwinkler Steg. Bei schönem Wetter kann man hier Sportler beim Kanupolo sehen.

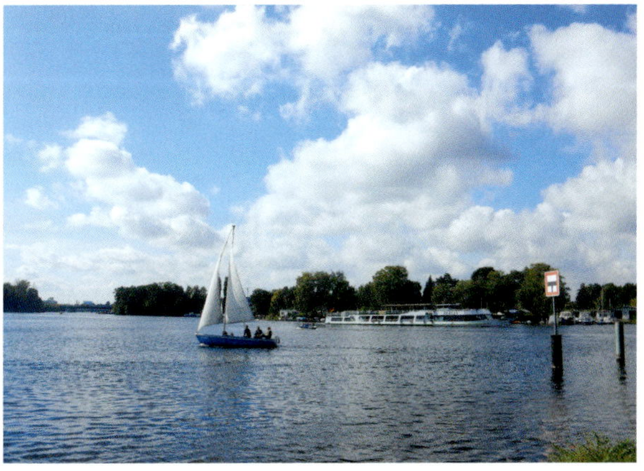

Häufig kann man auf dem Tegeler See auch Regatten beobachten.

Linke Seite: Die Sechserbrücke an der Greenwichpromenade

Hinter der Brücke links halten und an der Lindenallee wieder nach links schwenken. Am Parkplatz an der Lindenallee gibt es das süße kleine Café im Bienenstock mit Sommerterrasse und Buddelkasten für die Kleinen. Weiter auf der Straße Im Saatwinkel. Vorbei am Seebad Tegel radelt man hier wieder direkt am Ufer entlang.

Am Ende des Uferweges gelangt man auf die Neheimer Straße. Links einbiegen und gleich wieder links auf den Borsigdamm. Nach einem kurzen Stück erreicht man dann erneut die Greenwichpromenade. Man nimmt den gleichen Weg über Alt-Tegel, Eisenhammerweg und Brunowstraße zurück zum S-Bahnhof Tegel.

29 Von Spandau nach Potsdam

Immer entlang der Havel

Mittel | 26 km | ↑67 m ↓67 m | 1.30 Std.

Tourencharakter
Einfache Tour mit viel schöner Aussicht. Gute Beschilderung und häufig auch abseits von viel befahrenen Straßen.

Ausgangs-/Endpunkt
S-Bahnhof Spandau
S-Bahnhof Potsdam

GPS
52° 32' 05.2" N
13° 11' 58.4" E

Anfahrt
Bus/Bahn: Anreise S 3, S 9 sowie Regional- und Fernverkehr bis S-Bahnhof Spandau. Rückreise S 7 sowie Regional- und Fernverkehr ab S-Bahnhof Potsdam.

Einkehr
Die meisten Einkehrmöglichkeiten findet man eher in der Altstadt Spandau und in Potsdam. Entlang der Havel gibt es kaum Restaurants, dafür aber viele Rast- und Picknickplätze. Empfehlenswert ist das Brauhaus Spandau mit gemütlichem Biergarten.

Karte
Rad-, Wander- und Gewässerkarte Havelseen 1, 1:35 000, Verlag grünes herz

Information
Touristinformation Berlin Spandau
Tel. 030 333 93 88
www.spandau-tourist-information.de

Der Havelradweg begleitet die Havel vom Ursprung in Mecklenburg-Vorpommern bis zur Mündung in Sachsen-Anhalt. Diese Etappe verläuft von Spandau bis ins mondäne Potsdam immer am Wasser entlang.

Die Tour startet am S-Bahnhof Spandau. Zunächst ein Stück entlang des Altstädter Rings. Hinter der Jüdenstraße rechts einbiegen auf einen Fußweg neben dem kleinen Kanal, der die Altstadt Spandau umgibt. An der Straße Am Juliusturm rechts schwenken. Wer mag, kann hier einen Abstecher zum Brauhaus Spandau machen. Sonst an der Carl-Schurz-Straße rechts abbiegen in die Altstadt.

Hier ist es schon sehr beschaulich. Es stehen hier noch viele schöne alte Häuser samt der obligatorischen Dorfkirche. Jedoch ist die Atmosphäre einer Altstadt hier komplett verloren gegan-

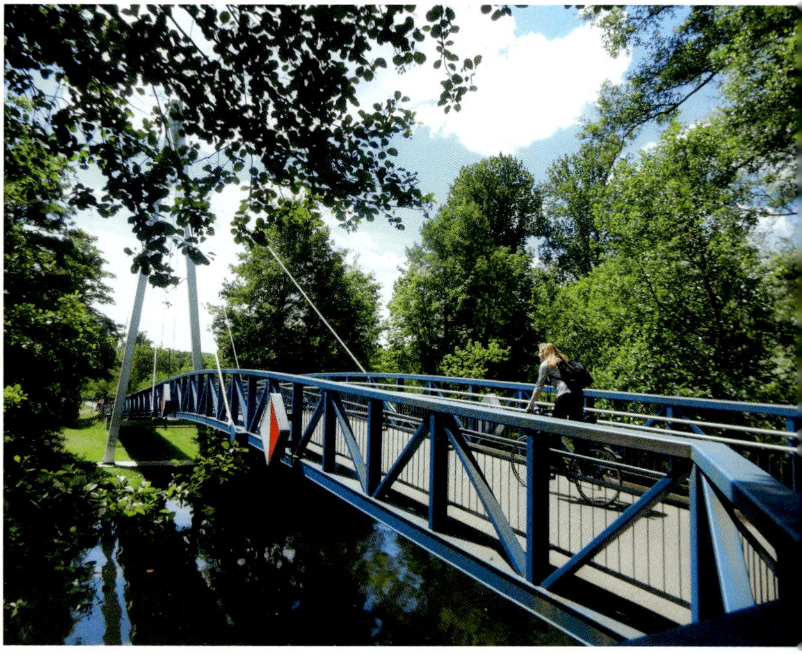

Am Aalemannkanal

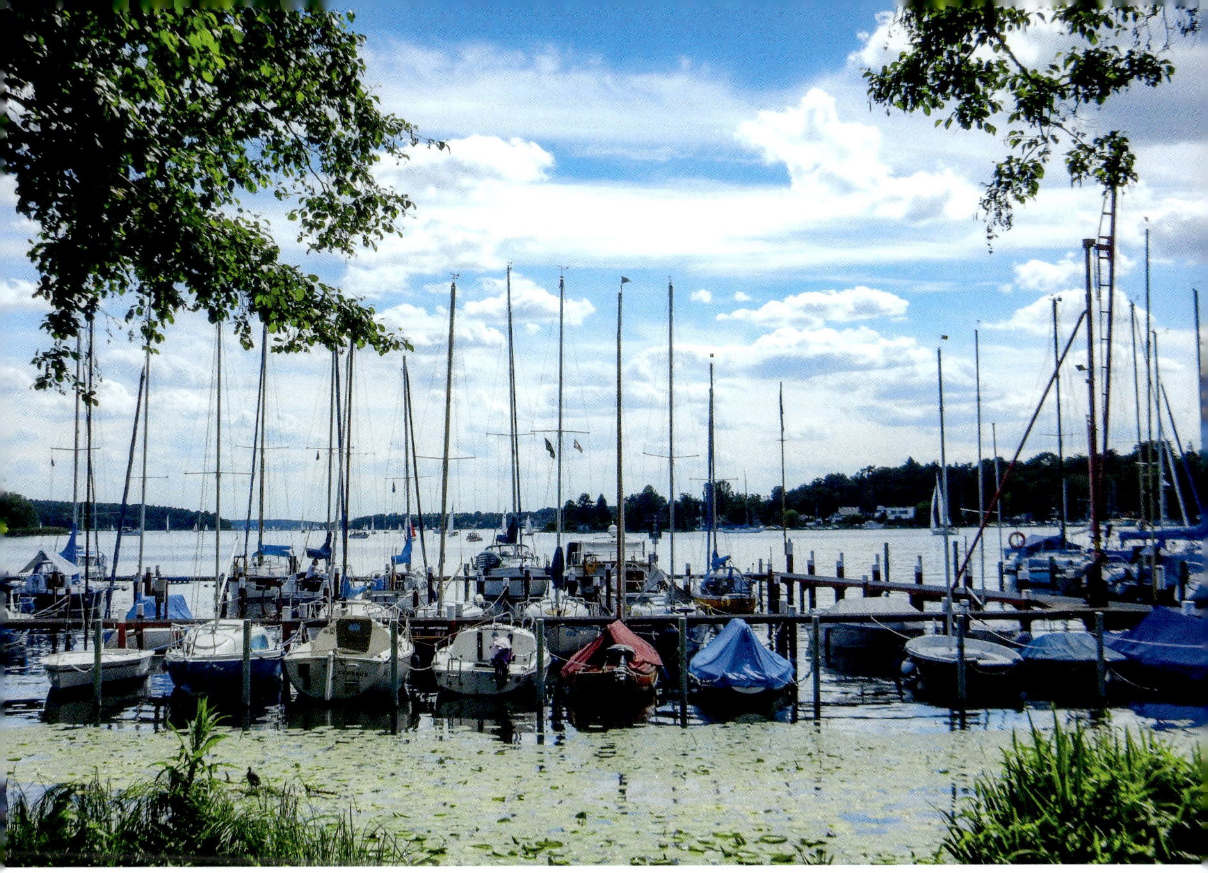

Segelboote, wohin das Auge reicht

gen. Dönerbuden und Billigläden aller Art reihen sich hier in den wunderschönen Fachwerkhäusern aneinander.

Hinter der Nikolai-Kirche links runter zur Havel radeln. Am Lindenufer rechts und immer dem Wasser nach. Am Ende der Promenade auf die Betckestraße und links in die Götelstraße radeln.

Nach 500 Metern links in den Grimnitzpark und weiter auf dem Tharsanderweg. Links abbiegen auf die Pichelsdorfer Straße und schräg geradeaus über die Heerstraße hinweg nach Alt-Pichelsdorf. Hier befinden sich noch ein paar alte Bauernhäuser unweit der viel befahrenen Heerstraße. Der Name Pichel ist eine alte Bezeichnung für Pech (Holzteer), welches früher hier gewonnen wurde. Zu Beginn des 19. Jahrhunderts wurde hier zudem das erste Dampfschiff Preußens gebaut. Das älteste noch erhaltene Haus in Alt-Pichelsdorf ist der alte Dorfkrug von 1786.

Zünftig essen und trinken

Im Brauhaus Spandau nördlich der Altstadt Spandau kann man im Sommer schön draußen und im Winter zwischen den Braukesseln gemütlich drinnen sitzen. Gebraut wird selbst und das Essen ist zünftig.

Auf der Bocksfeldstraße führt links ein Wanderweg rein, der vorbei an Schrebergärten bis zur Scharfen Lanke geht. Segelboot reiht sich hier an Segelboot. Die Bänke entlang des Ufers laden zu einer Pause ein.

Man wendet sich nach rechts. Ab hier kann man den Schildern nach Gatow oder Kladow folgen. An der Straße am Ortsrand rechts schwenken und links auf die Gatower Straße radeln. Vorbei an der Dorfkirche Alt-Gatow. Kurz hinter dem alten Dorfanger führt links ein Kopfsteinpflasterweg rein vorbei an Obst- und Gemüsegärten einiger Bioläden. Am Ufer nach rechts wenden.

Immer geradeaus. Vorbei am Gutspark Neukladow und der Kladower Fähre. Man landet später auf dem Sakrower

Potsdamer Wassertaxi

Seit 2007 ist das Potsdamer Wassertaxi auf dem Wasser im Potsdamer Stadtgebiet unterwegs. Diese Tour beinhaltet eine Überfahrt mit der Fähre von der Heilandskirche Sacrow zum Schlosspark Glienicke. Diese verkehrt 5-mal täglich, das letzte Mal um 17 Uhr. Es empfiehlt sich, die genauen Fahrzeiten und Preise vorab online nachzusehen unter www.potsdamer-wassertaxi.de.

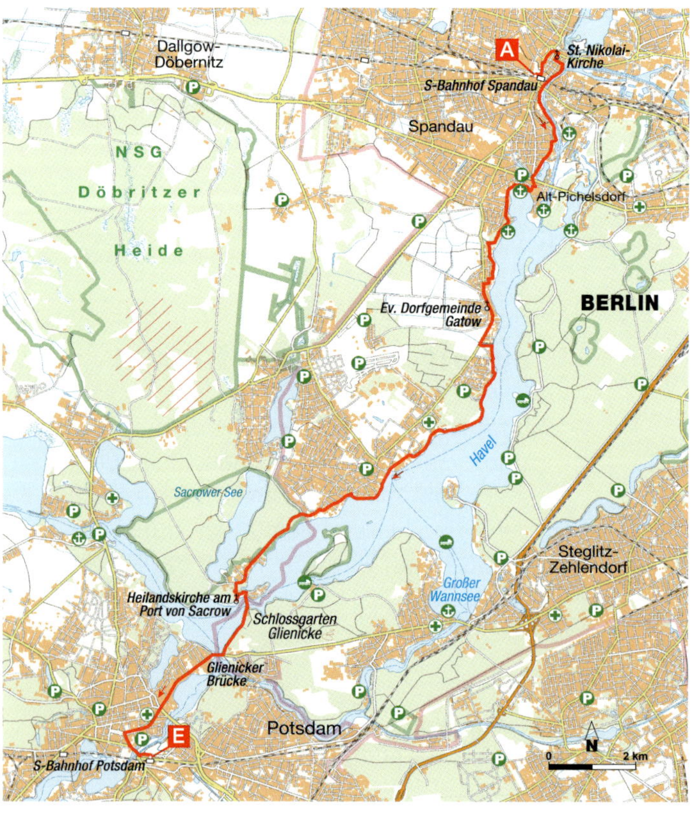

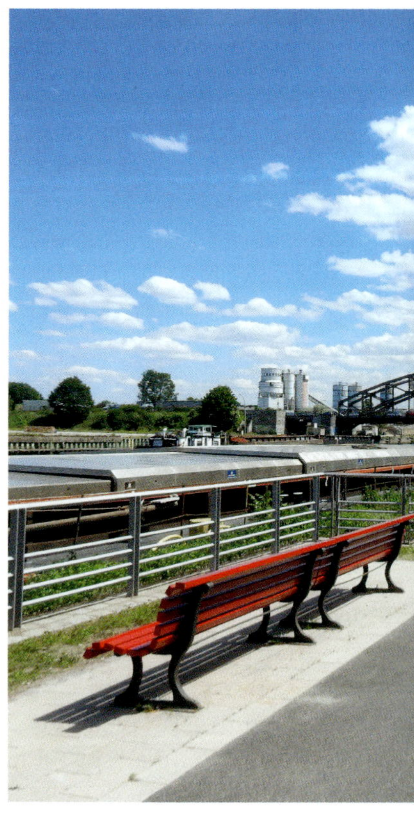

Kirchweg. Hier nach links abbiegen und an der Sakrower Landstraße abermals links halten. An der Fährstraße links einbiegen in den Schlosspark Sacrow und zur gleichnamigen Kirche direkt am Wasser. Diese wurde nach Wünschen von Friedrich Wilhelm IV. im italienischen Stil errichtet. Es wirkt wie aus der Zeit gefallen und ist wunderschön. Eine Pause lohnt sich spätestens hier.

Man macht eine Kehrtwende und hält sich dann immer rechts am Ufer bis zur Fährstraße. Hier rechts abbiegen. Von hier verkehrt das Potsdamer Wassertaxi zum Schloss Glienicke auf die andere Uferseite. Diese verkehrt grob alle 2 Stunden. Die letzte Fähre legt um 17 Uhr ab. Kosten 4 Euro.

Am Fähranleger radelt man nach rechts ein kleines Stück durch den Schlosspark Glienicke. Über die berühmte Glienicker Brücke geht es nach Potsdam. Hinter der Brücke der Berliner Straße weiter folgen. An der Friedrich-Ebert-Straße nach links abbiegen und über die Breite Straße weiter zum Hauptbahnhof Potsdam. Wer mag, kann die Radtour im Nuthe-Park oder der schönen Altstadt Potsdam ausklingen lassen.

Links: Der Uferweg nahe der Altstadt Spandau ist sehr gut ausgebaut.

Es gibt viele Stellen, die sich für eine Pause am Ufer eignen.

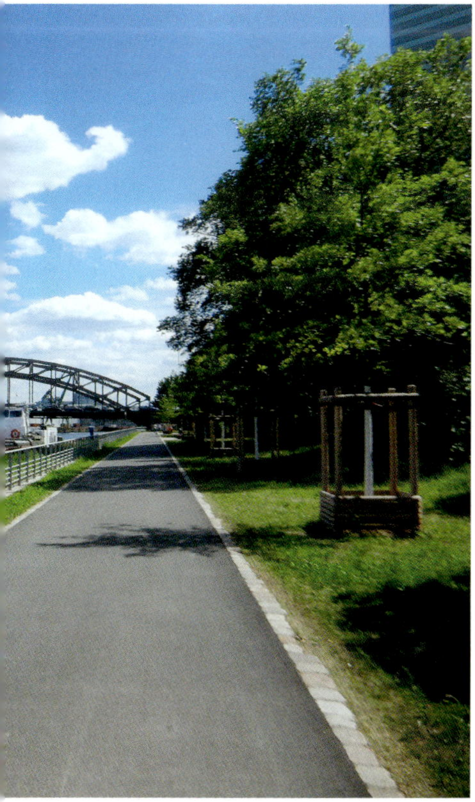

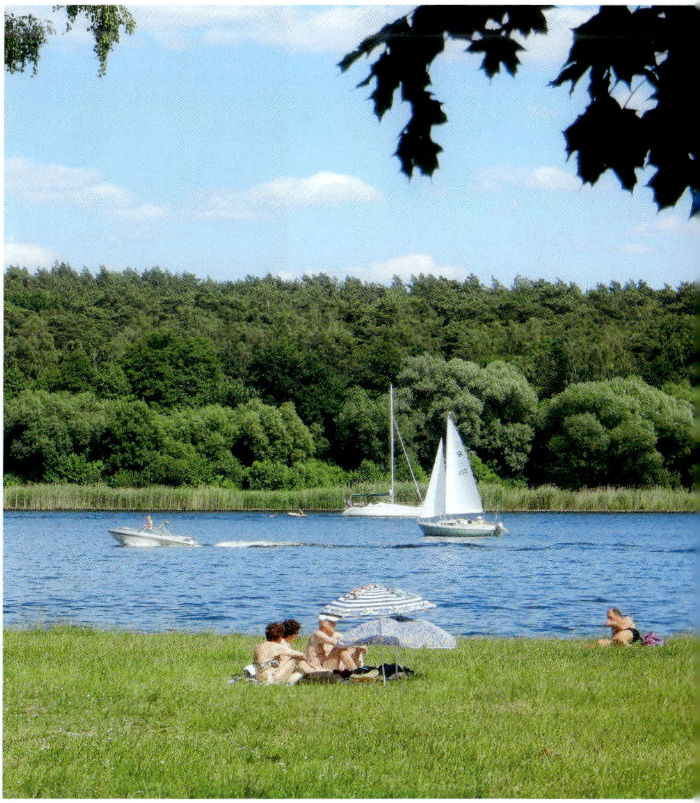

30

Pankeradweg

Der Ursprung von Berlin

Leicht | 16 km | ↑23 m ↓23 m | 1 Std.

Tourencharakter
Eine Tour auf gut ausgebauten Wegen, häufig asphaltiert. Alles in allem eine sehr schöne und vor allem einfache Fahrradtour. Daher auch sehr gut für Familien geeignet.

Ausgangs-/Endpunkt
S-Bahnhof Berlin Hauptbahnhof
S-Bahnhof Karow

GPS
52° 31‘ 35.3“ N
13° 22‘ 08.3“ E

Anfahrt
Bus/Bahn: Anreise U 55, Trambahnen (M 5, M 8, M 10), S-Bahn (S 3, S 5, S 9, S 75) sowie Regionalverkehr bis Berlin Hauptbahnhof. Rückreise S 2 oder Regionalverkehr ab S-Bahnhof Karow.

Einkehr
Direkt entlang der Strecke gibt es nur wenige Einkehrmöglichkeiten. Wenn man sich aber etwas von der Route entfernt, gibt es durch die überwiegende Innenstadtlage viele Restaurants. Schön ist das Café Luise kurz hinter der Badstraße.

Karte
Pharus-Plan Berlin–Reinickendorf und Glienicke/Nordbahn, 1:16 000

Information
visitBerlin
Tel. 030 25 00 23 33
www.visitberlin.de

Denkt man an Flüsse in Berlin, fallen den meisten eher Spree, Havel oder auch der Landwehrkanal ein. Dabei gibt es einen schönen Fluss, der dazu auch noch mit einem wunderbaren Fahrradweg ausgestattet ist: die 29 km lange Panke.

Die Tour beginnt am Hauptbahnhof. Man verlässt ihn in nördlicher Richtung zum Europaplatz und fährt nach rechts zur Invalidenstraße. Hinter der Sandkrugbrücke führt links ein Fußweg entlang des Berlin-Spandauer Schifffahrtskanals hinein.

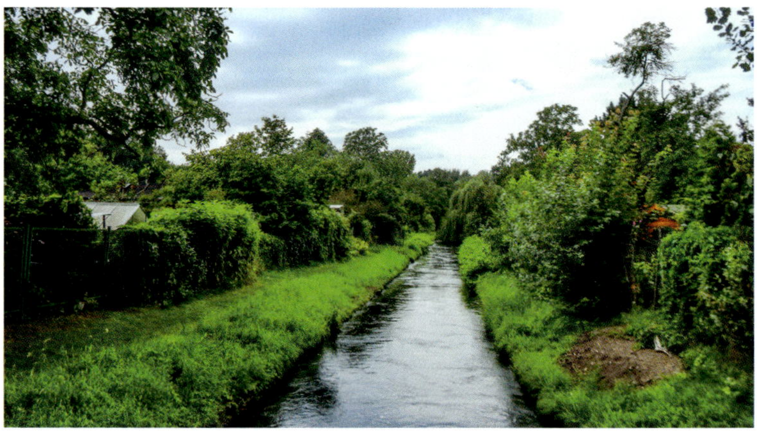

Diesem folgen bis zum Invalidenfriedhof. Hier bitte absteigen und über den Friedhof schieben. Nach etwa 100 m hinter dem Friedhof rechts schwenken auf die Kieler Straße und dann die nächste links auf die Scharnhorststraße. Nach dem Bundeswehrkrankenhaus rechts einbiegen auf die Boyenstraße.

Man gelangt auf die Chausseestraße. Hier geht es schräg rechts, einen Fußweg unter dem Mehrfamilienhaus hindurch. Damit beginnt dann auch schon der offizielle Pankeradweg.

Die Panke wird mehrmals überquert.

Früher siedelten entlang der Panke überwiegend Gerbereien und Färberein, die ihre Industrieabfälle in den kleinen Fluss

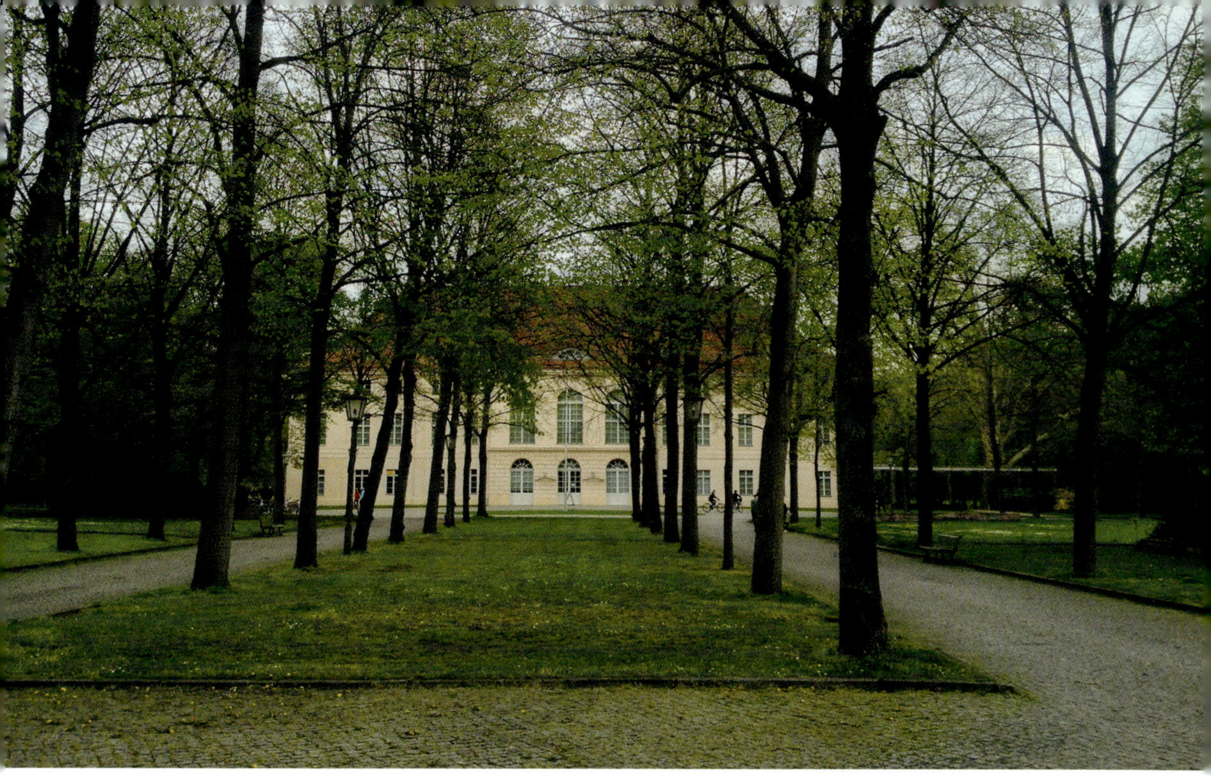

Schloss Schönhausen

kippten. Der Geruch an der Panke muss bestialisch gewesen sein, weswegen sie im Volksmund auch den Beinamen »Stinke-Panke« bekam.

Ab hier führt der gut ausgebaute Weg fast immer direkt an der Panke entlang. An der Pankstraße muss man die Flussseite wechseln, dann weiter geradeaus. Kurz hinter der Badstraße befindet sich das schöne Café Luise. Über die Osloer Straße hinweg und weiter entlang der Ostseite des Flusses. Nach 2,4 km endet der Weg auf der Kühnemannstraße. Hier rechts abbiegen und an der Kreuzung Wilhelm-Kuhr-Straße links auf einen Wanderweg wenden. Unter der Bahntrasse hindurch und weiter geradeaus. Vorbei am Bürgerpark bis zur Wollankstraße.

Im süßen Café Stück vom Glück kann man bei Kaffee und Kuchen schön draußen sitzen. Dahinter nach rechts schwenken und an der Breite Straße erneut rechts. Rechter Hand befindet sich das traumhafte Rathaus Pankow. An der Ossietzkystraße nach links fahren zum Schloss Schönhausen samt Schlosspark.

Kuchen im Café Luise

Das Café Luise befindet sich direkt am Pankeradweg kurz vor der Osloer Straße. Im Sommer kann man gemütlich im Liegestuhl draußen sitzen und die köstlichen Kuchen genießen.

NSG Karower Teiche

Ein Abstecher lohnt sich hier. Kühe grasen gemütlich in der Sonne und von vier Aussichtsplattformen hat man eine tolle Sicht auf die Wasserflächen. Das Gebiet ist ein bedeutendes Brut- und Rastgebiet für Wasservögel. Ringelnatter und Zauneidechse können häufig beobachtet werden. Im Sommer leben über 20 Libellenarten auf und am Wasser.

Hinter der Panke kann man links einen Abstecher zum berühmten Majakowskiring machen. Bis zur Umsiedlung in die Waldsiedlung Wandlitz wohnten hier viele Mitglieder der DDR-Regierung. Der Majakowskiring galt lange als Synonym für die DDR-Regierung. Udo Lindenbergs »Sonderzug nach Pankow« bezieht sich auch darauf.

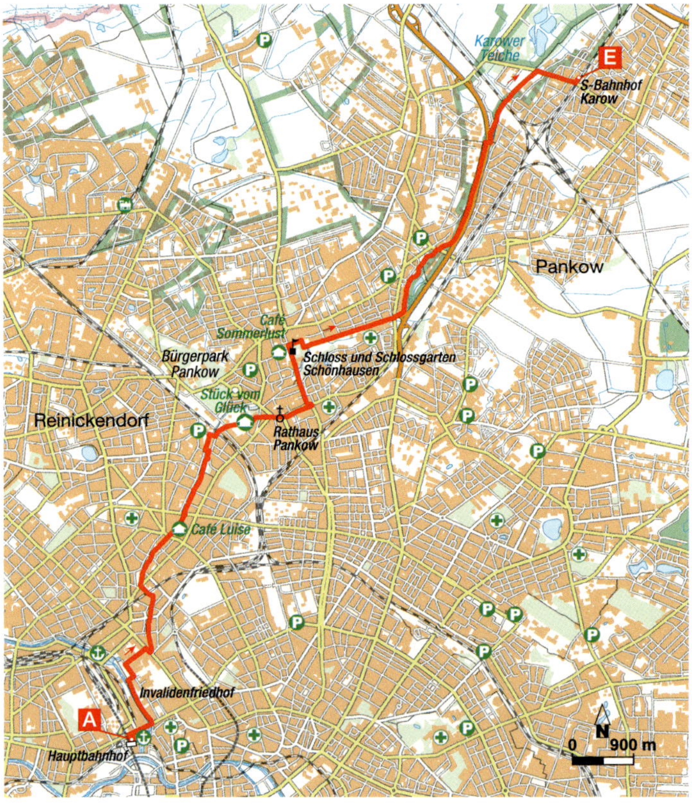

Das Schloss Schönhausen war bis 1964 Amtssitz von Walter Ulbricht, danach wurde es als Gästehaus für Staatsgäste wie Breshnew, Castro und Gorbatschow genutzt. Im Café Sommerlust kann man schön draußen sitzen mit Blick auf das Schloss. Hinter dem Schloss rechts schwenken und dann wieder rechts in den Schlosspark.

Am Ende des Schlossparks radelt man auf die Schlossallee. Nach den Bahngleisen überquert man erneut die Panke, danach gleich nach links wenden. Hier führt die Fahrradtour vorbei an Karpfenteichen sowie dem Pankebecken. Es ist wunderbar grün überall. Weiter geradeaus bis zur Bahnhofstraße. Dort wechselt man die Uferseite. Wenn linker Hand die Straße 73 erscheint, fährt man an der nächsten Kreuzung rechts über die Autobahnbrücke. Danach gleich links halten und weiter geradeaus.

Hinter den Bahngleisen wechselt man erneut die Uferseite. An der Pankgrafenstraße rechts abbiegen zum S-Bahnhof Karow. Wer noch nicht genug hat, dem sei ein Abstecher zum Naturschutzgebiet Karower Teiche empfohlen.

Das Ufer der Panke sieht immer wieder anders aus.

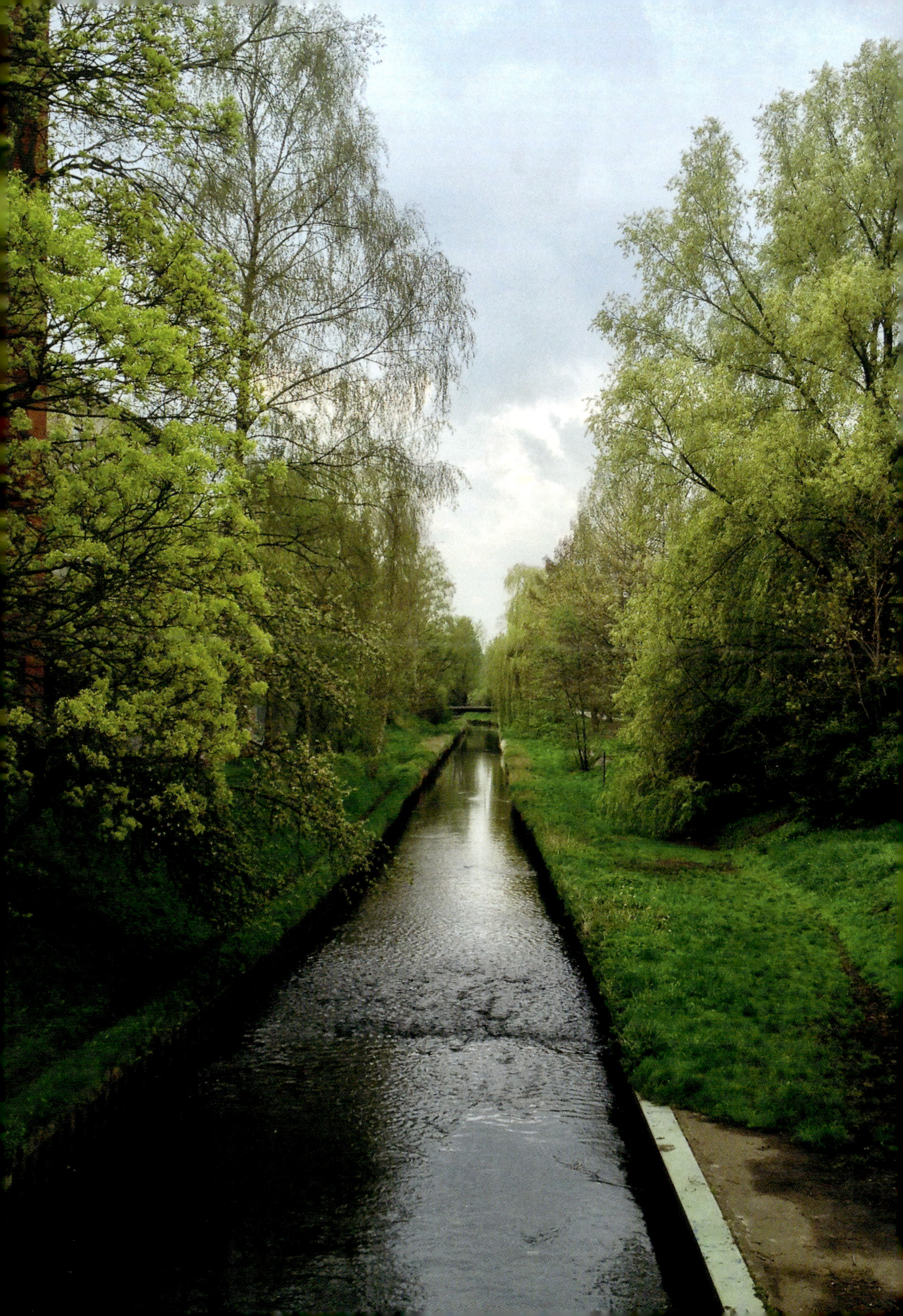

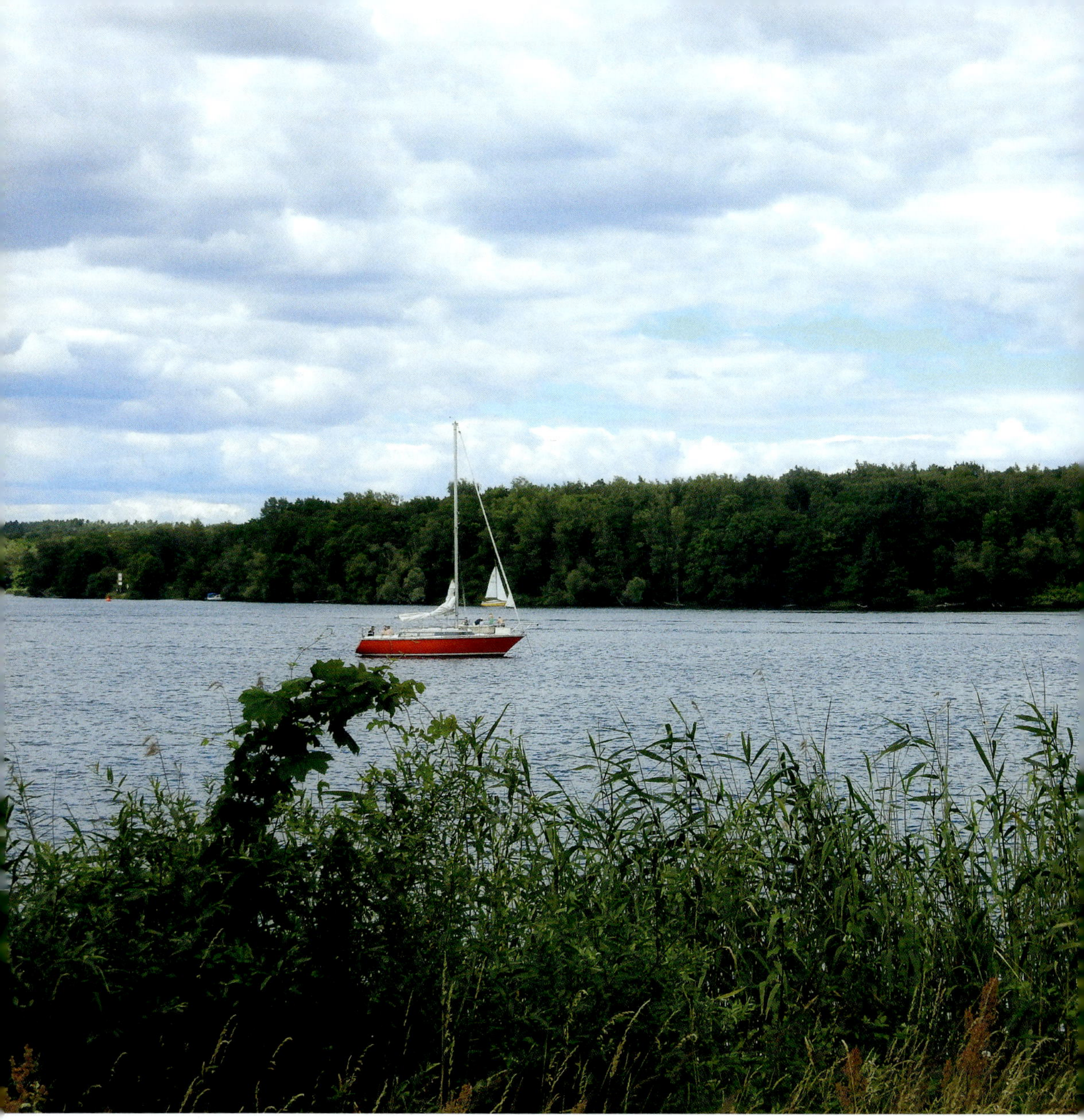

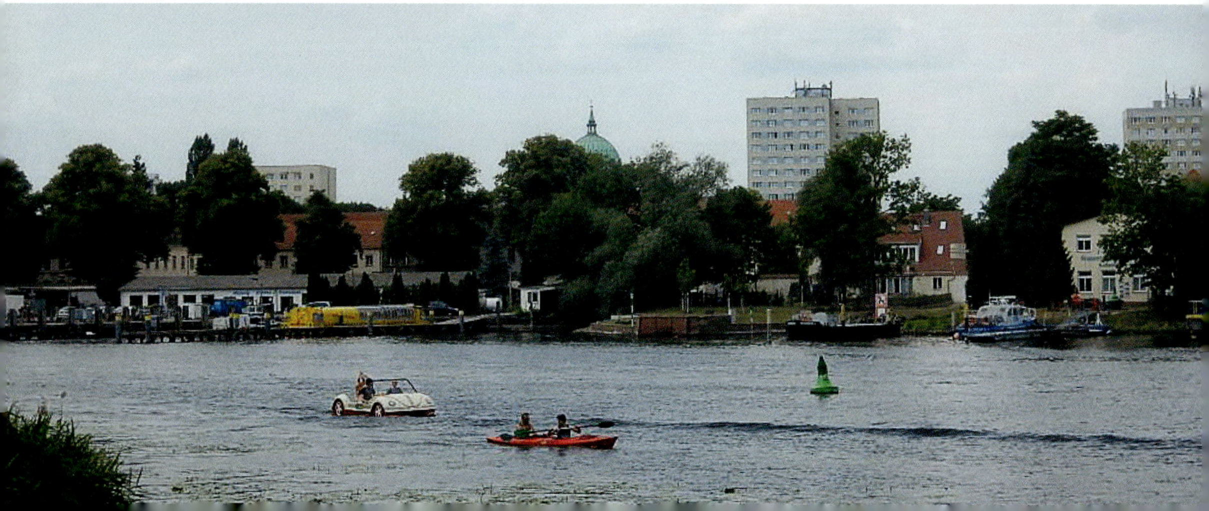

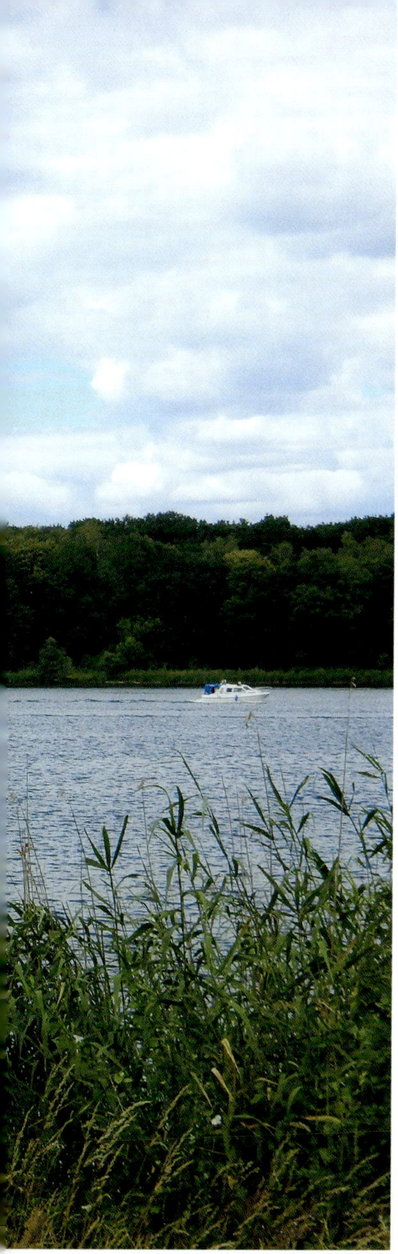

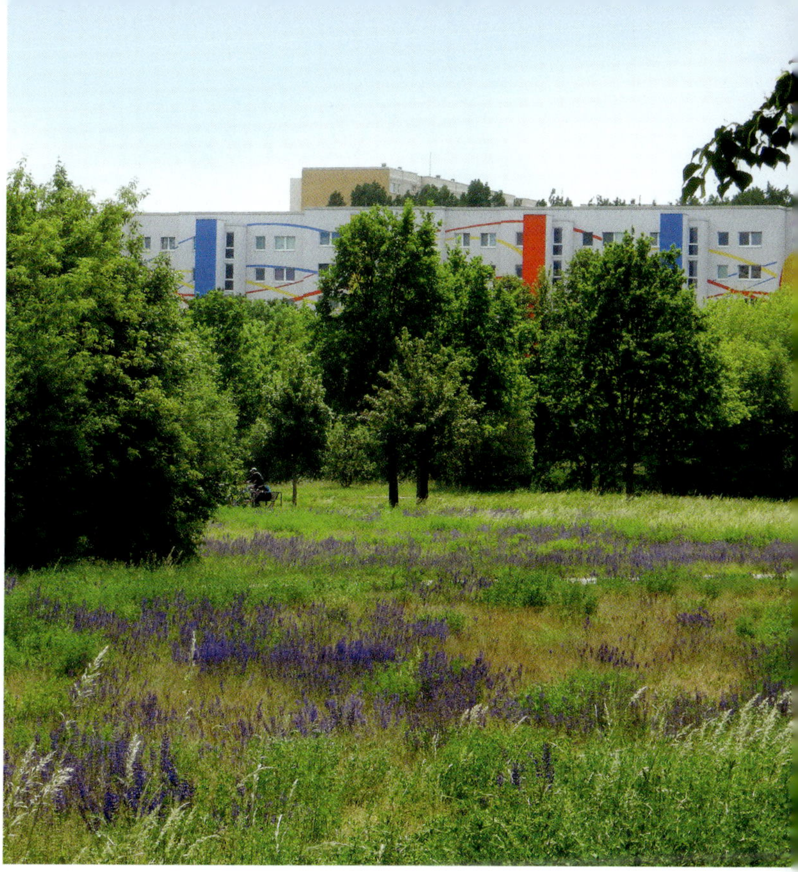

Auf Abwegen

An der Havel (Tour 32) (o. li.). Natur pur in Marzahn (Tour 31) (o. re.). Stand mit Kasse des Vertrauens (u. re). Potsdam (Tour 34) (u. li.)

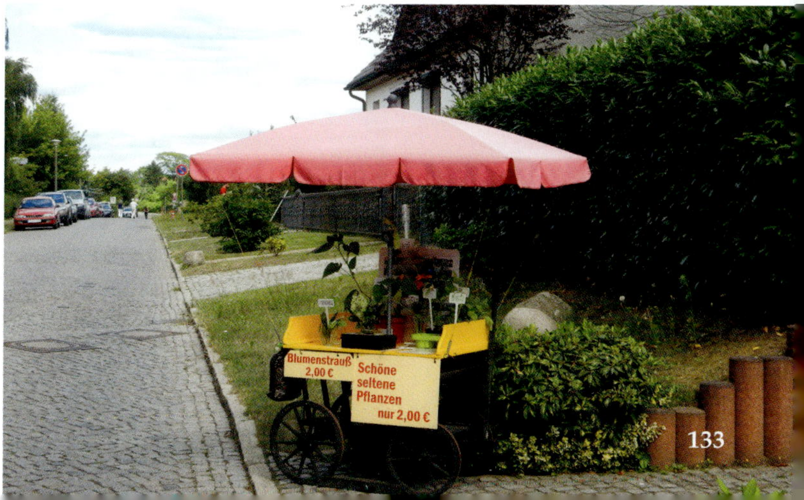

31

Marzahn

Dorfanger und Plattenbauten

Mittel | 23 km | ↑70 m ↓65 m | 2 Std.

Tourencharakter
Abwechslungsreiche Fahrradtour, die fast immer auf Radwegen entlang führt, mit einem schönen Mix aus Parks und Wohngebieten.

Ausgangs-/Endpunkt
U-Bahnhof Biesdorf-Süd
U-Bahnhof Tierpark

GPS
52° 30‘ 02.5“ N
13° 32‘ 500“ E

Anfahrt
Bus/Bahn: U5 bis U-Bahnhof Biesdorf-Süd sowie ab U-Bahnhof Tierpark.

Einkehr
Neben den obligatorischen Imbissen ist die Auswahl an Restaurants eher überschaubar. Dafür gibt es mit dem Landhaus Marzahner Krug und dem Biergarten an der Alten Börse jedoch gleich zwei schöne Einkehrmöglichkeiten, für die es sich lohnt, ein bisschen auszuhalten.

Karte
Pharus-Plan Berlin–Lichtenberg, Marzahn-Hellersdorf, 1:17500

Information
visitBerlin
Tel. 030 25 00 23 33
www.visitberlin.de

In Marzahn tut sich was. Muss der Bezirk noch oft gegen das Negativ-Image ankämpfen, hat sich mittlerweile zwischen Plattenbauten, Einfamilienhaussiedlungen und Industriegebieten eine lebendige Kultur entwickelt. Dazu viel Natur und Radwege allerorten.

Der U-Bahnhof Biesdorf-Süd ist der Start dieser Fahrradtour. Nördlich des Bahnhofs befindet sich der Biesdorfer Baggersee. Ein kleiner idyllischer Badesee umgeben von Einfamilienhäusern. An der Uferwiese stehen Holzliegen, die an so manchem heißen Wochenende bereits früh belegt sind. Ein bisschen Mallorca-Flair mitten in Marzahn.

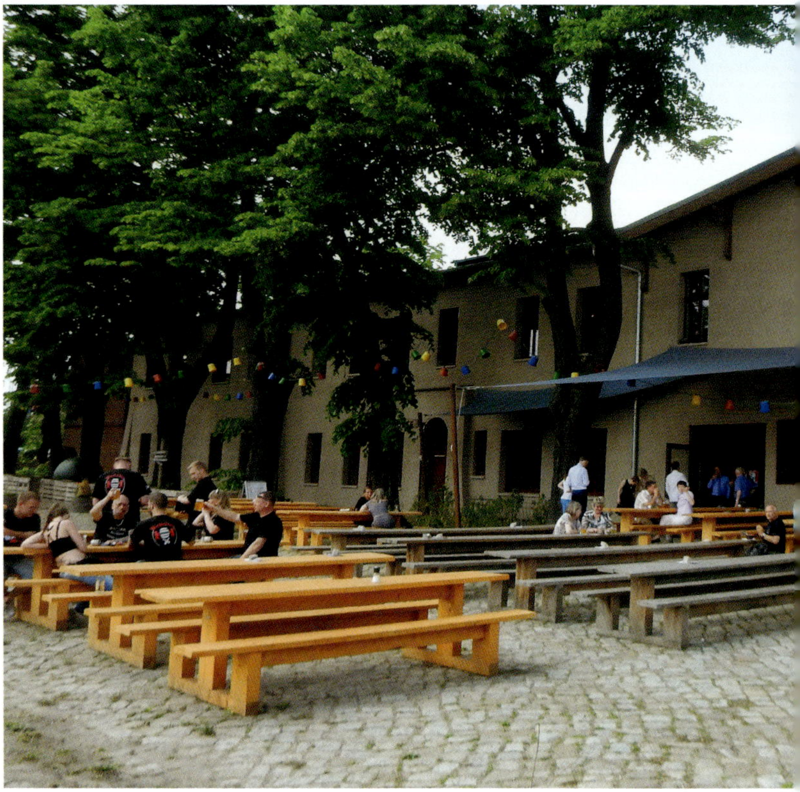

Der Biergarten der Alten Börse

Vor dem See rechts schwenken und dann links auf den Grabensprung Richtung Alt-Biesdorf. Diese Siedlung versprüht echten Kleinstadt-Charme. Einfamilienhaus reiht sich an Einfamilienhaus und auf dem Sportplatz des VFB Fortuna Biesdorf spielen die Kids am Wochenende Fußball.

Auf der Straße Alt-Biesdorf kann man noch den historischen Dorfkern erkennen. Die Straße teilt sich in der Mitte, wo die Dorfkirche Biesdorf aus dem 13. Jahrhundert thront. Diese Straße war ab 1932 ein Abschnitt der Reichsstraße 1 von Aachen nach Königsberg. Weiter geradeaus und an der nächsten Querstraße rechts zum Schloss Biesdorf. Dieses Gutshaus wurde Ende des 19. Jahrhunderts errichtet und zeitweise von der Familie Siemens bewohnt. Man radelt einmal quer durch den Schlosspark zum Blumberger Damm. Dort

Unten: Die Radwege in Marzahn sind sehr gut ausgebaut.

Alte Börse

Auf dem weitläufigen Gelände mit alten Bäumen und vielen Backsteinbauten arbeiten heute Künstler. In der hauseigenen Brauerei gibt es das selbstgebraute »Marzahner« Bier sowie Kaffee und Snacks. Dieses ganze Areal könnte genauso gut im hippen Neukölln oder Friedrichshain stehen, aber es ist mitten in Marzahn.

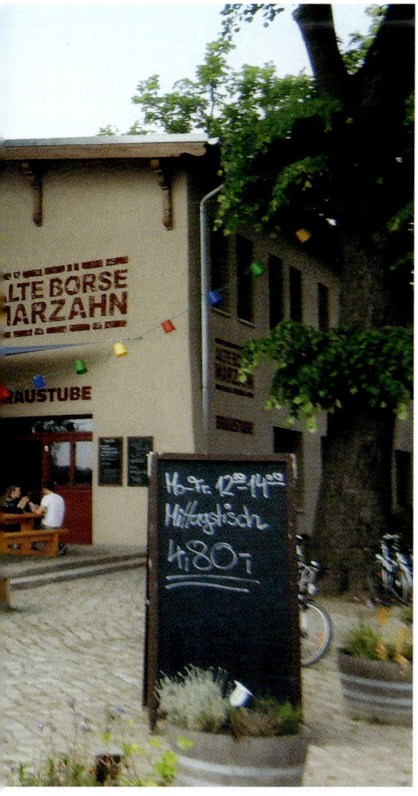

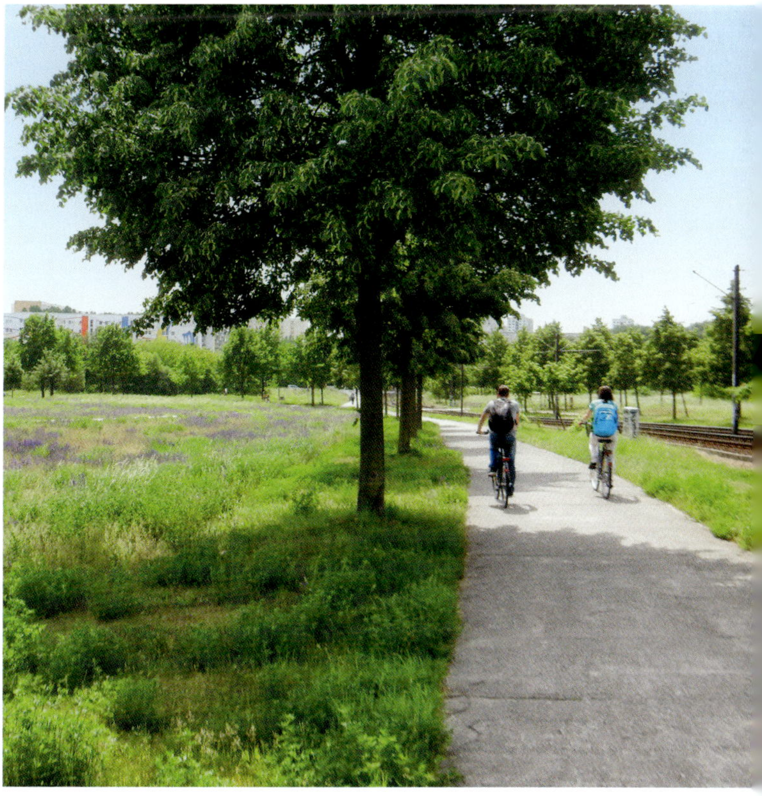

links abbiegen und an der Altentreptower Straße gleich wieder rechts.

Am S-Bahnhof Wuhletal wechselt man linker Hand auf den Wuhletalweg, den man sich am Wochenende meist mit vielen Radlern, Spaziergängern und Ausflüglern teilen muss. Achten Sie daher bitte auf andere Wegbegleiter.

Man radelt gemütlich weiter entlang der Wuhle. Interessierte können an der Eisenacher Straße links schwenken und den Gärten der Welt einen Besuch abstatten. Man kann sein Fahrrad auf dem Fahrradparkplatz parken und durch den Park spazieren oder picknicken.

Danach wieder entlang der Wuhle. Hinter den Ahrensfelder Bergen radelt man über eine kleine Holzbrücke über Felder und Wiesen. Am Horizont grasen Kühe. Links halten und weiter auf die Kemberger Straße Richtung Westen. Hier geht es auf einem Radweg durch die Wohngebiete des Bezirks. Marzahn überrascht immer wieder mit seinen Radwegen.

Der Biesdorfer Baggersee zieht im Sommer viele Badegäste an.

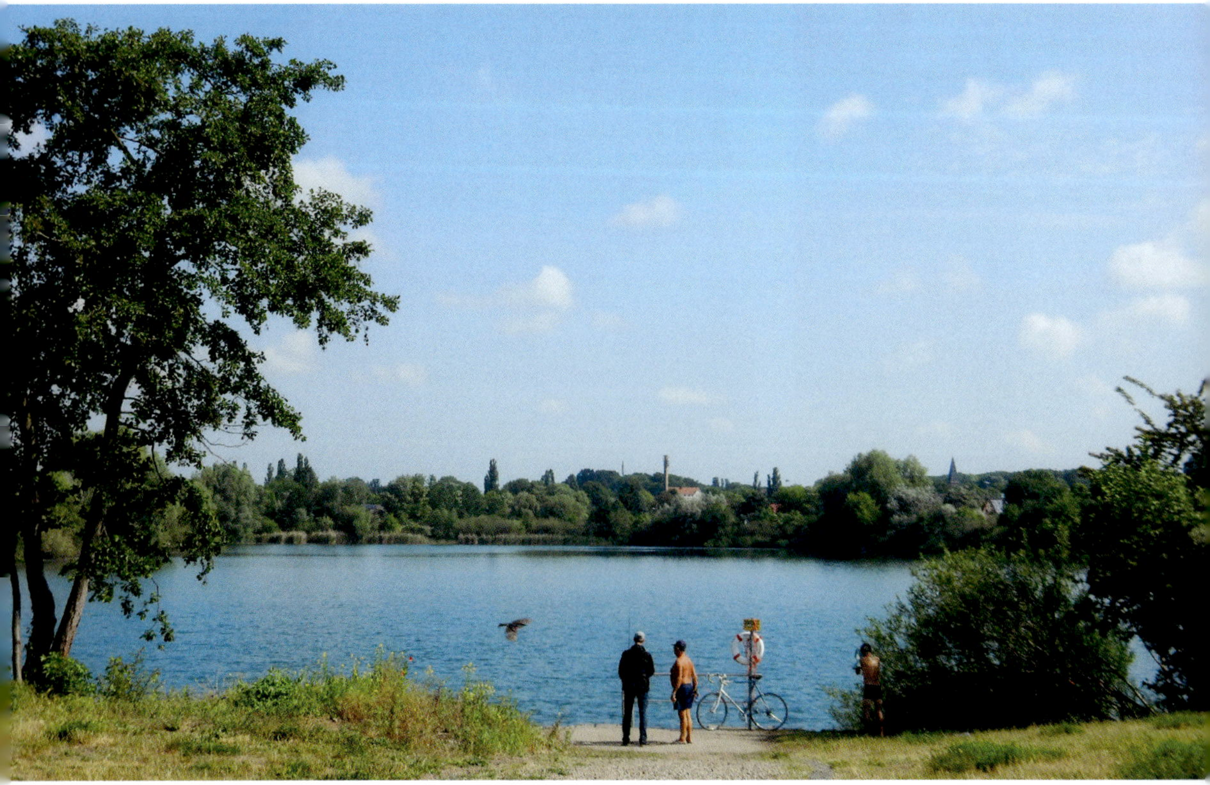

An der Borkheider Straße links schwenken entlang der Straßenbahn. An der Tram-Haltestelle Max-Herrmann-Straße rechts abbiegen und am Brunnen links zum Bürgerpark Marzahn. Vor dem Spielplatz links halten und bis zum Ende fahren.

An der Raoul-Wallenberg-Straße macht man einen Schlenker zum Skywalk. Einmal um das Hochhaus herum und dann nach rechts wenden zur Landsberger Allee. Hier thront die alte Bockwindmühle Marzahn auf dem kleinen Hügel. Dahinter führt ein kleiner Weg entlang zum Dorfanger Alt-Marzahn mit Dorfkirche und Gutshäusern. Ein wahres Kleinod. Im Landhaus Marzahner Krug gibt es zünftige deutsche Kühe mit Blick auf den Dorfanger.

Man radelt einmal um den Dorfanger herum. Gegenüber des kleinen Parks geht dann rechts ein Fuß- und Radweg ab. Dieser führt geradewegs zum Springpfuhlpark. In der Mitte befindet sich der gleichnamige See. Einmal durch den Park durch und am Ende an der Märkischen Allee links abbiegen.

An der Allee der Kosmonauten dann rechts schwenken und links auf die Beilsteiner Straße wechseln. An der Kröver Straße nach rechts radeln zur Alten Börse samt dem schönen Biergarten.

Vor der Alten Börse nach links wenden und immer geradeaus fahren. An der Kreuzung Alt-Friedrichsfelde/Rhinstraße schließlich links abbiegen und dann nur noch immer geradeaus zum U-Bahnhof Tierpark radeln.

Skywalk

Das unscheinbare Hochhaus an der Raoul-Wallenberg-Straße bietet eine Aussichtsplattform mit tollem Blick über Berlin. Begehungen (Di 10–12 Uhr, Do 14–16 Uhr, Sa 10–12 Uhr) jedoch nur nach Voranmeldung beim degewo-Kundenzentrum Marzahn (030 264 85 25 88, marzahn@degewo.de).

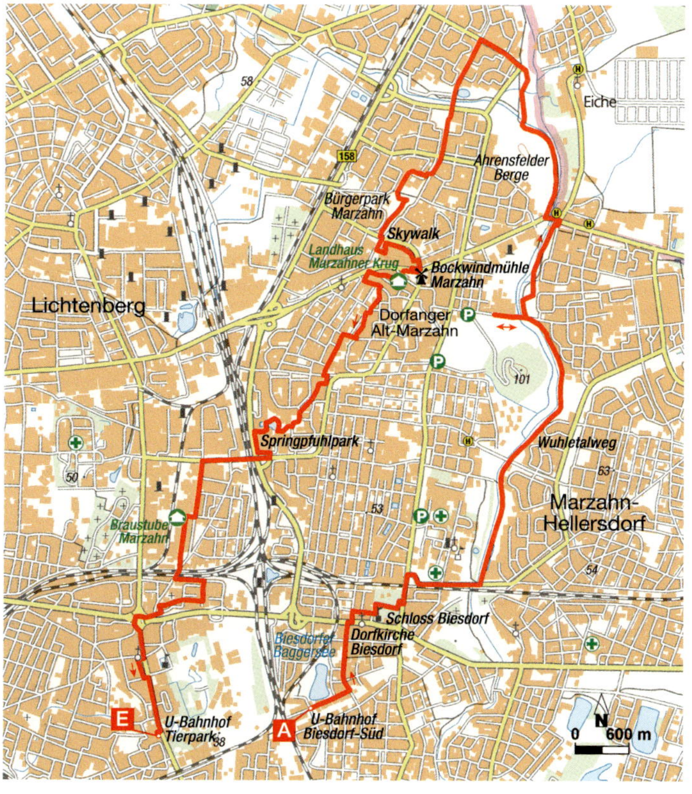

32

Von Potsdam zum Wannsee

Eleganz und Wasserfreuden

Mittel | 23 km | ↑140 m ↓130 m | 1.30 Std.

Tourencharakter
Fahrradtour mit der richtigen Mischung aus Kultur und Natur. Abgesehen von wenigen Ausnahmen führt die Tour ausschließlich durch Parks und auf Waldwegen.

Ausgangs-/Endpunkt
Hauptbahnhof Potsdam
S-Bahnhof Wannsee

GPS
52° 23' 34.3" N
13° 03' 47.5" E

Anfahrt
Bus/Bahn: Anreise S 7 sowie Regional- und Fernverkehr bis Potsdam Hauptbahnhof. Rückreise S 1 und S 7 ab S-Bahnhof Wannsee.

Einkehr
Es gibt keine Unmengen an Einkehrmöglichkeiten, dafür ist die Qualität, gepaart mit der teilweise grandiosen Aussicht, auf dieser Radtour einzigartig. Von einem Picknick im Schlosspark Sanssouci bis zu zünftigen Gerichten im russisch anmutenden Nikolskoe ist für jeden etwas dabei.

Karte
Radwander- und Wanderkarte Potsdamer Havelseen, Blütenstadt Werder und Umgebung, 1:35 000, Verlag Dr. Barthel

Information
Potsdam Marketing und Service GmbH
0331 27 55 88 99
www.potsdamtourismus.de

Diese abwechslungsreiche Radtour führt vom mondänen Potsdam über das Neue Palais durch den Düppeler Forst zum Wannsee. Entlang der Havel kann man hier und da ins kühle Nass springen oder ein Picknick machen. Zudem gibt es zahlreiche guten Einkehrmöglichkeiten.

Beginn der Tour ist der Hauptbahnhof Potsdam. Entlang der Breite Straße geht es zunächst Richtung Westen entlang einiger mondäner Gebäude der Altstadt von Potsdam. Wer möchte, kann hinter der Brücke rechts auch einen Abstecher zum Alten Markt mit dem Museum Barberini sowie der schönen Nikolaikirche machen.

Es geht immer geradeaus. Kurz vor der Zeppelinstraße befindet sich linker Hand das Dampfmaschinenhaus im Stil einer Moschee. Hier weiter geradeaus auf der Feuerbachstraße. Traum-

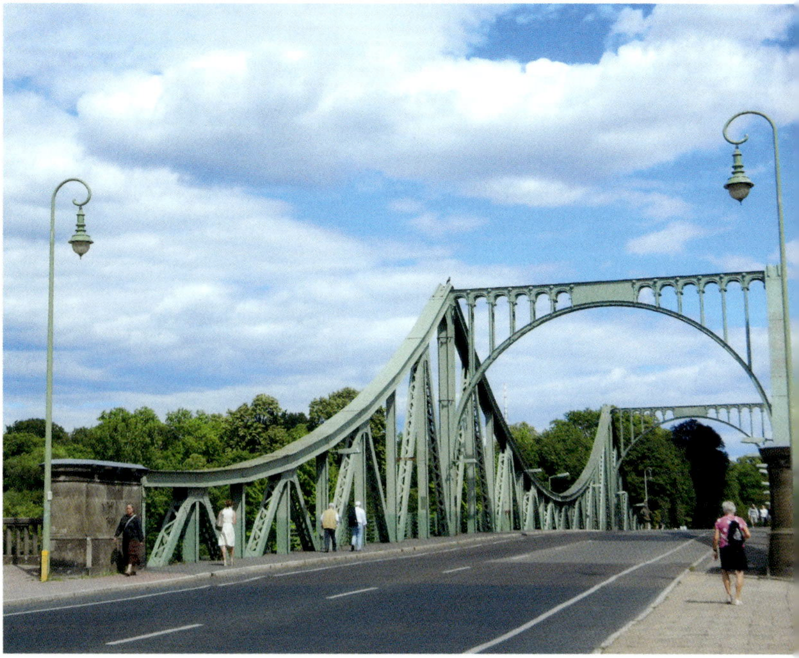

Die berühmte Glienicker Brücke

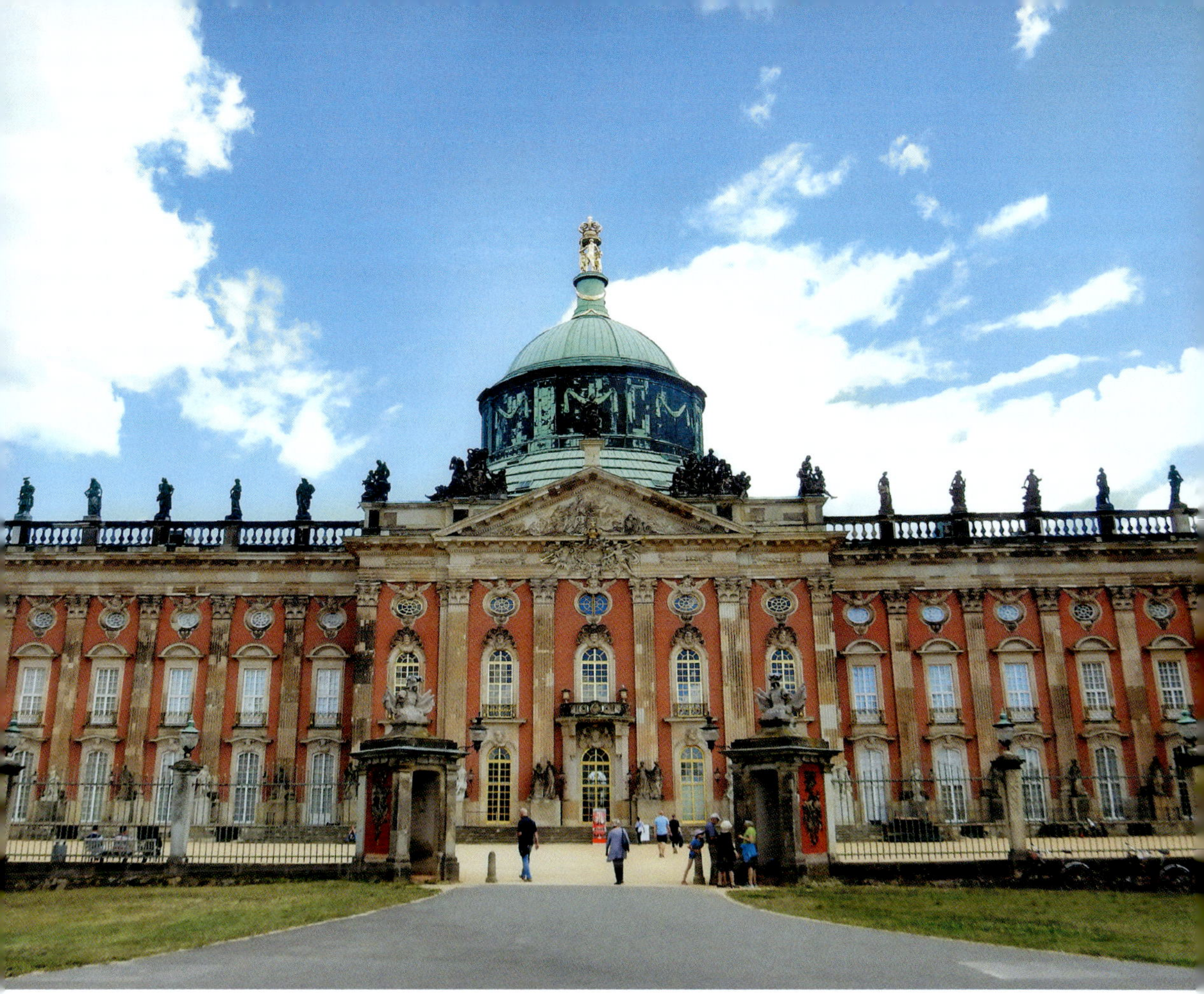

Das Neue Palais im Schlosspark Sanssouci

hafte Gründerzeitbauten reihen sich hier aneinander. Die Straße mündet geradewegs in den Park des Schlosses Sanssouci.

Im Café Eden im Schlosspark Sanssouci kann man bei Kaffee und Kuchen schön draußen sitzen. Hier rechts halten und am nächsten Weg links einbiegen. Dieser Weg führt zum Neuen Palais. Dort rechts schwenken zum Neuen Palais. Dieses Areal ist gigantisch. Mit etwas Glück finden gerade keine Bauarbeiten statt und man kann die einzigartigen Gebäude in Ruhe bestaunen.

Man verlässt den Schlossgarten in nördlicher Richtung. An der Maulbeerallee rechts einbiegen, danach links und gleich wieder rechts auf die Eichenallee. Hier wird es ein bisschen steil.

Picknick im Schlosspark

Im Café Eden im Schlosspark gibt es nicht nur leckere Bio-Würste, Eis und Kuchen. Man kann sich hier auch Picknickdecken ausleihen und auf der Wiese entspannen. Öffnungszeiten täglich 12–20 Uhr (außer Montag).

Am Ende der Straße lohnt sich ein Abstecher nach rechts zum Krongut Bornstedt. Das Gebäude-Ensemble im italienischen Stil lädt mit seiner Hofbäckerei zu einer Pause ein. Sonst an der Ribbeckstraße links abbiegen. Bis zum Ende radeln, dann rechts und gleich wieder links. Ein Stück durch die Neubaugebiete der Stadt.

An der Erwin-Barth-Straße rechts schwenken und geradeaus durch den großen Wiesenpark bis zur Georg-Hermann-Allee. Dann nach links wenden. Linker Hand befindet sich die Biosphäre Potsdam.

Die einzigartige Dschungellandschaft mit zahlreichen exotischen Pflanzen und Tieren sowie einem stündlichen Gewitter versetzt einen in eine andere Welt.

Dahinter rechts abbiegen und der Straße Am Pfingstberg folgen. An der Großen Weinmeisterstraße nach links wenden und in den Park vom Schloss Cecilienhof hineinfahren. Ab hier geht es immer geradeaus am Wasser entlang. Kurz vor der Glienicker Brücke reihen sich mondäne Villen aneinander.

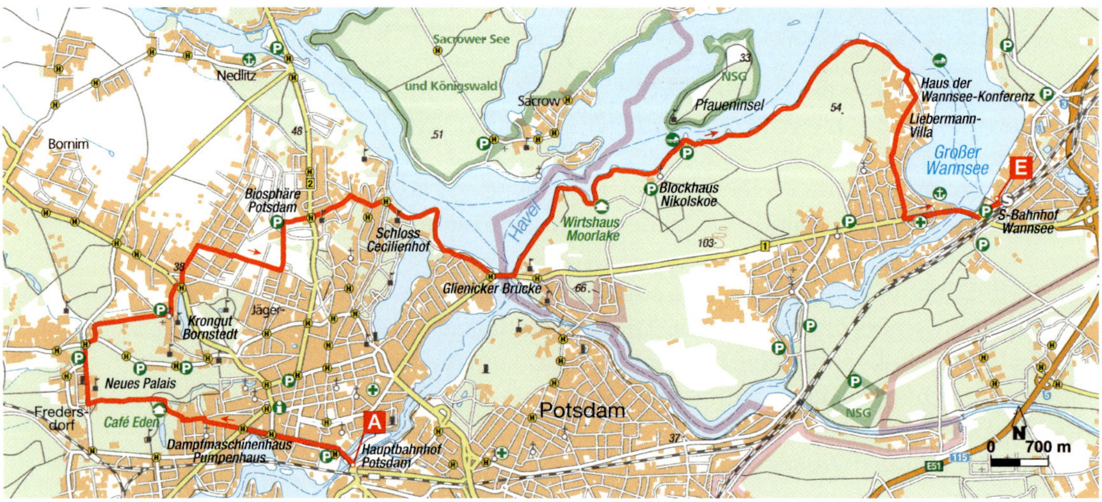

Weiter geht es über die Glienicker Brücke, die wohl berühmteste Brücke der deutsch-deutschen Geschichte. Nach der Überquerung gleich links einbiegen durch den Düppeler Forst. Der Weg ist sandig, aber es fährt sich traumhaft. Zur Linken tun sich hier und da traumhafte Ausblicke auf die Havel auf. Und mit dem Wirtshaus Moorlake und dem Blockhaus Nikolskoe finden sich auf diesem Streckenabschnitt auch noch ausgezeichnete Einkehrmöglichkeiten. Letzteres ist ein wunderschönes altes Blockhaus im russischen Stil. Serviert wird gute deutsche Küche, im Sommer auch im Biergarten. Wer mag, kann einen Abstecher zur Pfaueninsel unternehmen. Die Fähre fährt nach Bedarf alle 10–20 Minuten und bringt Ausflügler für 4 Euro auf die andere Seite.

Am Großen Wannsee wird es auf den letzten Metern der Radtour schließlich noch kulturell. Geschichtsinteressierte können im Haus der Wannseekonferenz die Ausstellung über selbige besuchen (Eintritt frei).

Kunst-Fans sei ein Besuch der Villa des Malers Max Liebermann empfohlen (Eintritt für 8 Euro/5 Euro). Im Museumscafé (nur mit Eintritt zu besuchen) kann man bei Kaffee und Kuchen das Treiben auf dem Wannsee beobachten.

Unten: Italienisches Flair im Krongut Bornstedt

Krongut Bornstedt

Das Krongut Bornstedt lädt in malerischer Umgebung zum Verweilen und Genießen ein. Heute ist es eines der beliebtesten Ausflugsziele Potsdams mit buntem Veranstaltungsprogramm. Verschiedenste Hoffeste, Märkte und Konzerte laden ganzjährig zu einem Besuch ein.

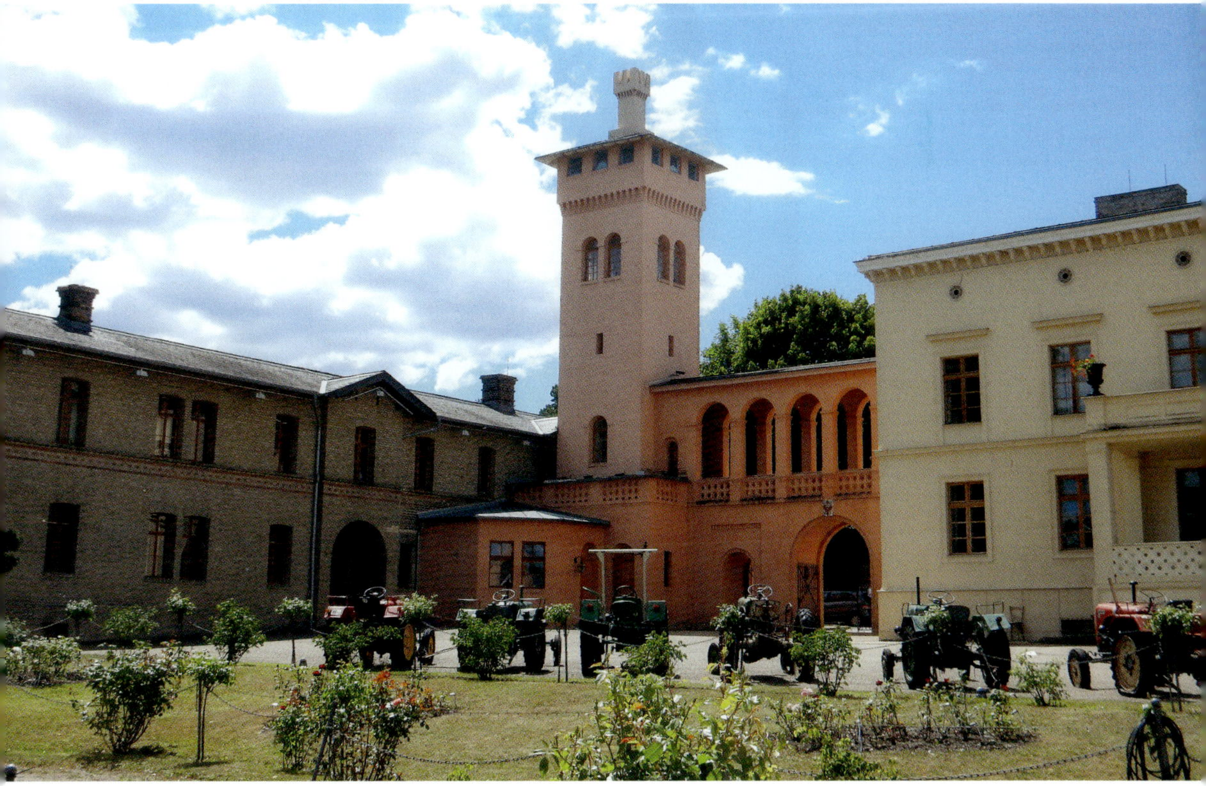

33

An der Wuhle

Von der Quelle zur Mündung

Mittel | 21 km | ↑40 m ↓70 m | 1.40 Std.

Tourencharakter
Die Tour verläuft fast ausschließlich abseits der Straßen und ist damit gut geeignet für Familien mit Kindern.

Ausgangs-/Endpunkt
S-Bahnhof Ahrensfelde
S-Bahnhof Köpenick

GPS
52° 34‘ 14.6“ N
13° 33‘ 50.9“ E

Anfahrt
Bus/Bahn: Anreise S7 bis S-Bahnhof Ahrensfelde oder NEB vom Bahnhof Ostkreuz direkt nach Ahrensfelde Friedhof. Rückreise S3 ab S-Bahnhof Köpenick.

Einkehr
Entlang der Wuhle gibt es eher wenige Einkehrmöglichkeiten, dafür viele Orte für ein gemütliches Picknick direkt am Ufer. Am Ende der Tour gibt es in der Altstadt Köpenick zahlreiche Cafés und Restaurants. Das Restaurant Freiheit Fünfzehn an der Nordseite der Altstadt hat einen schönen Biergarten mit Blick auf die Müggelspree.

Karte
Pharus-Plan Berlin–Lichtenberg, Marzahn-Hellersdorf, 1:17500

Information
Touristinformation Berlin Treptow-Köpenick
Tel. 0306557550/51
www.tkt-berlin.de

Von der Quelle in Ahrensfelde führt die Radtour größtenteils immer entlang der Wuhle vorbei an Marzahn, Hellersdorf, Kaulsdorf und Biesdorf bis zur Mündung in Köpenick.

Die Strecke beginnt am S-Bahnhof Ahrensfelde. Man nimmt den Ausgang Richtung Ahrensfelder Chaussee, denn zunächst radelt man ein wenig nach Norden zum Friedhof Ahrensfelde. Hier hat die Wuhle ihre Quelle.

Von der kleinen Straße am Bahnhof nach rechts auf die Ahrensfelder Chaussee. Hinter dem Supermarkt geht auf der linken

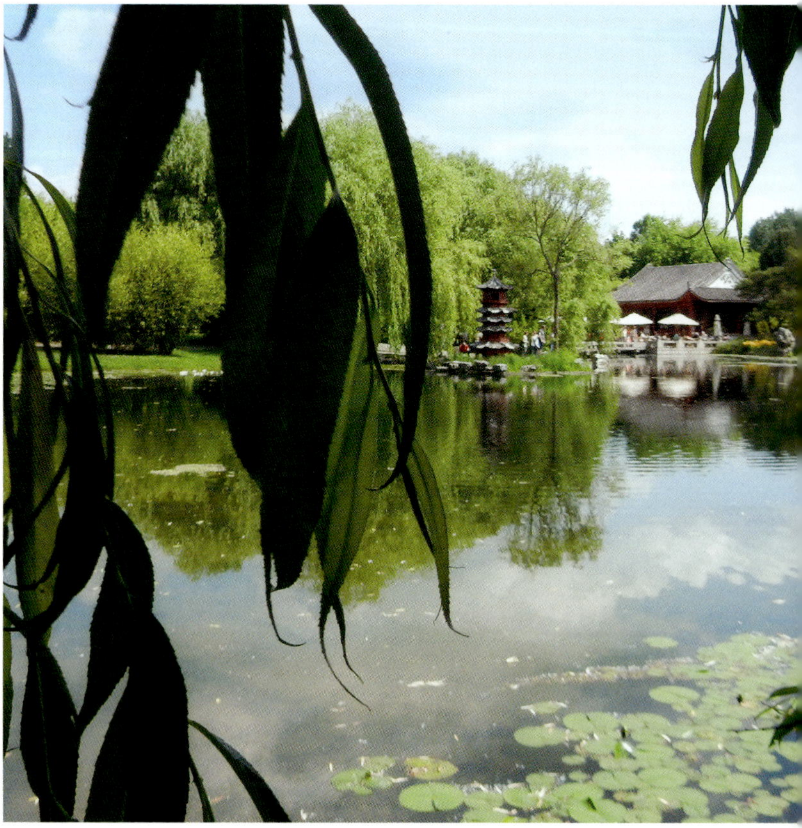

Der Chinesische Garten in den Gärten der Welt

Straßenseite ein asphaltierter Wander- und Radweg hinein. Diesem folgt man bis zum kleinen Gehrenseeteich und dann weiter nach rechts in die Ulmenallee.

An der Lindenberger Straße rechts und dann gleich wieder links einbiegen in die Bahnhofstraße. An der nächsten Kreuzung beginnt rechts der Wuhlesteg und damit auch der offizielle Wuhletalweg.

Unten: Auf Plattenwegen immer entlang der Wuhle

Immer geradeaus entlang der Wuhle. An der Dorfstraße endet der Radweg für ein kleines Stück. Hier rechts abbiegen und dann links in die Feldstraße hinein. An der Straßenbahnschleife nach links wenden und dann gleich noch einmal links auf den Gartenweg. Ab hier wird der Wuhletalweg wieder fortgeführt.

Gärten der Welt

Hier lässt sich Gartenkunst aus verschiedenen Epochen und Regionen erleben: Balinesisch, Orientalisch, Japanisch, Italienisch oder Englisch. Seit der IGA 2017 ist die Seilbahn auf den Kienberg ein beliebtes Ausflugsziel. Öffnungszeiten 9–18 Uhr. Eintrittspreise Erwachsene 7 Euro, ermäßigt 3 Euro.

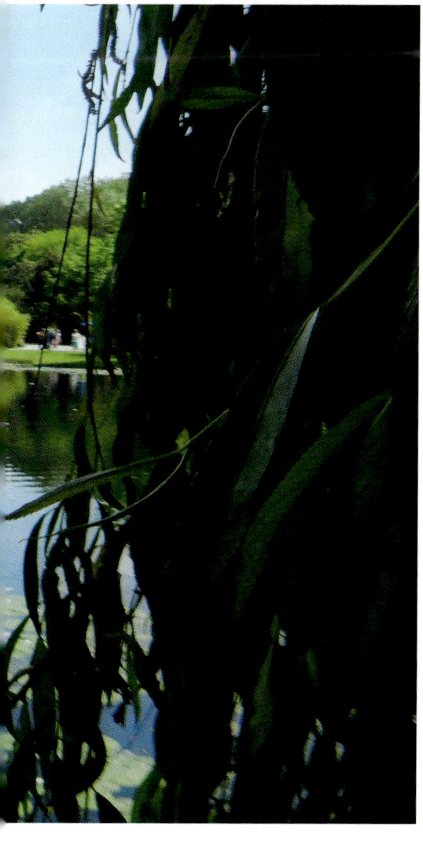

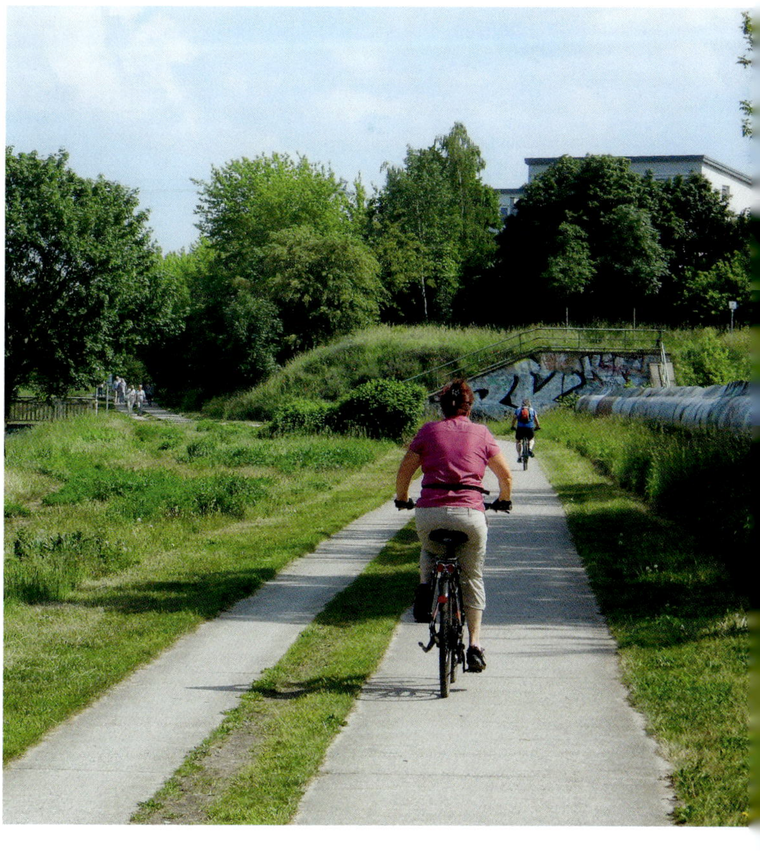

Vorbei an Kuhweiden und einem Kletterturm immer geradeaus auf die Kreuzung von Alter und Neuer Wuhle. Auf der anderen Seite ragt der Große Ahrensfelder Berg empor und man radelt hier genau zwischen Alter und Neuer Wuhle entlang. Immer geradeaus und über eine Brücke zum Fasanenpfuhl. Hier nach links abbiegen zur Landsberger Allee. Über selbige hinweg, auf der anderen Straßenseite nach links abbiegen und gleich hinter der Wuhle wieder nach rechts auf den Radweg.

Abermals radelt man immer geradeaus. An der Eisenacher Straße kann man einen Abstecher zu den Gärten der Welt machen. Sonst über die Straße hinweg und weiter auf einem gut zu befahrenden Plattenweg. Vorbei an der Seilbahn, die für die IGA 2017 errichtet wurde.

Die Brücken dieser Tour kann man bequem mit dem Fahrrad überqueren.

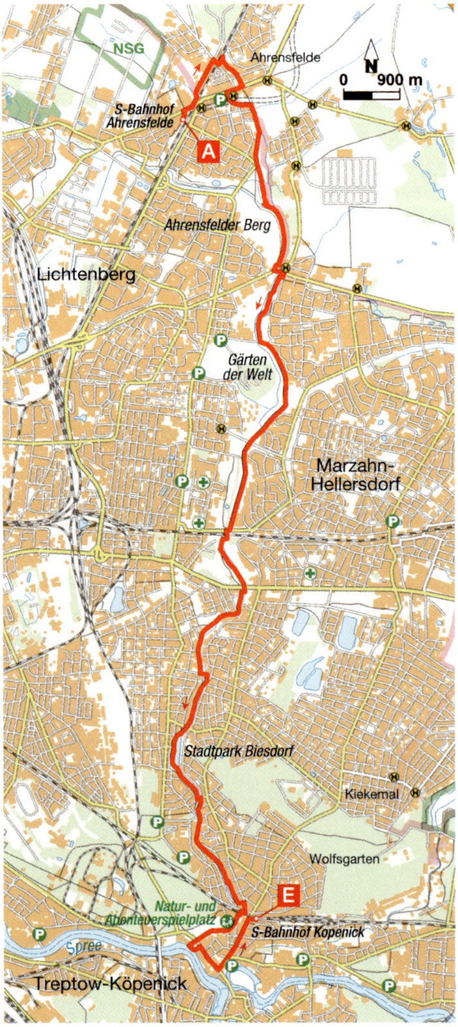

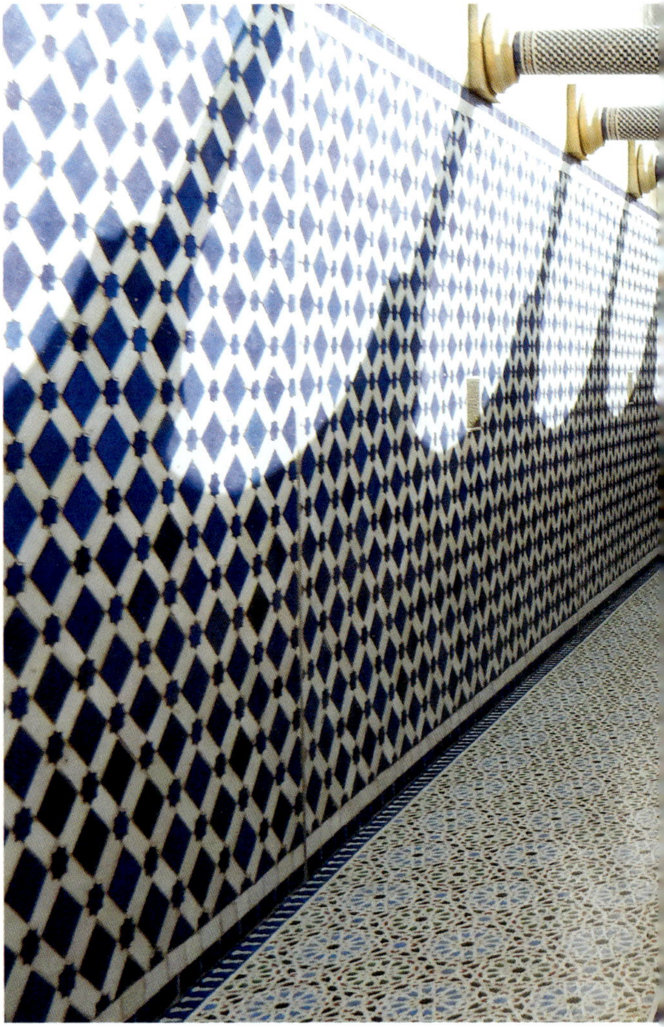

Über die Cecilienstraße und den S-Bahnhof Wuhletal hinweg. Hinter dem Bahnhof wechselt man die Uferseite und radelt an der Biesdorfer Höhe entlang. Nach der Straße Alt-Kaulsdorf nach rechts wenden, dann links auf den Möwenweg. Am Ende des Weges links einbiegen auf einen betonierten Radweg.

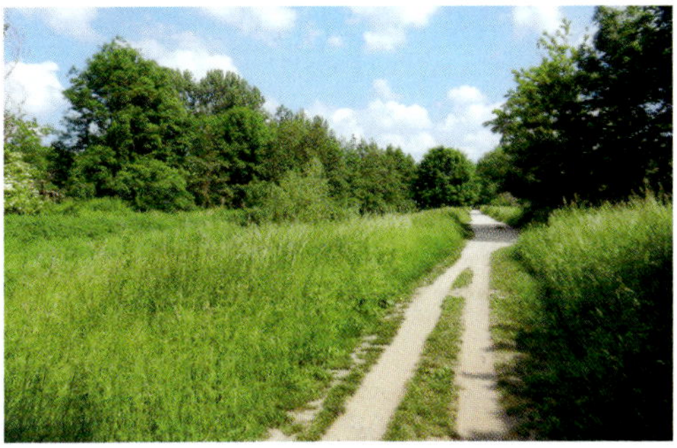

Ahrensfelder Berge

Die Aussicht von den Ahrensfelder Bergen ist herrlich. Radler können ihre Räder unten anschließen und über die Fußwege den Hügel erklimmen.

Es ist so unglaublich grün hier.

Im Stadtpark Biesdorf gibt es gleich zwei Spielplätze für alle Familien, die mal eine Pause einlegen möchten. Weiter geradeaus. Bevor der Weg auf die Dramburger Straße trifft, nach links wenden auf den offiziellen Radweg. Auf der Heesestraße wechselt man erneut die Uferseite. Daher hier links und gleich wieder rechts abbiegen.

Die Radtour führt weiter gemütlich geradeaus. An der Zimmermannstraße nach rechts und dann wieder links auf die andere Wuhleseite. Vorbei am Wuhlebecken. An der Bismarcksfelder Straße links und dann gleich wieder rechts abbiegen. Dieser Streckenabschnitt führt geradewegs zum Natur- und Abenteuerspielplatz Köpenick. Hier lohnt sich eine Sattelpause nicht nur für Familien. Die Ponys, Schweine, Ziegen und Schafe freuen sich über jeden Besucher. An Wochenenden kann man bei der Tierversorgung und -fütterung mithelfen.

Am Ende der Straße rechts auf die Alte Kaulsdorfer Straße abbiegen und danach links auf den Bahndamm. Dann gleich wieder links unter den Gleisen hindurch und rechter Hand hinter dem Forum Köpenick entlang. Dieser Weg führt nun geradewegs zur Wuhle-Mündung in die Spree.

Einmal durch den kleinen Park, dann rechts abbiegen auf die Lindenstraße. An der Kreuzung zur Bahnhofstraße schließlich nach links schwenken und nun immer geradeaus zum S-Bahnhof Köpenick. Von hier aus kann die Rückreise bequem mit der S-Bahn absolviert werden.

34 Durch Potsdam

Sightseeing mit dem Fahrrad

Leicht | 16 km | ↑90 m ↓90 m | 1.30 Std.

Tourencharakter
Aufgrund des flachen Geländes ist diese Route auch für Gelegenheitsradler ein Vergnügen. Sie führt überwiegend durch Parks und ruhige Nebenstraßen.

Ausgangs-/Endpunkt
Hauptbahnhof Potsdam

GPS
52° 23‘ 33.4“ N
13° 04‘ 00.7“ E

Anfahrt
Bus/Bahn: S7 sowie Regional- und Fernverkehr bis Potsdam Hauptbahnhof.

Einkehr
Vor allem auf den Teilstücken durch die Innenstadt finden sich zahlreiche Cafés und Restaurants. Im Wartmanns Eiscafé kann man sich durch die hausgemachten Eissorten probieren. Wer es lieber deftig mag, dem sei die Meierei empfohlen. Im Sommer mit schönem Blick auf die Havel.

Karte
Potsdam – Havelseen, Publicpress, 1:50 000

Information
Potsdam Marketing und Service GmbH
0331 27 55 88 99
www.potsdamtourismus.de

Diese Fahrradtour führt Sie durch den Park Babelsberg, über die Glienicker Brücke, zum Schloss Cecilienhof und weiter zur Russischen Kolonie Alexandrowka und der schönen Altstadt mit dem Holländischen Viertel. Die 16 Kilometer sind bequem abzuradeln.

Am Hauptbahnhof Potsdam geht es los. Man verlässt das Bahnhofsgebäude zur Babelsberger Straße und schwenkt nach links. Kurz vor der langen Brücke scharf rechts einbiegen in den Nuthe-Park. Ab hier kann man wunderbar an der Havel entlangradeln.

Hinter der nächsten Brücke macht der Weg einen Knick nach rechts durch den Park Babelsberg. Dem Weg weiter folgen bis auf die Neue Straße. An der Straße Alt Nowawes links und gleich wieder rechts abbiegen auf die Garnstraße. Man fährt

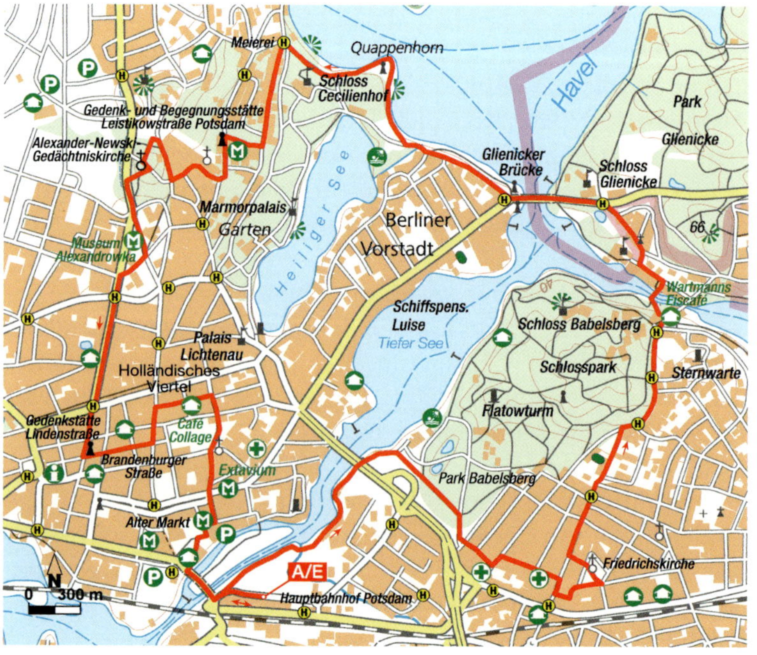

hier durch wirklich schöne Wohngegenden. Bis zum Ende radeln und dann rechts und zweimal links fahren auf den Weberplatz mit der schönen Friedrichskirche. Hier stehen noch eine Vielzahl alter Bauernhäuser, die wie aus der Zeit gefallen sind.

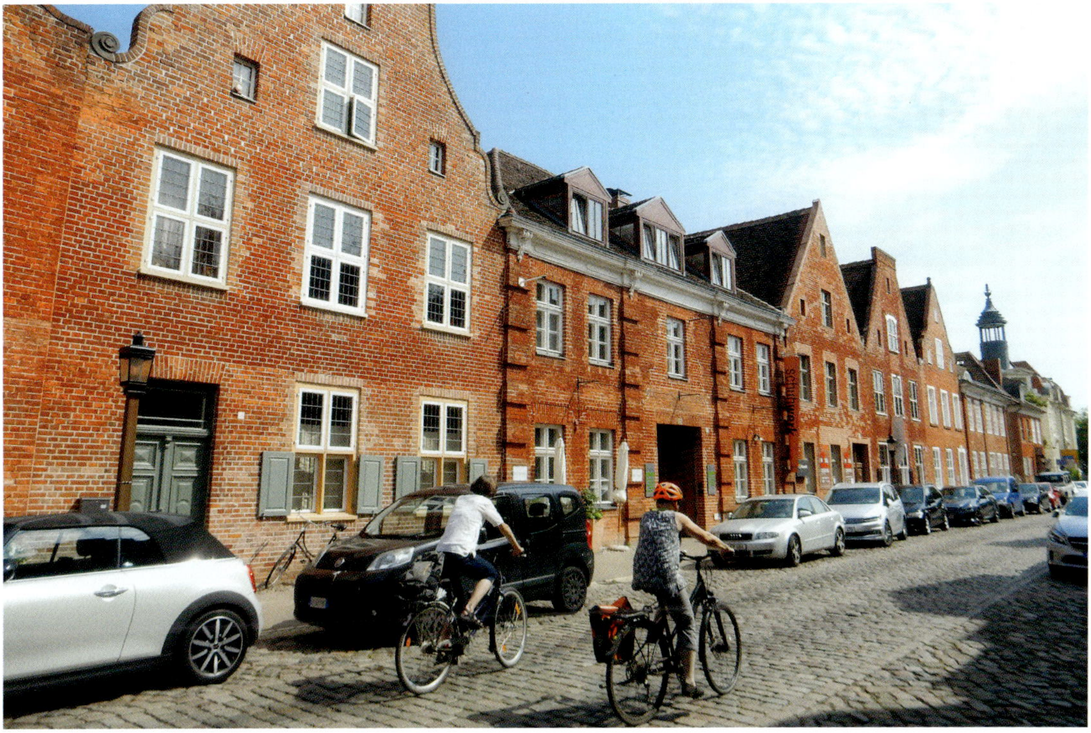

Im Holländischen Viertel in Potsdam

An der Lutherstraße links abbiegen und dann nach rechts auf die Karl-Liebknecht-Straße wechseln. Immer geradeaus bis zur Brücke über dem Griebnitzsee. Wer möchte, kann davor nach links abbiegen und das Schloss Babelsberg besuchen. Sonst überquert man die Brücke. Auf der anderen Seite sollte man dem Wartmanns Eiscafé unbedingt einen Besuch abstatten. Bei selbst gemachtem Eis kann man im Garten wunderbar eine Pause einlegen.

Hinter der Eisdiele links schwenken und weiter auf der Mövenstraße fahren. Bis zum Ende fahren und dann linker Hand die Glienicker Brücke überqueren. Dahinter gleich rechts halten entlang des Havelufers. Hier lässt es sich wunderbar fahren.

Meierei

Direkt am Jungfernsee befindet sich die im preußisch-ländlichen Wirtshausstil gehaltene Meierei und bietet eine kleine feine Auswahl an Speisen sowie hauseigene Biersorten. Im Sommer lädt der großzügige Biergarten zur Entspannung ein.

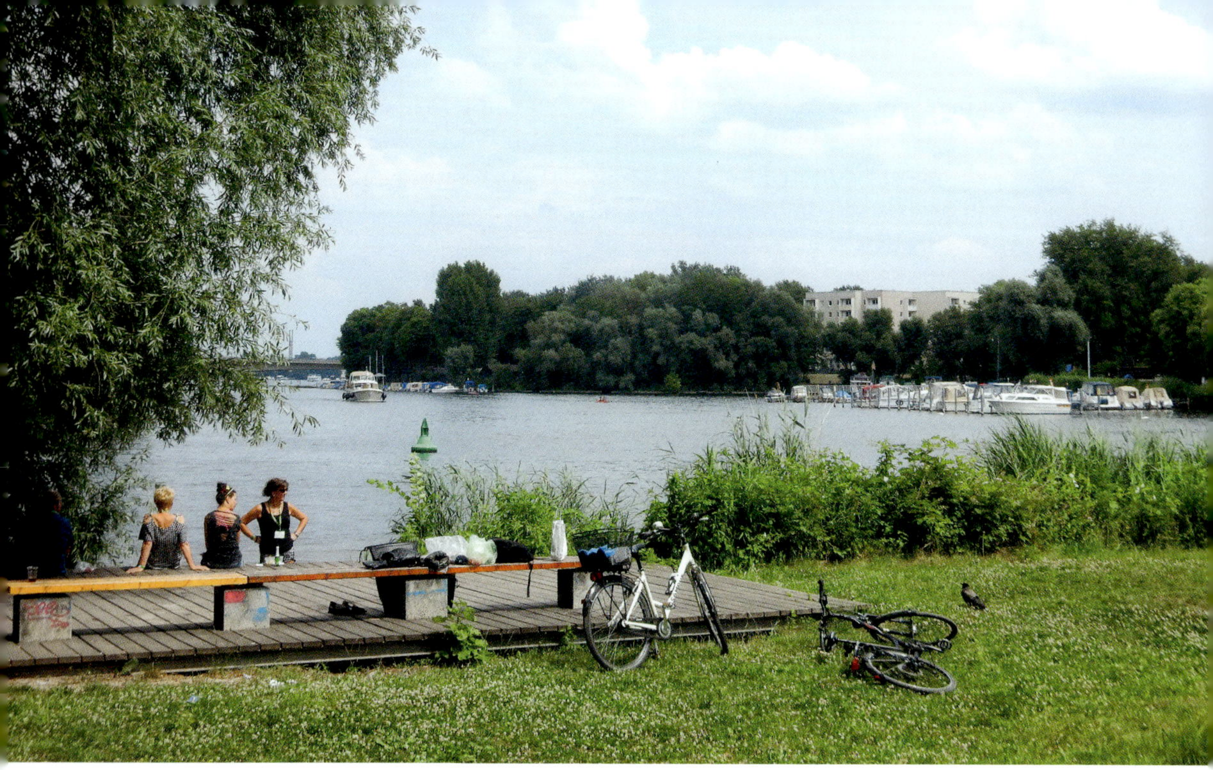

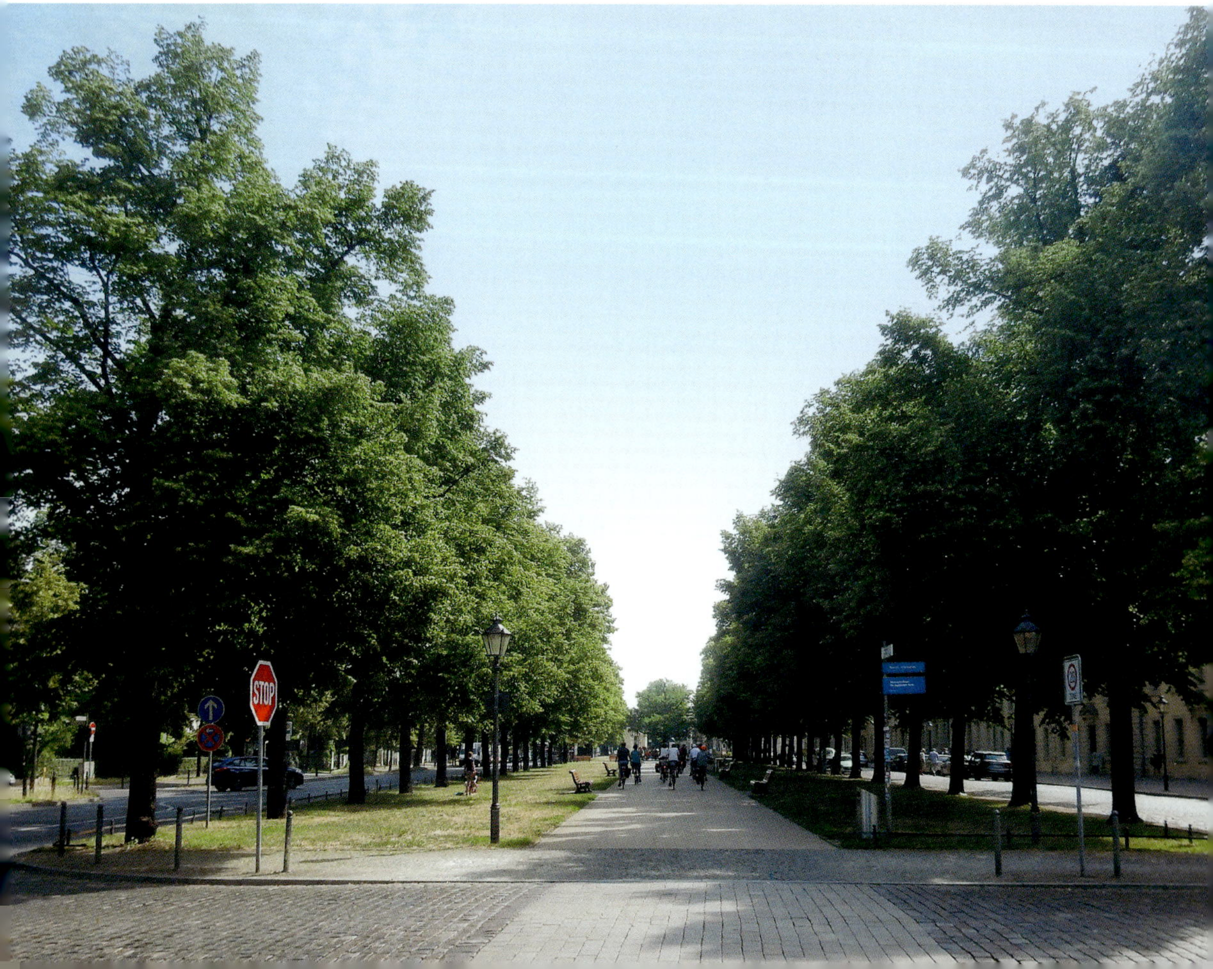
STOP

Auf der rechten Seite steht am Wasser die Kaiserliche Matrosenstation Kongsnaes. Mit der Matrosenstation im Wikingerlook holte sich Wilhelm II. ein Stück Norwegen an den Jungfernsee. Das Haus ist wahrlich eine Pracht und passt irgendwie so gar nicht an die von Villen gesäumte Allee. An der Meierei links schwenken. Interessierte können hier noch das Schloss Cecilienhof besuchen.

Linke Seite oben: Eine Pause mit Havelblick

Linke Seite unten: An der Hegelallee kann man auch auf dem begrünten Mittelstreifen radeln.

Weiter bis zur Leistikowstraße und dann rechts abbiegen zur gleichnamigen Gedenkstätte. Dahinter nach links wenden und rechts abbiegen an der Persiusstraße. Links auf die Hessestraße wechseln und am Ende erneut rechts schwenken. Nach 300 m geht links ein Weg hinein. Dieser führt vorbei an der Alexander-Newski-Kirche zur Russischen Kolonie Alexandrowka. Mitte des 19. Jahrhunderts ließ Friedrich Wilhelm III. für russische Chorsänger des 1. Preußischen Garderegiments diese zauberschönen Häuser im russischen Stil erbauen. Im Museum kann man allerhand Wissenswertes über diese Kolonie erfahren.

Gedenkstätte Lindenstraße

Mitten in der Altstadt von Potsdam befindet sich unscheinbar in der Lindenstraße ein ehemaliges Gefängnis. Bis zum 2. Weltkrieg wurde es als Amtsgericht genutzt. Danach wurde es von den Nationalsozialisten, der russischen Besatzung sowie der DDR-Regierung als Gefängnis genutzt. Ein Besuch ist empfehlenswert!

An der Teestube rechts einbiegen und an der Jägerallee links schwenken. Man radelt immer geradeaus bis zur Gedenkstätte Lindenstraße an der Hausnummer 54.

Dahinter links abbiegen auf die pittoreske Brandenburger Straße. Am Wochenende kann es hier sehr voll werden, daher hier bitte schieben. Weiter bis zur Friedrich-Ebert-Straße. Dort links abbiegen und an der übernächsten Straße rechts schwenken mitten rein ins Holländische Viertel. Europas größtes geschlossenes Stadtviertel im holländischen Stil außerhalb der Niederlande. Im Café Collage kann man bei einem Kaffee draußen sitzen und die prächtige Architektur des Viertels bewundern.

An der Hebbelstraße rechts abbiegen und dann rechter Hand auf die Charlottenstraße wechseln. Dieser bis zum Ende folgen und dann rechts einbiegen durch einige Wohngebiete. Man gelangt auf den Alten Markt mit der schönen St. Nikolaikirche und dem Museum Barberini. Über die Humboldtstraße gelangt man zurück zum Hauptbahnhof.

35

Lindenberger Korridor

Grüne Hauptwege in Berlin

Mittel | 17 km | ↑30 m ↓14 m | 1 Std.

Tourencharakter
Einfache Radtour durch die grünen Ecken zwischen Friedrichshain und Hohenschönhausen. Sie führt überwiegend durch Parks und Grünanlagen und ist daher auch gut für Familien geeignet.

Ausgangs-/Endpunkt
S-Bahnhof Ostkreuz
S-Bahnhof Wartenberg

GPS
52° 30' 11.4" N
13° 28' 12.2" E

Anfahrt
Bus/Bahn: Anreise S3, S5, S7, S8, S41, S42, S75, S85 sowie Regionalverkehr bis S-Bahnhof Ostkreuz. Rückreise S75 ab S-Bahnhof Wartenberg.

Einkehr
Die meisten Einkehrmöglichkeiten findet man im Kaskelkiez und am Ring-Center. Danach geht es eher durch Wohngebiete mit wenig Auswahl an Restaurants. Dafür kann man in den vielen Grünanlagen der Route ein Picknick einlegen. Empfehlenswert ist Nadia + Kosta im Kaskelkiez.

Karte
Pharus-Plan Berlin – Mittlere Ausgabe, 1:16000

Information
visitBerlin
Tel. 030 25 00 23 33
www.visitberlin.de

Die Route Lindenberger Korridor verbindet die Rummelsburger Bucht mit den Feldern in Alt-Wartenberg. Highlights sind die Rummelsburger Bucht, der Landschaftspark Herzberge mit seinen Wollschafen sowie die Falkenberger Krugwiesen und die Wartenberger Feldmark.

20 grüne Hauptwege® wurden 2004 von der Senatsverwaltung für Umwelt, Verkehr und Klimaschutz in Zusammenarbeit von BUND Berlin e.V. und FUSS e.V. Berlin ins Leben gerufen. Diese Wege laden zum Flanieren, Spazieren oder eben zum Fahrradfahren ein – weitgehend ohne Gefährdung durch den Autoverkehr. Das Streckennetz der grünen Hauptwege nutzt die

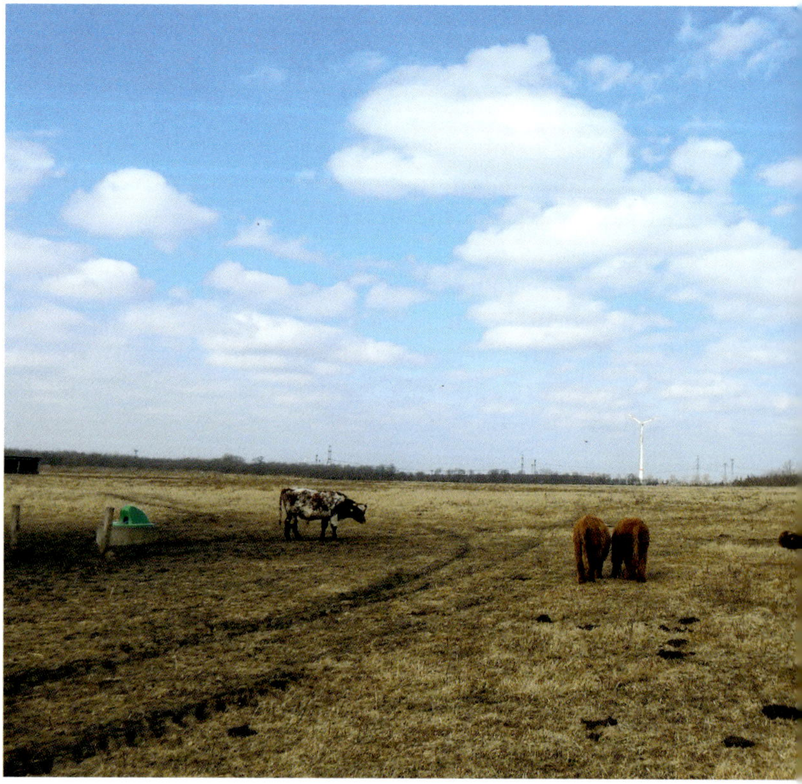

Schottische Hochlandrinder in der Wartenberger Feldmark

grünen Parks und Gebiete Berlins. Entstanden ist so ein Streckennetz von 565 km.

Los geht es am S-Bahnhof Ostkreuz zunächst durch den beschaulichen Kaskelkiez. Von der Marktstraße wechselt man auf die Schreiberhauer Straße und fährt dann weiter unter den Bahngleisen durch. Dahinter links schwenken. Wo eben noch schöne Altbauten standen, steht hier Hochhaus neben Hochhaus. Umso überraschender ist es, dass kurz vor der Gürtelstraße die wunderschöne St.-Mauritius-Kirche thront. Ein wahrer Schatz umgeben von Neubauten. Am Ende zwischen den Hochhäusern durch und man befindet sich wieder im Gewusel der Frankfurter Allee.

Hier rechts schwenken und ein Stück geradeaus radeln. Am Rathaus Lichtenberg rechts einbiegen. Vorbei am Stasimu-

Unten: Der Name »Grüne Hauptwege« ist Programm.

Landschaftspark Herzberge

Bis zum Jahr 2007 war der Landschaftspark eine wilde Mischung aus Wirtschaftsflächen, Brachland, Wohnungen und Grünbereichen. Seitdem wurden einige Projekte zur naturnahen Entwicklung der Flächen für eine urbane Landwirtschaft initiiert. Mittlerweile ist ein richtiges Biotop entstanden.

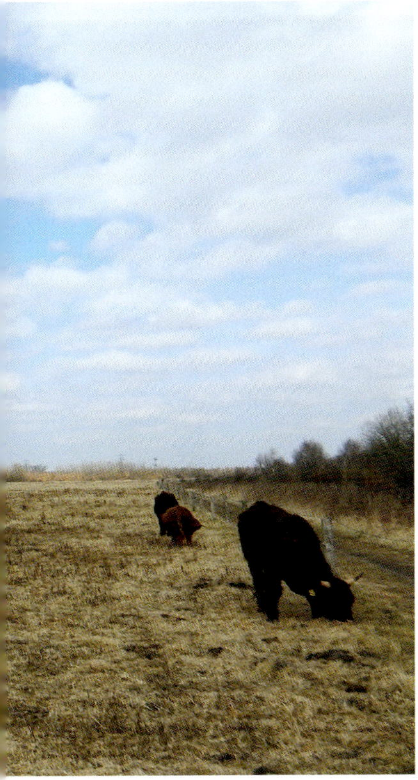

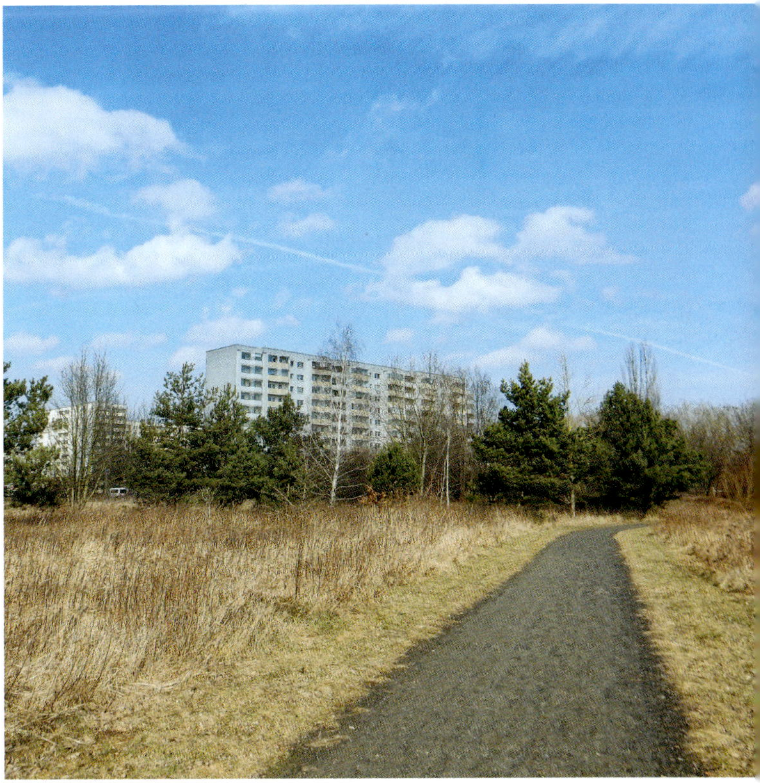

seum zum Roedeliusplatz. Hier steht die wunderschöne Koptische Kirche Berlin, die in einem regelrechten Baustil-Mix errichtet wurde. Architekturfans kommen auf ihre Kosten.

Dahinter schräg links abbiegen und weiter bis zur Gotlindestraße fahren. Kurz vor der Siegfriedstraße befindet sich rechts noch eine schöne Wohnsiedlung mit einem Park in der Mitte. Es geht weiter geradeaus zum Landschaftspark Herzberge. Neben der schönen Anlage ist dieser Park bei Anwohnern und Ausflüglern vor allem wegen der zuckersüßen Wollschafe beliebt.

Unten: Koptische Kirche Berlin

Nadia + Kosta

Ein kleiner Schlenker von der Route im Kaskelkiez lohnt sich für einen Besuch bei Nadia + Kosta. Dieses süße Kiezcafé bietet Frühstück, Kaffee und Kuchen in gemütlicher Atmosphäre mit Vintage-Möbeln. Im Sommer kann man draußen sitzen.

Am Ende des Straßenbahngeländes rechts halten und dann links durch ein Tor fahren. Schräg rechts halten und man gelangt auf die Allee der Kosmonauten. An der Rhinstraße links schwenken und an der Landsberger Allee rechts. Hinter den Gleisen führt links ein Weg entlang des Marzahn-Hohenschönhauser-Grenzgrabens. Ein sehr grünes Gebiet, was man so in der Gegend wohl eher nicht erwartet. Dem Graben weiter folgen bis zur Bitter-

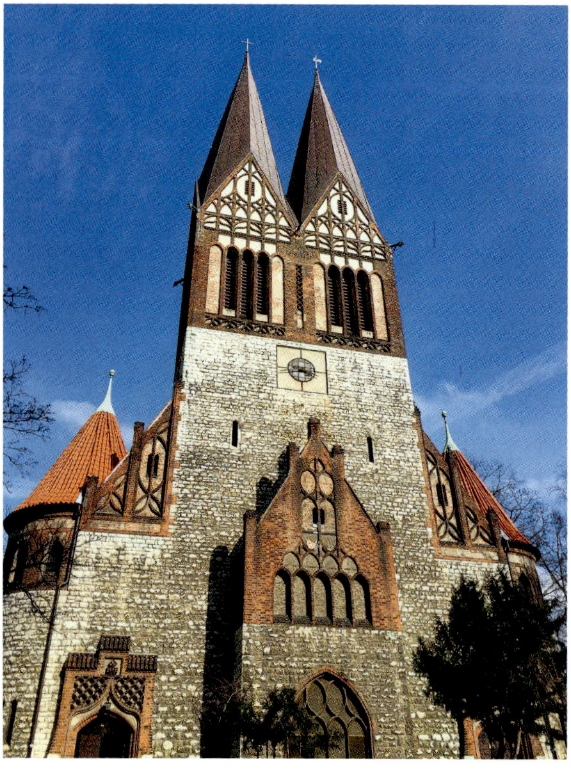

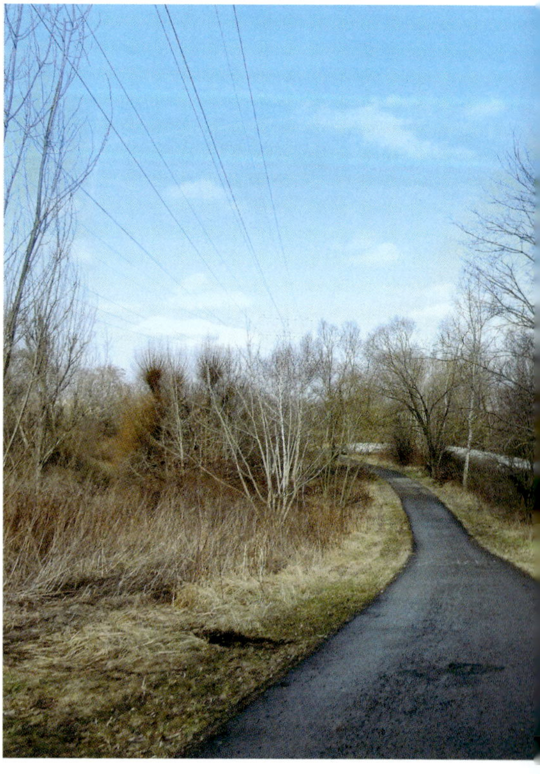

felder Straße. Dort links einbiegen. An der Straße Zu den Krugwiesen rechts einbiegen und weiter durch die Falkenberger Krugwiesen. Das Wort »Grüne Hauptwege« hält hier wirklich, was es verspricht. Immer geradeaus fahren bis zur Falkenberger Chaussee. Dort links abbiegen. Man befindet sich hier schon im tiefsten Hohenschönhausen mit seinen Klischee-behafteten Hochhäusern. Hier gibt es keinen veganen Soja-Matcha-Latte im Café, keine Hipster-Läden und keine Pop-up-Restaurants. Hier ist die Welt Berlins irgendwie noch in Ordnung.

Rechts auf die Prendener Straße wechseln und weiter gemütlich in ein kleines Wohngebiet samt den Gewässern Krummer Pfuhl und Treue-Herzen-Pfuhl. An der Neubrandenburger Straße nach links wenden. Am Ende rechts abbiegen. Man gelangt geradewegs zum Landschaftspark Wartenberger Feldmark. Ein wunderschönes Areal, auf dem schottische Hochlandrinder und Heckrinder gehalten werden. Sie sollen sie hier als tierische Landschaftspfleger arbeiten. Sie verhindern auf natürliche Weise die Bildung von Gehölzen und bewahren so die freie Natur. Man kann hier einmal um den Park und die Felder herumradeln. Sonst links halten und hinter dem kleinen Graben erneut links zurück zum S-Bahnhof Wartenberg.

Links: Entlang des Marzahn-Hohenschönhauser-Grenzgrabens

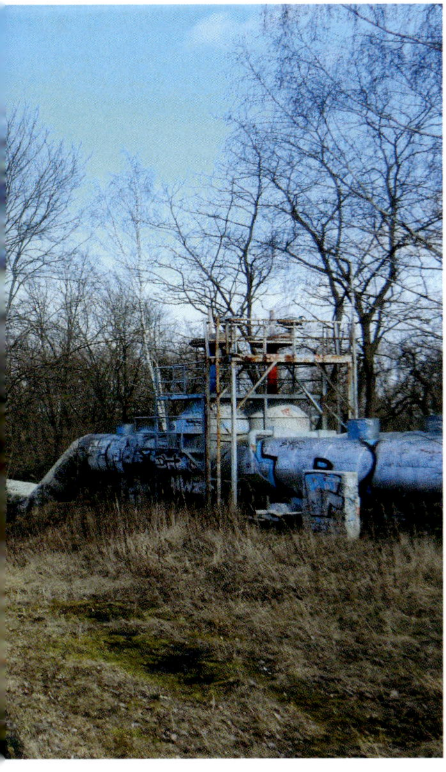

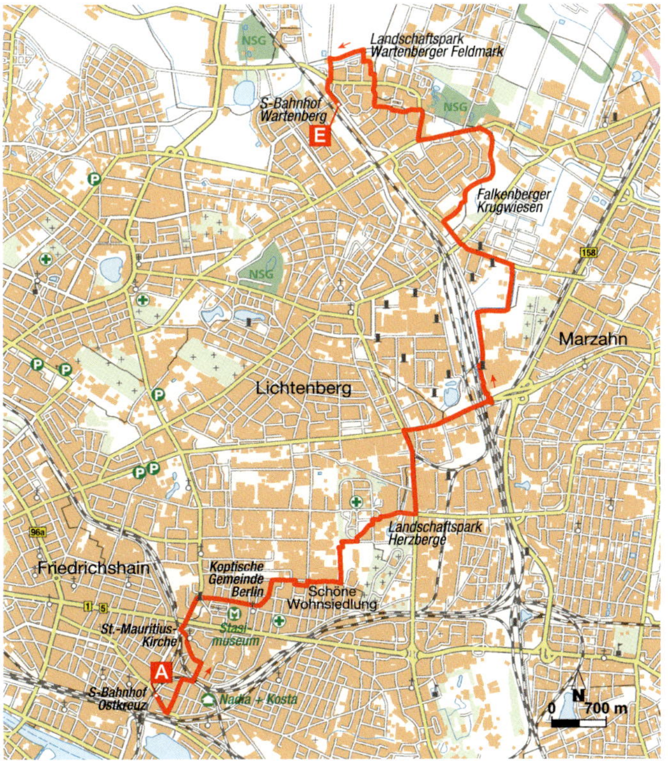

Für jeden Tag die richtige Tour

1	●	Durch Berlins Mitte	12	63	1	●		●		●
2	●	Prenzlauer Berg	17	47	1:15	●				●
3	●	Wedding	18	70	1:30	●				●
4	●	Kreuzberg	13	16	2	●				●
5	●	Moabit	15	30	2	●				●
6	●	Neukölln	20	50	1:30	●				●
7	●	Friedrichshain	24	108	2:30	●				●
8	●	Schöneberg	19	70	1:30	●				●
9	●	Tiergarten	15	57	1	●	●	●	●	●
10	●	Weißensee	23	24	1:30	●			●	●
11	●	Durch den Grunewald	15	120	1:10	●	●		●	●
12	●	Zum Plötzensee	12	60	1	●	●		●	●
13	●	Berliner Mauerweg	16	99	1:30	●		●		●
14	●	Pankow	26	33	1:30	●				●
15	●	Durch den Südwesten	22	70	2	●	●		●	●
16	●	Von Park zu Park	10	40	0:30	●				●
17	●	Friedrichsfelde, Karlshorst, Schöneweide	18	14	1:30	●	●			●
18	●	Zu den Gärten der Welt	17	70	1:30	●	●	●		●
19	●	Charlottenburg	23	100	1:50	●		●		●
20	●	Steglitz	25	46	1:30	●				●

Nr.		Tour	Länge	Höhenunterschied	Gehzeit	Einkehr	kindergeeignet	Sehenswürdigkeit	schattiger Weg	ÖPNV
21	●	Tempelhof	25	240	2	●		●		●
22	●	Wilmersdorf	20	60	1:30	●				●
23	●	Berliner Brücken	19	80	1:15	●		●		●
24	●	Landwehrkanal	19	90	1:30	●	●	●	●	●
25	●	Von Treptow bis Köpenick	14	40	1	●			●	●
26	●	Um den Müggelsee	25	80	2	●			●	●
27	●	An der Spree nach Spandau	16	40	1	●	●	●		●
28	●	Um den Tegeler See	16	70	1	●	●		●	●
29	●	Von Spandau nach Potsdam	26	67	1:30	●				●
30	●	Pankeradweg	16	23	1				●	●
31	●	Marzahn	23	70	2	●				●
32	●	Von Potsdam zum Wannsee	23	140	1:30	●		●		●
33	●	An der Wuhle	21	40	1:40	●	●			●
34	●	Durch Potsdam	16	90	1:30	●		●		●
35	●	Lindenberger Korridor	17	30	1	●				●

Piktogramme erleichtern den Überblick

- Länge
- Höhenunterschied
- Gehzeit
- Einkehr
- kindergeeignet
- Sehenswürdigkeit
- schattiger Weg
- ÖPNV

Nachwort

Unglaublich, aber wahr: Mein nunmehr zweites Buch ist abgeschlossen und das fertige Manuskript geht bald in den Druck. Nachdem ich 2018 bereits »Radtouren am Wasser in Berlin & Umgebung« herausgebracht habe, konnte ich hier nun über meine allerliebsten Lieblingstouren schreiben – die Halbtagestouren.

Ich liebe Fahrradfahren in Berlin. Auch wenn ich in Berlin geboren bin, gibt es noch so viele Ecken, die man auch als Ur-Berliner nicht kennt. Und da ist das Fahrrad einfach das ideale Verkehrsmittel, um entlegene Orte, verfallene Häuser, Parks und allerhand Ungewöhnliches meiner Heimatstadt zu erkunden. Darüber schreibe ich ja schon seit einigen Jahren auf meinem Blog unterwegsinberlin.de, und das Buch ist nun für mich wirklich die Krönung.

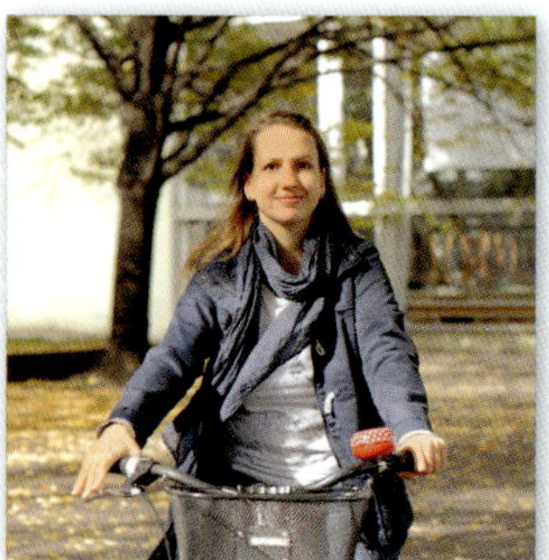

Christine Volpert

Kurze Halbtagestouren mag ich besonders, da so immer noch ausreichend Zeit für ein ausgiebiges Frühstück oder eben für weitere Aktivitäten danach bleibt. Ich könnte noch viele weitere Radtouren empfehlen, musste mich aufgrund der Seitenzahl aber »leider« etwas zügeln. Danke auch an Corinna und Sue, die mich auf einem Teil der hier vorgestellten Touren begleitet haben. Und danke an alle anderen Freunde, denen ich mit meinen Fahrradtouren immer in den Ohren lag. Einige konnte ich ja schon zu passionierten Radfahrern bekehren.

Ich hoffe, Ihnen gefallen die Touren in diesem Buch. Anregungen und Tipps können Sie mir gerne schreiben.

Liebe Grüße
Christine

Register

Abenteuerspielplatz Köpenick 145
Ahrensfelde 142
Ahrensfelder Berge 136, 145
Alexanderplatz 16, 78
Alexandrowka 146
Alt-Biesdorf 135
Alt-Blankenburg 53
Alte Börse 135, 137
Alter St.-Matthäus-Friedhof 41
Alt-Marzahn 137
Alt-Pichelsdorf 125
Altstadt Köpenick 110
Altstadt Potsdam 127
Altstadt Spandau 124
Alt-Tempelhof 94
Alt-Wartenberg 150
Arena 105
Arnswalder Platz 20
Autofähre 123

Berghain 37
Berliner Dom 104
Berliner Mauer 56
Berliner Mauerweg 60
Berliner Stadtforst 112
Berlinische Galerie 28
Bierpinsel 88
Biesdorf 142
Böcklerpark 106
Bockwindmühle Marzahn 137
Bode-Museum 19, 103
Botanischer Volkspark Pankow 67
Brandenburger Tor 46, 62
Brauhaus Spandau 117, 125
Bürgerpark 64

Café Moskau 79
Ceciliengärten 42
Charlottenburg 84, 102, 106
Checkpoint Bravo 69
Checkpoint Charlie 62
Classic Remise 30

Dorfkirche Biesdorf 135
Düppeler Forst 138

East Side Gallery 37, 105
Engelbecken 61
Englisches Viertel 25
Ernst-Thälmann-Park 20
Europaradweg R1 112
Ev. Paulus-Kirchengemeinde 93

Falkenberger Krugwiesen 150, 153
Fennfuhlpark 35
FEZ 76, 110
Fischerinsel 105
Fliegerviertel 92 f.
Freiluftkino Rehberge 59
Friedrich-Ebert-Siedlung 26
Friedrichsfelde 74, 137
Friedrichshagen 112
Friedrichshain 36, 135

Gärten der Welt 78, 80, 136, 143
Gasometer 42
Gatow 126
Gedenkstätte Deutscher Widerstand 48
Gedenkstätte Leistikowstraße 149
Gedenkstätte Lindenstraße 149
Gendarmenmarkt 16
Geschichtsquartier Südkreuz 92, 94
Gesundbrunnen 24
Gethsemanekirche 20 f.
Glienicker Brücke 127, 140, 146
Görlitzer Park 29, 70
Gräfekiez 29
Greenwichpromenade 120
Griebnitzsee 68
Großer Ahrensfelder Berg 144
Grüne Hauptwege 150
Grunewald 54
Grunewaldturm 55
Gutspark Neukladow 126

Hackescher Markt 16
Halbinsel Stralau 37
Hansaviertel 84, 102
Hasenheide 71
Haus der Kulturen der Welt 49, 103
Haus der Wannseekonferenz 141
Haus Schwarzenberg 17
Havel 54, 123, 138, 140, 146
Havelradweg 124
Heckmann-Höfe 16
Heidelberger Platz 98
Heilandskirche Sacrow 127
Heinersdorf 53
Hellersdorf 142
Hermannplatz 71
Hohenschönhausen 50, 153
Holländisches Viertel 146, 149
Holocaust-Mahnmal 19, 47, 62
Holzmarkt 105
Hufeisensiedlung 32 f.

Insel der Jugend 108 f.
Insulaner 42

Jannowitzbrücke 105
Jüdischer Friedhof Weißensee 50
Juliusturm 124
Jungfernbrücke 104

Kanzleramt 103
Karlshorst 74
Karow 53
Kaskelkiez 38, 151
Kastanienallee 23
Kaulsdorf 142
Kino International 79
Kirschblütenallee 91
Kladow 126
Kleinmachnow 68
Kleistpark 43
Königsweg 69
Köpenick 108, 142
Körnerpark 35
Kreuzberg 28, 60, 70, 73, 106
Krongut Bornstedt 140 f.
Kulturbrauerei 23
Kulturforum 48
Künstlerhaus Bethanien 28, 60

Landschaftspark Herzberge 80, 150 f.
Landwehrkanal 29, 32, 85, 106 f.
Lichtenberg 74, 151
Lichterfelde 68, 89
Liebermann-Villa 141
Lietzensee 86

Lilienthalpark 91
Ludwigkirchplatz 99

Mahnmal Gleis 17 87
Majakowskiring 66, 130
Mariannenplatz 28
Marienhöhe 94
Märkisches Museum 103
Markthalle Neun 29
Martin-Gropius-Bau 62
Marzahn 134, 142
Mauerpark 21, 61
Maybachufer 32
Mitte 16
Moabit 30
Moabiter Stadtgarten 30
Monbijoupark 17
Müggelsee 112
Museum Barberini 138, 149
Museum Scharf-Gerstenberg 86
Museumsdorf Düppel 68
Museumsinsel 104

Natur-Park Schöneberger Südgelände 42
Naturschutzgebiet Schlosspark Lichterfelde 68
Neue Nationalgalerie 48
Neues Palais 138
Neukölln 32, 70
Neu-Venedig 113
Nikolaiviertel 16
Nikolskoe 140
NSG Karower Teiche 52, 130

Oberbaumbrücke 37
Olivaer Platz 99
Olympiastadion 107
Oranienstraße 28
Ostbahnhof 60

Panke 24, 128
Pankeradweg 53, 128
Pankow 64
Park am Gleisdreieck 40, 73
Park Babelsberg 146
Parkfriedhof Lichterfelde 90
Parochialkirche 18
Paul-Lincke-Ufer 106
Pfingstberg 140
Platz der Luftbrücke 92
Plötzensee 26, 56
Potsdam 124, 127, 138, 146
Potsdamer Platz 16, 47, 116
Potsdamer Wassertaxi 126
Prater 23
Prenzlauer Berg 20
Preußenpark 99
Prinzessinnengärten 28 f.

Rahnsdorf 114
Rathaus Pankow 129
Rathaus Schöneberg 97
RAW-Gelände 38
Restaurant Rübezahl 113
Rheingauviertel 98
Richardplatz 34
Riehmers Hofgarten 29, 71
Rixdorf 32
Rüdesheimer Platz 96
Rudolfkiez 37
Rudolph-Wilde-Park 96
Rummelsburger Bucht 37, 150

Samariterstraße 39
Savignyplatz 87
Schillerkiez 33
Schillerpark 25
Schillerpromenade 33
Schlesisches Tor 70
Schloss Babelsberg 147
Schloss Bellevue 116
Schloss Biesdorf 135
Schloss Britz 32
Schloss Cecilienhof 140, 146
Schloss Charlottenburg 85, 102, 106, 118
Schloss Glienicke 127
Schloss Köpenick 110 f.
Schlossplatz 104
Schloss Sacrow 127
Schloss Sanssouci 139
Schloss Schönhausen 64, 129
Schloßstraße 88
Schöneberg 40
Schöneweide 74
Schönow 68
Skywalk 137
Spandau 116, 124
Spittelmarkt 105
Spree 116
Spreepark 109
Sprengelpark 27
Springpfuhlpark 137
Sowjetisches Ehrenmal 65
Stasi-Museum 80
Steglitz 88
Strandbad Müggelsee 112
Stresow 54

Technikmuseum 28
Tegel 120
Tegeler See 120
Teltowkanal 68, 91
Tempelhof 92
Tempelhofer Feld 94
Tempelhofer Hafen 94
Teufelsberg 55
Thaiwiese 96 f.
Tiefwerder Wiesen 54
Tiergarten 46, 70, 106
Topographie des Terrors 62
Treptow 108
Treptower Park 108

Umspannwerk 79
Unionspark 30

Viktoria-Luise-Platz 96
Viktoriapark 29, 73
Volkspark Friedrichshain 20, 39
Volkspark Hasenheide 33
Volkspark Rehberge 26, 57
Volkspark Schönholzer Heide 65

Waldfriedhof Oberschöneweide 76
Waldfriedhof Zehlendorf 69
Wannsee 55, 138
Wartenberg 153
Wartenberger Feldmark 150
Wedding 24
Weißensee 50
Westend 102
Wilmersdorf 96
Wirtshaus Moorlake 140
Wohnsiedlung Steglitz II 88, 91
Wohnstadt Carl Legien 88
Wollankstraße 60
Wuhle 80, 136, 142
Wuhletal 136
Wuhletalweg 136, 143
Wuhlheide 76, 110

Zionskirchplatz 23
Zitadelle Spandau 118
Zollpackhof 103, 105
Zoologischer Garten 84
Zoo Berlin 48

Impressum

Verantwortlich: Dr. Johannes Abdullahi
Redaktion und Lektorat: Dr. Rainer Schöttle
Layout: Eva-Maria Klaffenböck
Repro: Cromika
Kartografie: Bruckmann Verlag GmbH, Heidi Schmalfuß
Herstellung: Alexander Knoll
Printed in Slovenia by Florjancic

★★★★★

Sind Sie mit diesem Titel zufrieden? Dann würden wir uns über Ihre Weiterempfehlung freuen. Erzählen Sie es im Freundeskreis, berichten Sie Ihrem Buchhändler, oder bewerten Sie bei Onlinekauf. Und wenn Sie Kritik, Korrekturen, Aktualisierungen haben, freuen wir uns über Ihre Nachricht an den Bruckmann Verlag, Postfach 40 02 09, D-80702 München oder per E-Mail an lektorat@verlagshaus.de.

Unser komplettes Programm finden Sie unter www.bruckmann.de

Empfehlung der Redaktion
Sie sind auf der Suche nach weiterführender Literatur? Dann empfehlen wir Ihnen den Titel »Deutschlands schönste Radfernwege«. Oder Sie werfen einen Blick in die Zeitschrift »Bergsteiger«. Hier werden Sie bestimmt fündig.

Bildnachweis:
Alle Bilder im Innenteil und auf dem Umschlag stammen von der Autorin, mit Ausnahme von: Timo Huber S. 69; Lienhard Schulz S. 71; visitBerlin, Foto: Philip Koschel S. 53, 113.
Umschlagvorderseite: Landwehrkanal, Paul-Lincke-Ufer (visitBerlin, Foto: Dagmar Schwelle)
Umschlagrückseite: Am Weißen See (Tour 10) (visitBerlin, Foto: Philip Koschel)

Die Deutsche Nationalbibliothek verzeichnet diese Publikation in der Deutschen Nationalbibliografie; detaillierte bibliografische Daten sind im Internet über http://dnb.d-nb.de abrufbar.

2. Auflage 2021

Infanteriestraße 11a
80797 München
ISBN 978-3-7343-1294-6